工商管理与经济统计分析研究

李贝贝　周莎莎　著

吉林科学技术出版社

图书在版编目（CIP）数据

工商管理与经济统计分析研究 / 李贝贝，周莎莎著
. -- 长春：吉林科学技术出版社，2021.7
ISBN 978-7-5578-8400-0

Ⅰ．①工… Ⅱ．①李… ②周… Ⅲ．①企业经营管理
－统计分析－研究 Ⅳ．①F272.3

中国版本图书馆 CIP 数据核字（2021）第 132060 号

工商管理与经济统计分析研究

著	李贝贝　周莎莎	
出 版 人	宛　霞	
责任编辑	汤　洁	
封面设计	李　宝	
制　　版	宝莲洪图	
幅面尺寸	185mm×260mm	
开　　本	16	
字　　数	300 千字	
印　　张	13.625	
印　　数	1-1500 册	
版　　次	2021 年 7 月第 1 版	
印　　次	2022 年 5 月第 2 次印刷	
出　　版	吉林科学技术出版社	
发　　行	吉林科学技术出版社	
地　　址	长春市净月区福祉大路 5788 号	
邮　　编	130118	
发行部电话／传真	0431—81629529　81629530　81629531	
	81629532　81629533　81629534	
储运部电话	0431—86059116	
编辑部电话	0431—81629518	
印　　刷	保定市铭泰达印刷有限公司	
书　　号	ISBN 978-7-5578-8400-0	
定　　价	55.00 元	

前　言

　　随着现代企业的逐步发展，管理所起到的作用越来越成为一个组织获得持久竞争力，赢得核心能力不可缺少的一个部分。可以确信，在未来的企业和组织中，具备深厚管理知识和丰富管理经验的人将逐步成为一个企业最稀缺的人才。然而，大部分企业管理人员缺乏深厚的理论知识作为支撑，或者对理论知识知之甚少，更有甚者对各种理论混淆不清，根本没有弄清楚各种理论的来源以及应用的情境，这种掩耳盗铃式的管理会给企业带来巨大的损失，严重阻碍企业的进一步发展。

　　在现代市场经济社会，无论是政府宏观管理决策，还是企业和居民微观决策，都有强烈的宏观经济分析需求。宏观经济统计分析是以宏观经济理论为指导，运用统计资料对宏观经济运行中的数量规律进行统计分析的过程，是对国民经济运行过程和动态所进行的实证统计分析；此外，信息化的到来已经改变了传统的管理方式，特别是互联网科技的发展，给企业的计划、组织、领导、协调、控制带来了重大变化，企业的招聘、考核方式因此而改变，企业的组织结构因此而改变，甚至企业的组织文化也发生了改变。随着国家提出"互联网+"的理念，各个企业都开始进行信息化建设，信息化必将使企业面貌焕然一新。

目　录

第一章 概述

第一节 管理学与统计学基本理论与联系

一、管理学理论

（一）管理的实质

现代管理学之父，彼得·德鲁克说过："管理是一种实践，其本质不在于知而在于行，其验证不在于逻辑而在于成果。"他创建了现代管理学，认为管理不应该只是一些技能的训练，而是一个对人类、社会和企业的整体认识。管理应该用来解决社会和企业所需要解决的问题，而不只是一些理论和学术研究。其著作影响了数代追求创新以及最佳管理实践的学者和企业家们，各类商业管理课程也都深受彼得·德鲁克思想的影响。他的理论主要包括以下方面。

1.管理的任务和目标

管理的任务是指通过管理所要达成的结果状态，而不是指企业管理的具体任务。因此，管理任务实质应当作管理目标来理解。管理目标的根本目的是把关系到企业每个人命运的企业发展任务分解为具体的目标，然后把这些目标细化到个人、岗位以及工作的一年、一月、一天，同时运用企业的考核控制系统对每个人每天的目标完成情况进行检查与考核，员工在这些目标的规定下分工合作，通过完成这些细小的目标来实现公司大的发展目标。

由此可见，管理目标作为一项特殊的管理工具，是一项系统和复杂的工程。

2.管理的责任

履行管理责任实质是为了实现管理目标而实施的管理活动，即以管理目标为中心、以卓有成效的管理为要求、以管理者承担责任为途径的实践活动。责任是对管理者的基本要求，即"做一个管理人员就意味着需要分担企业成就的责任"，包括能胜任工作、认真地对待自己的工作、对企业与自己的任务和成绩负责任。承担责任需要起码的职权。责任与职权是让管理者承担责任的两个不可或缺的要素。"为了建立可达成的组织，你必须用责任取代权力。"责任是管理者的目标与整个团体目标一致的保证。责任对于管理者来说，是对自己与他人关系的一种规范。管理者必须使工作富有活力，以便员工能通过工作使自己有所成就。而员工则需要使自己的工作符合管理者的要求，遵守工作纪律。在管理集团中，有的人的职能是传统意义上的管理职能，对其他人的工作负有责任。

3.管理的性质

管理人员是每个企业中富有活力的赋予企业生机的因素。在一种竞争的经济中，管理人员的素质和工作状况决定着企业的成败，甚至决定着企业的生存。因为管理人员的素质和工作能力是企业在竞争中唯一能够拥有的有效优势。

对待高层管理者，德鲁克主要是强调高层管理的任务与其他管理集团的任务有根本差别，如他们的工作是多方面的而不是单一的，而且对高层管理者的个性和气质也有不同乃至互相冲突的要求。因此，对高层管理职位的管理是使之既能完成客观的任务，又照顾到担任该职务者的个性，还要向高层管理提供完成其特殊任务所必需的激励和信息。

管理不但是由现代工业体系的性质决定的，而且是由现代工商企业的需要决定的。现代工业体系必须将生产力资源、人和物交托给现代工商企业。管理还体现了现代西方社会的基本信念。它体现了通过系统地组织经济资源有可能控制人的生活的信念，体现了经济的变革能够成为争取人类进步和社会正义的强大推动力的信念。管理层是专门负责赋予资源以生产力的社会机构，也是负责有组织地发展经济的机构，体现着现代社会的基本精神，所以它是必不可少的。

（二）科学管理理论

在社会生产力的高速发展过程中，伴随着社会化大分工，19世纪末20世纪初西方的资本主义经济虽然快速的发展，但是管理的落后，生产规模的高速扩张及企业中劳动生产率的提高，与当时的科学技术水平及经济总量不相匹配。在这种背景下，泰勒探索将当时的科学技术用于提高企业的劳动生产率的办法，用科学的手段去分析管理，提升管理效率，从而形成一套科学管理的理论和方法——《科学管理原理》，泰勒由此被称为"科学管理之父"科学管理中的"科学"是指提高生产率而又不增加雇主和工人的劳动量，从而使双方都可从中受益。科学管理由多种要素组合而成，这些要素包括几个方面：科学（不是单凭经验的方法）；协调（不是不合）；合作（不是个人主义）；最高的产量，取代有限的产量；发挥每个人最高的效率，实现最大的富裕。他的理论主要包括以下方面。

1.工作定额

选择合适且技术熟练的工人，通过各种实验和测量，进行劳动过程研究和工作研究，制定出有科学依据的"合理日工作量"及劳动定额，根据定额完成情况，实行差别计件工资制，使工人的贡献大小与工资高低紧密挂钩。

2.科学用人

科学管理的重要思想之一，就是科学地挑选一流的工人，指那些最适合又最愿意干某种工作的人。挑选一流工人，就是在企业人事管理中，把最合适的人安排到最合适的岗位上，才能充分发挥潜力，促进劳动生产率的提高。

3.标准化管理

在科学管理的前提下，用科学知识代替个人经验，就要实行劳动工具标准化、操作标准化、劳动动作标准化、劳动环境标准化等标准化管理。只有实行标准化管理，才能使工人使用更有效的工具，采用更有效的工作方法，从而达到提高劳动生产率的目的；使工人在标准设备、标准条件下工作，才能对其工作业绩进行公正合理的衡量。

4.差别计件

通过计件和工时的研究，进行科学的测量和计算，制定出一个标准制度，以确定合理的劳动定额和恰当的工资。差别工资制有利于充分发挥个人积极性，提高劳动生产率，实现"高工资和低劳动成本"。同时，由于制定计件工资制与日工资率是经过正确观察和科学测定的，能够科学的给予工人劳动回报。

5.专门计划层

设置专门的计划部门，实际是设置专门的管理部门，让资方承担管理职责，让工人承担执行职责。明确资方与工人之间、管理者与被管理者之间的关系。计划部门的主要任务：（1）进行调查研究并以此作为确定定额和操作方法的依据；（2）制定有科学依据的定额和标准化的操作方法和工具；（3）拟订计划并发布指令和命令；（4）把标准和实际情况进行比较，以便进行有效的控制等工作。

（三）工业管理与一般管理

法约尔被后人尊称为"一般管理理论之父"，《工业管理与一般管理》是最主要的代表作，标志着一般管理理论的形成。《工业管理与一般管理》提出了管理的五大职能，论述了组成企业人员才能的各方面能力的相对重要性，在管理过程中普遍存在。管理活动分为计划、组织、领导、协调和控制五大管理职能，不是企业管理者个人的责任，它同企业经营的其他活动一样，是一种领导人与整个组织成员之间的工作。他的理论主要包括几方面。

1.劳动分工原则

劳动分工属于自然规律。劳动分工不只适用于技术工作，也适用于管理工作。因此，应该通过分工来提高管理工作的效率。另外，法约尔又指出："劳动分工有一定的限度，经验与尺度感告诉我们不应超越这些限度。"

2.权力与责任原则

权力，就是指挥和要求别人服从的能力。有权力的地方，就有责任。责任是权力的孪生物，是权力的当然结果和必要补充。一个好的领导者，应具有承担责任的勇气，并使他周围的人也随之具有这种勇气。制止一个重要领导人滥用权力的最有效的保证是个人的道德，特别是该领导人高尚的精神道德，这种道德是不能通过选举和财产取得的。

3.纪律原则

没有纪律，任何一个企业都不可能兴旺繁荣。纪律原则就是企业领导和其下属人员之间通过协定而达成的一致性行为准则，这种一致性是以尊重而不是以恐惧为基础的。维护纪律不排除对违反纪律的行为进行惩罚，包括指责、警告、罚款、停职、降级或开除。领导和下属人员一样，必须接受纪律的约束。

纪律执行的状况则主要取决于其领导人的道德状况。制定和维持纪律最有效的办法是：（1）各级好的领导；（2）尽可能明确而又公平的协定；（3）合理执行惩罚。

4.人员报酬的原则

人员的报酬首先要考虑的是维持职工的最低生活消费和企业的基本经营状况，这是确定人员报酬的一个基本出发点。在此基础上，再根据职工的劳动贡献来决定采用适当的报酬方式。工人的报酬方式有按劳动日付酬、按工作任务付酬和计件付酬三种，其方法还包括奖金、分红、实物补助和精神奖励。付酬的方式虽然取决于多种因素，但是，其目的只有一个，即改善所属人员的作用和命运，鼓励各级人员的劳动热情。因此，无论采用什么报酬方式，都应该做到以下几点：（1）保证报酬公平；（2）奖励有益的努力和激发热情；（3）不应导致超过合理限度过多的报酬。

5.人员稳定原则

一个人要适应他的新职位，并做到能很好地完成他的工作，这需要时间。这就是"人员的稳定原则"。按照"人员的稳定原则"，要使一个人的能力得到充分的发挥，就要使他在一个工作岗位上相对稳定地工作一段时间，使他能有一段时间来熟悉自己的工作，了解自己的工作环境，并取得别人对自己的信任。但是人员的稳定是相对的而不是绝对的，年老、疾病、退休、死亡等都会造成企业中人员的流动。因此，人员的稳定是相对的，而人员的流动是绝对的。对于企业来说，就要掌握人员稳定和流动的合适的度，以利于企业中成员能力得到充分的发挥。法约尔认为："像其他所有的原则一样，稳定的原则也是一个尺度问题。"

不稳定往往是企业不景气的原因与结果。所以，要努力保持企业领导人和其他人员的相对稳定性，做好人力资源管理，掌握好人员稳定的尺度。

二、管理基础要素

（一）计划

计划就是管理者明确恰当的组织目标并确定实现这些目标的行动方案。计划包括组织的目标和实现这些目标的有效步骤，是一切管理活动的前提，是管理的第一职能。

计划的内容包括六个方面（5W1H）：做什么（What）、为什么做（Why）、何时做（When）、何地做（Where）、谁去做（Who）、怎样做（How）。其具体含义如下所述。

做什么：计划要明确具体的任务和所需达到的标准。如企业制订生产计划时需要规划产品生产的投入和产出数量以及产品的生产进度，在保证按质、按量、按时的完成生产任务的前提下，充分运用企业的生产资源。

为什么做：要明确计划工作的原因和目的，即明确组织的宗旨、目标和战略。只有组织成员充分了解组织的宗旨、目标和战略，才能化被动为主动，提高他们的创造能力和工作效率。

何时做：规划企业各项活动的开始和结束时间。企业应明确计划中每一项具体工作的开始时间和完成进度，这样才有利于企业合理地利用资源。

何地做：明确计划实施的场所。充分了解计划实施环境的优势和劣势，合理安排计划实施地点的布局和组织。

谁去做：要明确计划的不同实施阶段由什么部门来负责。

怎样做：明确计划实施的具体手段和措施。计划要明确实施过程需要采取的步骤，以及相应的政策和规则，保证组织的资源配置能够得到充分利用。

计划工作具有很重要的意义。

1.计划为组织各方面的行动提供了方向。计划首先确定整个企业的总目标和分目标，这就为组织中各级管理人员的工作指明了方向和目的。组织成员能清楚他们的目标和为达到目标需要做的工作，这有利于企业通过分工和协调来安排经营活动，从而提高实现目标的效率。

2.计划有助于管理者发现潜在的机会与威胁，从而减少风险。大多数组织都是在动态的环境中进行决策的，必须随时抓住机会，接受变化。因此主管人员应该去思考未来可能会出现的各种情况，并通过采用计划职能，提高组织的应变能力。

3.计划为组织各层管理人员日常考核和控制工作提供了标准。哈罗德·孔茨说过："计划是主管人员设计控制工作的准绳。"在计划的实施过程中，若实际活动与计划规定的目标不一致，管理者需要采取措施纠正偏差，从而保证能够按时、按质、按量的完成计划。

（二）组织

组织的含义既有静态的一面，又有动态的一面。

静态的一面即名词意义上的组织，它包括以下三层含义：（1）组织必须具有明确的目标，目标是组织存在的基础和条件。（2）组织必须具有分工与合作，分工与合作相结合才能高效率的完成组织的目标。（3）组织要有不同层次的权利与责任制度，这是达到目标的重要保证。

动态的一面是指动词意义上的组织，是为了有效地实现共同目标而进行的一种活动安排，是对人、财、物等资源进行合理配置的过程。它包括以下四层含义：（1）合理的设计组织结构，包括对为实现组织目标的各种活动进行归并，成立职能部门，确定适度的管理幅度和管理层次；（2）正确的分权和授权有利于各层级各部门为实现组织目标而协同工作；（3）人力资源管理；（4）组织文化建设。

组织工作包括组织为实现目标对所必需的活动进行分组、职权的设置、配备合适的人员、组织自身结构的设计与调整、组织运行规范的设计等方面的工作。具体来说，组织工作的内容包括以下几个方面。

1.组织结构设计

组织结构设计是组织工作中最核心的环节，它主要是合理安排为实现目标中的工作分工协作关系，建立一种有效的组织结构。组织结构设计包括四个步骤。

（1）根据组织的内外部环境，确定组织的目标，明确为实现目标所必须完成的工作任务。

（2）对组织所需完成的工作任务进行适当的分组，从而确定管理的各个层次、部门，以及各部门所需完成的工作任务。

（3）根据人与事相结合的原则，为各职务配备合适的人员，为各职位和部门分配责任和权限。

（4）为了使各层级、各部门之间有效地合作，设置相互联系的方式和手段，使组织能够合理地分化与整合，形成实现组织目标所需要的正式组织体系。

2.组织运行

组织的运行就是使设计好的组织能够运转起来。组织的运作过程中应处理好正式组织和非正式组织的关系，进行适度的集权与分权，向下级人员适当授权，积极有效地进行上下、左右的沟通联系，建立现代公司制度等，保证组织能够有效运行，提高组织的效率。为了使组织工作能够有机运转，应该将各种规章制度落到实处，使之能够真正有效地解决组织运作过程中的一系列问题，实现组织运行的规范化和制度化。从一定意义上说，设计好的组织投入运作的过程是与管理工作其他方面的职能密切联系在一起的。

3.组织变革

组织变革就是对组织的调整、改革与再设计，它属于组织工作过程中的反馈与修正步骤。当组织在运行过程中出现不完善之处，或者环境变化引起组织目标需要做出调整时，应及时改变组织的内在结构，更好地实现组织的目标。

（三）领导

领导是指在某一特定的环境下，对组织内每个成员的行为进行引导和施加影响力的活动过程，其目的是使组织成员能够自觉自愿并且充满热情地为实现共同确定的目标持续努力。

领导处在管理的中心环节，所发挥作用的重要性自然是不言而喻的，它能够影响组织中每个成员的行为和思想，对组织目标的实现具有关键作用，这主要表现在以下四个方面。

1.指挥作用

有人把领导者比作是军队的最高统帅，能够调动三军，联络八方，指挥大大小小的战役，直至取得最后的胜利。组织为实现组织目标而组织的活动，就如同军队为实现胜利而进行的作战一样，因此组织当中就需要有一个头脑清醒、思维敏捷、着眼大局、深谋远虑、运筹帷幄的领导者，向组织成员宣明组织所处的现实环境和态势，明确组织所要达到的各级目标和终极目标，确定达到这些目标的方法和途径，并且指导下属制订更为详细的计划、方案。领导者应该时刻关注全局的变化和外界的动态，走在适应环境的第一线，这样才能引领和指挥组织成员迅速地融入多变的环境中。

2.协调作用

领导的协调作用主要体现在解决组织当中人与人、部门与部门、个人与组织所发生的矛盾和冲突上。由于每个组织成员的经历、能力、性格、工作态度等都不相同，在工作当中难免会产生不和谐的地方，这时候就需要领导者既能知人善任又能够处理产生的问题；各个组织的部门往往只顾自己的利益，各扫门前雪，甚至相互推脱责任，这不仅严重影响了组织运行的稳定性和效率，而且很容易导致组织工作半途而废，这就需要领导者统筹调度，合理制定各部门的职责任务，协调他们在工作当中的交接和合作问题；当个人目标往往不能与组织目标完全吻合，个人目标与组织目标发生冲突时，领导者要及时协调好双方的关系，既能够不打折扣的完成组织目标，又能兼顾个人目标的实现。

3.激励作用

对于组织的成员来说，几乎所有人都有积极工作、为组织做出贡献的愿望，这是因为他们认为能够从组织当中获得他们想要的东西，但是要想让组织成员持久拥有这种愿望，就需要领导者不断地实施激励来满足它们的愿望。现在社会的竞争越来越大，个人生活的压力也在增大，不管组织成员是在生活上遇到什么难题，还是在工作中遇到挫折，都会影响他们在组织当中的表现，这时候领导者就需要既像朋友一样关心问候他们，又能够切实给他们精神和物质上的帮助，最大限度地激发他们工作的热情和信心，增强他们对于组织的认同感和归属感。

4.沟通作用

信息沟通在领导者和其追随者之间发挥着重要的作用，领导者一般是组织当中的首脑或者管理者，他们是组织当中信息最重要的传播者。通过沟通，领导者可以在组织各个层级之间下达命令和指示，确保组织成员能够准确无误地获得信息，而且通过沟通，领导者能够避免过于书面化的材料，可以切身了解员工真正在想什么以及他们真正需要什么，这样对于领导者实施激励就更有针对性。

（四）协调

协调作为管理的一项职能，是理顺组织内外部关系，消除不和谐、不平衡状态，加强各方面合作，以便实现组织目标、创造良好环境的过程。组织目标的实现需要组织内部各方面的力量相互配合，需要组织内外部有关方面的支持，然而这种配合和支持不是自发形成的。相反，由于利益、认知、感情等方面的差异，不和谐甚至矛盾和冲突常常出现，从而影响组织目标的实现。管理者的职能之一，就是通过各种途径，理顺组织内外关系，获取各方面的支持与配合，形成有利于目标实现的组织氛围。

协调是为了实现组织目标，对组织外部环境和内部条件之间、组织内各组成部分之间以及个人的工作活动和人际关系进行调节，并化解冲突，使之相互配合、相互适应的管理活动。

管理者协调能力包括工作协调能力和人际关系协调能力两方面。但是由于组织内外部各项活动都是由人来进行的，工作的矛盾冲突往往表现为人与人之间的冲突，协调好人际关系有助于解决工作中的冲突；又由于人是组织中最活跃的因素，人在现代管理理论中占有越来越重要的位置，所以现代管理理论认为，协调实质上是人际关系的协调。

协调是管理者有效开展管理活动的必然要求，在管理工作中占有重要地位。作为重要的管理职能之一，协调的意义主要有三点。

1.协调是组织内部业务活动顺利进行的必要条件

组织是由若干部门和个人构成的整体，是以人为主的多层次、多因素、多序列、多职能的有机结构。这些部门和个人之间构成了错综复杂的关系网络，不同部门、个人的行为目标和方式可能和组织期望的行为方式不一致，有时候甚至是冲突的。只有把组织的个人与个人之间、部门与部门之间以及部门与个人之间的关系协调好，使管理处于有序的状态，才能保证组织目标的实现。尽管在其他管理职能如计划、组织和控制中已经考虑了这些问题，但是由于人的活动会随时变化，矛盾和冲突会随时出现，这就需要管理者进行沟通、协调，来处理突发事件，以实现各部门之间以及个人之间的利益平衡，保障组织顺利开展业务活动。

2.协调是激发员工工作热情的重要保证

组织的工作环境直接关系到员工的工作热情，人际关系良好的工作环境能够极大地激发员工的积极性。但是由于个人认知、感情的差异总会引起人与人之间的误解、矛盾和冲突，就需要管理者履行协调职能，通过沟通，化解矛盾，解决冲突，营造良好的人际关系氛围，以维持良好的工作环境。

3.协调是建立良好外部关系的重要途径

任何组织都存在于一定的外部环境中，与外部的单位、个人有着各种各样的关系，既有利益一致的一面，也有利益冲突的一面。因此，管理者在处理组织与外部环境的关系时，就需要协调各方利益，以增进理解，改善组织外部环境和外部形象。同时，组织面对的外部环境呈现日益复杂化、多元化的趋势，无论组织目标确定还是资源配置，都需要根据外部环境的变化及时调整管理活动，寻求建立组织活动与外部环境相协调的状态。

（五）控制

控制作为管理者的一项职能，在管理活动中是非常重要的。因为管理者可以制订计划，使组织成员明确自己的工作目标，可以创建组织结构帮助组织成员有序完成目标，也可以通过有效的领导过程激励组织成员。但是这并不是说这样就可以保证组织按照预定计划顺利实现目标，而是还需要管理者实施控制职能，及时纠正工作中的偏差，纠正原有计划的不妥之处或者纠正偏离计划的工作活动，进而保证各项工作朝着目标指导的方向进行。控制过程包含三个步骤：衡量实际工作绩效；比较实际工作绩效与标准；采取行动纠正偏差或者不合适的标准。

1.衡量实际工作绩效

管理者实施控制的第一个步骤就是衡量实际工作绩效。衡量实际工作绩效必须以获得相关信息为前提。而相关信息需要管理者通过不同的方式进行搜集，主要通过个人观察、统计报告、口头汇报、书面汇报。

在明确管理者通过什么形式来衡量实际工作绩效之后，就需要清楚衡量的对象是什么，衡量对象比衡量方式更为关键。因为衡量什么很大程度上决定了员工的工作重点，以及采用何种控制标准。

2.比较实际工作绩效与标准

这一过程是比较实际工作绩效与标准的差异，一般情况下所有工作都会出现某种偏差，因此确定一种可以接受的偏差范围极为重要。处于该范围之外的偏差不可忽视，必须引起管理者重视。在某些情况下，工作绩效与所确立的标准间的比较结果很容易获得，而有些时候比较并不明确,比如绩效低于预期,那么偏离的范围有多大需要管理者采取补救行动?这就需要提前制定偏差范围,当绩效在范围之内就可以忽略,超过这一范围就需要采取补救行动。

3.采取行动纠正偏差或者不合适的标准

管理者在这一过程中可以采取三种行动:什么也不做、纠正偏差、修改标准。什么也不做意味着实际工作绩效在偏差范围之内,不需要采取行动;而纠正实际绩效和修改标准则是比较复杂的行动。

纠正实际绩效有两种不同类型的纠正行为,一种是及时性的,主要针对当前的现象,一种是根本性的,主要针对查找导致这种现象的原因。实时纠正行为就是立即纠正问题以使绩效回到正确轨道上。彻底纠正行为就是首先查找产生偏差的原因,其次彻底解决偏差。它要求管理者搞清楚绩效偏差是如何产生的以及为什么会产生。但是许多管理者经常以没有时间为由拒绝调查问题产生的原因,并不愿意采取彻底纠正行动,仅满足于不断的灭火式的及时纠正行动。卓有成效的管理者往往会花费一些时间认真分析偏差产生的原因,进而采取行动根本性地消除绩效产生的偏差。

修改标准是指绩效产生偏差是由某种不切实际的标准所致。在这种情况下,就需要对标准而不是绩效予以纠正。比如,实际绩效总是低于所定的标准,而且并不是个别现象,那么管理者就应该考虑降低标准,当实际绩效总是高于所制定的标准,那么就应该考虑提高标准。及时修改不切实际的标准,才能提高员工的工作积极性。

三、工商管理学

工商管理这门学科主要以管理学为基础,以管理学提供的理论架构分析和指导社会经济和企业管理等。本书作为工商管理导论教材,在介绍管理学的同时在企业生存发展面临的内外部环境因素,如创新管理、跨文化管理和信息化管理,三个方面做出了较深入的分析。

(一)创新管理

管理学中,就企业生产和销售产品的本质而言,创新就是在组织的作业和管理工作中不断形成新观念、新构想从而使革新有所发展的过程。反映到企业的生产管理中,创新就是在技术和经济结合的过程中,以新的思想投入产品研发设计、生产销售等流程活动中。大而言之,创新可以表现在更广泛的方面,在网络和信息时代,任何一个触发交互节点并实现有效变化的发展都包含其中,不论其发生在技术、组织、制度等的任何方面。作为一项革新性的举措,创新有着创造性、风险性、系统性、动态性等特征。

1.创造性

不拘泥于常规而又有突破性的进展,是表现创造性的一大特色。无论是为了解决问题而实施的革新、传承中的升级，还是探索中的首创，都是创造性最明显的表现。与传统活动相比较，创新具备了突破性的质的提高，正是基于这一事实，创新最直观的表现就在其创造性上。创新的创造性可具体表现在新的产品或工艺的出现，或者是组织在管理结构的安排、管理流程的重组等管理要素的重新构建上，因为有了实质性差异，创造性才得以体现。

2.风险性

创新非一日之功，在组织实施创新过程中势必会历经种种挑战。基于信息的不对称性，创新过程中的风险要素把控的难度较大；同时，实施创新的过程也是资源要素重新实施分配的过程，自然也会面临来自不同利益群体的压力和排斥；在技术创新方面，技术瓶颈的攻克及产品的商业化推广都面临着较大的阻碍。正是创新的高风险性，使得创新成功后的价值和收益也颇为丰厚，因此企业就会不断地投入创新。

3.系统性

组织的活动是连续性的，创新活动可以出现在组织活动的任何一个阶段，任何一个节点的有效变革都会形成创新的机制。同时，着眼于组织的全局性，在计划、组织、领导、控制的各个阶段都会由于关联性进而对创新的成败产生影响。因为创新的最终成果是落地于顾客的消费，在组织的整体流程中，创新始发点后延的环节都对创新的产出有着累加效应，而涉及组织全局的战略、使命、企业愿景等更是对创新有着实质性的影响。

4.动态性

市场是瞬息万变的，再加之消费者的偏好总是处于不断变化中，社会整体的技术水平也在不断提高，企业拥有的竞争优势或许转瞬间便被颠覆、被超越。为确保组织的核心竞争力，在组织内外环境不断发生变化的情况下，需要持久不断地进行创新，要在创新的内容、方式、水平等方面走在时代的前沿或至少处于行业同等水平。在如今企业更加淡化组织边界的情况下，企业与周围实时地进行着物质、能量、信息的交换，作为一个更加动态开放的系统，企业需要在创新方面不断超越，才更有利于推动企业发展。

（二）跨文化管理

跨文化管理又称为"交叉文化管理"（Cross Cultural Management），是指企业经营过程中，通过克服不同异质文化之间的差异，在此基础之上重新塑造企业的独特文化，从而形成卓有成效的管理过程。它是对涉及不同文化背景的人、物、事和产、供、销进行灵活变通的管理，包括在不同的文化背景下设计出切实可行的组织结构和管理机制，妥善处理文化冲突、融合，给企业带来的竞争劣势和优势，从而最大限度地挖掘员工的潜质和实现企业的经营战略目标。

消除文化的差异是跨文化管理着力解决的核心问题。文化差异可能来自沟通与语言的理解不同、宗教信仰与风俗习惯迥异、刚性的企业文化隔阂等诸多因素。跨文化管理目的在于在不同形态的文化氛围中设计出切实可行的组织结构和管理机制，在管理过程中寻找超越文化冲突的企业目标，以维系具有不同文化背景的员工共同的行为准则，从而最大限度地控制和利用企业的潜力与价值。

全球化经营企业（跨国公司）经营和管理的全过程涉及不同文化的矛盾和冲突，不可避免地面对跨文化管理之问题。在这些企业内部，不同文化背景的管理者有不同的管理方法、技巧和经验，不同文化背景的员工有着不同的语言、教育、宗教信仰，而且文化差异会导致不同的工作态度和追求，因此，进行跨文化的有效沟通、协调和管理，直接影响着企业内部运作的效果。在企业外部，跨国公司既要满足不同文化背景的消费者的需求，又必须适应东道国的风俗习惯、法律制度等条件。由此可见，全球化经营企业只有进行了成功的跨文化管理，才能使企业的经营得以顺利运转，竞争力得以增强，市场占有率得以扩大。

（三）信息化管理

信息化是人类社会发展阶段中一个更高级的阶段，我们比较熟悉的就是信息化所带来的数字化，它与人们的生活和工作息息相关，为我们创造了一个数字世界、虚拟世界，不管是文字、数据、图片、视频、语音等都可以在这个虚拟世界中发挥巨大的作用，我们既可以将现实社会映射到虚拟世界，又可以将虚拟世界经过加工、整合转换为现实社会，两者互为交换，相互补充。其实，信息化可以有很多分类，按照信息化所涉及的领域可以分为宏观信息化和微观信息化。宏观信息化包括：国家信息化，是指国家在工业、农业、国防等各个方面的信息化建设；产业信息化是指在制造业、金融业等现行主要行业方面的信息化；社会信息化是指在教育、医疗、文化等方面的信息化。微观信息化就是就是指企业信息化，研究的问题就是企业信息化与管理之间的关系。

企业信息化具有的几个特点。

1.信息化是以管理为基础的，而不是以信息科学技术为根本的，通常所说的网络技术、高科技等都是实现信息化的手段，组织的领导者应该区别开什么是本什么是末，让信息化更好地促进管理。

2.信息化所包含的内容是不断变化更新的，因此信息化对于管理的作用也是随时改变的，管理思想和管理方式要随信息化的更新而更新。

3.信息化在管理中的一个最重要作用就是实现信息的共享，通过信息化独有的特点把组织所需要的信息准确无误地传送到领导者手中，领导者再对传送来的信息进行分析和整合，为组织做出正确的决策。

4.信息化建设是一项全面的、系统的工程，牵扯到管理的各个方面，无论是计划、组织、领导、控制等都会涉及，而且包括组织战略、财务、客户关系等方面，领导者要综合协调各个方面，实现组织内外有机的结合。

四、宏观经济统计分析的基本内涵与课程定位

（一）宏观经济统计分析的内涵及由来

1.宏观经济统计分析的基本含义

正如经济学有宏观经济学和微观经济学两个分支一样，经济统计学同样可以划分为国民（宏观）经济统计和商务（微观）经济统计两个分支。前者是从宏观角度考察与宏观（国民）经济运行有关的统计理论和方法，旨在为宏观经济管理和决策提供数据支持和分析框架，这方面的典型课程有国民经济核算、国民经济统计学、宏观经济统计分析等；后者则是从微观角度考察与企业经营管理有关的统计理论和方法，旨在为企业经营管理提供必要的统计数据和有效的分析工具，这方面的典型课程有企业经济统计分析、商务统计学等。宏观与微观经济统计这两者之间既有分工，又有联系。

作为经济统计学国民经济统计分支中的一门课程，宏观经济统计分析顾名思义是对国民经济的统计分析。更为准确地定义，宏观经济统计分析是以宏观经济理论为指导，运用统计资料和定量研究方法对宏观经济运行中的数量规律进行统计分析的过程，是对国民经济运行过程和动态的实证统计分析。

宏观经济统计分析具有综合性和实证性的特点。宏观经济统计分析研究的对象是国民经济系统，这个系统极其复杂，由社会再生产的不同主体部门、不同环节和不同生产要素组成。研究对象的复杂性决定了宏观经济统计分析研究问题、运用资料和运用方法具有综合性。不同于其他经济统计学科课程，宏观经济统计分析的落脚点是经济统计分析，这就决定了它必须从现实宏观经济运行现象和问题出发，运用统计资料和统计手段进行实证分析。这种实证分析不同于抽象的经济理论研究，也不完全等同于运用计量手段进行的经验实证分析。

2.宏观经济统计分析的由来

宏观经济统计分析是产生于中国的一门课程名称和一个学科术语。作为一门课程，它产生于20世纪90年代初。其产生的背景是：随着中国特色社会主义市场经济的发展和统计改革的不断深入完善，以及统计对政府经济管理、咨询、监督、决策功能的加强，宏观经济统计分析的理论与方法愈来愈重要。中国人民大学赵彦云教授结合中国当时情况，阐述了宏观经济统计分析的产生、发展过程、方法和内容体系、学科建设，以及与国民经济核算体系的关系等问题，并对社会总供给和总需求平衡、经济结构、资金流量、通货膨胀、经济周期、经济增长和经济效益等方面统计分析的理论和方法，乃至中国的实际经济问题，

做了系统深入的研究，形成了体系比较完整、内容相对成熟的课程体系。在此基础上，赵彦云教授将相关内容编纂成《宏观经济统计分析》一书，并于 1992 年由中国统计出版社出版。该书出版后得到了统计学界的广泛好评。它不但被全国主要财经院校采用，而且还成为研究者分析研究实际经济问题时的重要参考。与此同时，宏观经济统计分析开始作为一些主要财经院校乃至部分综合院校统计学专业硕士点和博士点的一个研究方向得以确立。迄今为止，这一研究方向仍然可以在诸多授予经济学学位的统计学学科点的招生简章中查阅到。

尽管《宏观经济统计分析》的课程体系完整化于 20 世纪 90 年代的中国，但并不意味着该课程的根基和内容是全新的。事实上，与该课程相关的很多国民经济统计内容是三百年来一系列辛苦研究的结晶。

国民经济统计最早可以追溯到始于 17 世纪后半期的国民收入估算分析工作。这项工作的核心是如何在估算的基础上描述和分析诸如国民收入这样的国民经济总量。统计学的奠基人威廉·配第（W.Petty）是这方面探索的先驱者。他在 1676 年面世的经典著作《政治算术》中，第一次使用"数字""重量"和"尺度"的术语来描述经济现象，并将这种理论方法命名为"政治算术"。

基于政治算术，配第还从收入和支出两个方面进行了国民收入的复式估算。与配第几乎同时代的统计学家金（Kiny）在 1696 年写成的《对英格兰国势的自然观察和政治观察的结论》一书中对英国国民收入做出了估计，其特点在于：一是分组比较细，把经济活动主体分成 26 个社会阶级，统计项目也包括收入、支出和储蓄等；二是金进行了英国与法国、荷兰的国际比较。此后，很多学者包括英国经济学家查尔斯·达维南特（Charles Davenant）、法国经济学家弗朗索瓦·魁奈（Francois Quesnay）、法国科学家拉瓦锡（Lavoisier）等，也采用类似的办法估计过国民收入。

上述学者的研究只是对国民收入的零散估算，并未涉及宏观经济运行过程的核心内容，因而只能说是国民经济统计研究的萌芽，对后来宏观经济统计分析的形成也只是产生了部分的影响。现代宏观经济统计分析的形成和发展则是 20 世纪 30 年代以后的事情，突出表现在如下方面。

（1）20 世纪 30 年代，现代宏观经济理论的创立为宏观经济统计分析形成提供了理论指导和方法论基础。现代宏观经济理论是由经济学家约翰·梅纳德·凯恩斯创立的。凯恩斯运用国民收入的总量概念对国民经济进行了开创性的"生理学"研究，并在 1936 年出版的经典著作《就业、利息和货币通论》中创立了宏观经济理论模型。该模型借助于企业、居民和政府之间的循环关系，深入考察消费储蓄和投资等支出构成变动情形下的国民收入决定问题，并展开对宏观经济运行中各种总量关系的分析。

（2）20 世纪中叶，国民核算体系发展的相对成熟为宏观经济运行过程的统计分析提供了科学的工具，从而使宏观经济分析有了系统的统计资料基础和工具支持。联合国 1947 年公布的《国民收入的计量和社会核算表的编制》和 1953 年公布的《国民核算表及补充表体系》，是以国民收入生产、分配和使用过程为基础来描述宏观经济运行的国民经济核算体系成熟发展的重要标志。在这一过程中，英国经济学家理查德·斯通（R.Stone）和詹姆斯·米德（James E. Meade）、美国经济学家西蒙·库兹涅茨（Simon S. Kuznets）发挥着至关重要的作用。自 20 世纪 30 年代起，库兹涅茨依托美国国民经济研究局（NBER）开始研究国民收入核算问题和编制国民收入核算体系。此后，库兹涅茨发表了一系列著作，包括 1938 年的《国民收入和资本形成》、1941 年的《1919—1938 年的国民收入及其构成》、1945 年的《战争时期的国民产值》、1946 年的《国民收入：发现的概述》和《1869 年以来的国民产值》。这些著作构建起一个相对完善的国民收入核算体系，成为各国进行国民经济统计及宏观经济分析的重要工具。从 1939 年起，斯通和米德在导师凯恩斯的倡议和推动下，开始采用会计账户，运用复式记账法，设立了生产、消费、积累、国外四大账户，对英国的国民收入与支出进行估算，其研究报告《战时财政资源分析与国民收入和支出数字：1938-1940》发表在英国预算白皮书上。他们 1944 年出版的著作《国民收入和支出》是运用国民核算进行应用分析的典范。此后，斯通终其一生都主要从事国民核算研究，先后主持了联合国 1947 年公布的《国民收入的计量和社会核算表的编制》和 1953 年公布的《国民核算表及补充表体系》。

（3）19 世纪末期以来，数理统计理论和方法如概率论、相关分析、统计推断和假设检验等的产生和发展，为经济统计分析提供了手段，从而对宏观经济统计分析的发展也产生了重要影响。

然而，对宏观经济统计分析发展影响更大的是在经济学和数理统计方法基础上结合发展起来的计量经济学。一般认为，挪威经济学家弗里希（Frish）于 1926 年仿照"生物计量学"（Biometrics）一词提出"计量经济学"（Econometrics）。1930 年 12 月 29 日世界计量经济学会成立和由它创办的学术刊物 *Econometrica* 于 1933 年正式出版，标志着计量经济学作为一个独立学科正式诞生。计量经济学的出现使宏观经济统计分析的数量关系分析不断向深层次发展，提高了宏观经济统计分析的科学性。正如弗里希在《计量经济学》的创刊词中所指出的：用数学方法探讨经济学可以从好几个方面着手，但任何一方面都不能与计量经济学混为一谈。计量经济学与经济统计学绝非一码事；它也不同于我们所说的一般经济理论，尽管经济理论大部分都具有一定的数量特征；计量经济学也不应视为数学应用于经济学的同义语。经验表明，统计学、经济理论和数学这三者对于真正了解现代经济生活中的数量关系来说，都是必要的，但各自并非充分条件。而三者结合起来，才能发挥各自的威力，这种结合便构成了计量经济学。

（二）宏观经济统计分析的课程教学目标

当今时代是大数据时代。数据信息正逐渐成为大数据时代生存的新型战略资源。在现代市场经济社会，各经济主体鉴于宏观经济管理和微观经济决策的需要都对宏观经济信息有着强烈的需求。就政府经济主体而言，宏观经济管理和调控需要一系列动态连续的、系统的、详细的宏观经济运行信息。就企业和居民等微观经济主体而言，企业经营管理决策和个人投资决策都需要科学的宏观经济信息作为支撑。这些信息中的一部分是宏观经济运行状态数据，另一部分则是在状态数据基础上加工分析得到的数据信息。前者可以依靠国民核算和统计设计理论，通过全面开展国民经济统计工作，进而系统地搜集和整理得到；而后者则必须通过专业的宏观经济分析才能得到。在此背景下，宏观经济统计分析课程的现实需求便应运而生。

有关统计经济学部分主要是培养学生综合上述专业知识并联系中国宏观经济运行的实际，科学采集统计数据进行实证分析研究的能力。

五、宏观经济统计分析的内容体系与方法基础

（一）宏观经济统计分析的内容体系设计

现有国民经济统计的内容体系比较：鉴于宏观经济统计分析从属于国民经济统计分析分支，且所有分支内的课程均以国民经济为研究对象，因此，宏观经济统计分析内容体系与国民经济统计有内在的一致性。这里主要归纳对比分析现有的国民经济统计内容体系。

20世纪90年代初以来，国民经济核算体系（SNA）引入中国以后，国内学者关于国民经济统计学科建设的讨论很多，出版了一系列的相关著作。归结起来，国内现有的国民经济统计内容体系的设计思路主要有如下几种。

1.以社会再生产基本环节来设计国民经济统计内容体系

这种内容体系的设计思路是以社会再生产环节即生产、流通、分配、使用为线索，把国民经济统计分为几个大的模块，相关的内容引入其中。这种设计思路的优点是通俗直观、符合一般经济学理念，比较注重理论分析。缺点是对社会再生产环节的概括过于简要和理论化，部分内容处理存在困难。具体体现在：各环节的内容比例失当，生产部分内容过于庞大，流通部分内容则过于单薄；有些内容，如宏观经济监测预警分析难以纳入学科体系中来，而另一些内容，如国民经济总量统计、价格统计、金融统计，属于几个环节内容的交叉部分，难以界定准确的环节位置。

2.按照国民核算体系结合五大核算系统来设计国民经济统计内容体系

这种内容体系的设计思路是，以国民经济核算体系（SNA）为构建框架，结合五大核

算子系统——国民收入核算、投入产出核算、资金流量核算、国际收支核算和资产负债核算来设计安排国民经济统计的内容体系。主张这种做法的学者通常认为国民经济核算和国民经济统计学是同一的。这种设计思路的优点是分析问题较为明确，核算数据账户衔接对应，便于理论阐述和实际应用。缺点是内容缺失较为明显。一方面，国民经济核算是国民经济统计的主体，但绝不是其全部，宏观景气监测预警分析、生产率统计分析等内容就是其中的典型。另一方面，五大核算只是国民经济核算的基本核算，随着经济和社会的不断发展，SNA 必须不断扩充。事实上，SNA1993 和 SNA2008 两次更新的重要一点就是对 SNA1968 五大核算系统的不断突破。

3.按照国民经济运行总过程来设计国民经济统计内容体系

这种内容体系的设计思路是从国民经济运行过程和统计认识过程相结合的角度来设计国民经济统计内容体系，可以分为国民经济资源统计、国民经济总量统计、国民经济过程统计、国民经济动态统计、国民经济结构统计、国际关系统计等方面。这种做法所涉及的领域相当广泛，内容也异常丰富，同时强调国民经济循环的过程与条件、总量与结构、内部与外部、静态与动态等方面的对立和统一。当然，如何更合理设计各个方面，组成逻辑缜密和方法齐全的内容体系，还有待我们进一步探索、思考和发掘。

应该说，以上三种国民经济统计内容体系的设计思路尽管存在这样那样的差异，但各有所长，而非完全对立。在相互交流的过程中，三种设计思路也逐渐地取长补短，相互结合、相互补充，从不同角度对国民经济系统及其运行过程给予相对完整的统计描述和分析。

（二）宏观经济统计分析的研究方法

宏观经济统计分析是在统计学与经济学，尤其是宏观经济学密切互动关系基础上不断创新发展的。因此，它的方法论涵盖内容广泛，既有针对经济问题研究的经济学分析方法，也有纯粹的统计描述、数理统计推断、国民经济核算分析和经济统计专门分析等统计学分析方法，还有统计学与经济学、数学等交互发展的计量经济分析方法和典型化事实分析方法。

1.经济学分析方法

尽管宏观经济统计分析要发挥定量研究的优势，但是实际分析研究中因为要科学运用经济学理论，宏观经济分析中的静态经济分析、比较静态经济分析、动态经济分析、比较动态经济分析等方法，由于反映了经济学的系统分析的基本思想方法，因此对宏观经济统计分析具有指导作用。

（1）静态经济分析方法

静态经济分析方法是指完全抽象掉时间因素和经济变动过程，在假定各种基本经济条件稳定不变，即人口数量、资本存量、技术知识水平、消费者偏好等均保持不变的条件下，分析经济现象的均衡状态形成及其条件的方法。这种方法通常使用短期资料和横截面资料来分析经济活动的状态特征和规律性。在分析过程中，先从基本因素出发，逐步扩展增加因素，进而展开分析的层次。

（2）比较静态经济分析方法

静态经济分析方法不能分析经济活动的变动特征，因为它把要素和技术视为稳定不变的。比较静态经济分析方法的逻辑前提是它将经济活动视为一系列均衡状态的总和，各个均衡状态之间的区别在于基本条件的基本数据发生了变化，而不是在于某一均衡状态是由另一均衡状态衍生出来的。因此，比较静态经济分析方法是将构成增长经济的各个孤立的均衡状态加以比较，而不涉及从一种均衡状态发展到另一均衡状态的调节过程和转化过程。也就是说，比较静态经济分析方法不考虑由经济制度中所固有的内生因素所决定的经济过程的发展。

（3）动态经济分析方法

动态经济分析方法是指考虑时间因素，将经济活动变化视为一个连续的发展过程，对从原有均衡过渡到新的均衡的实际变化过程进行分析的方法。该方法的分析重点不再是时点上的状态，而是过程上的特征和规律性；不再把经济分析的变量看作不断重复的变动，而是基于经济变量的时序关系展开分析，即随时间变化的经济过程，以及经济发展由内生因素决定的过程。动态经济分析十分重视时间因素，重视过程分析。

（4）比较动态经济分析方法

比较动态经济分析方法是在动态经济分析方法基础上进行的。如果说动态经济分析是就一个经济过程所进行的分析，那么比较动态经济分析就是对两个经济过程的比较分析，比较差异集中在两个方面，一个是变量之间的时滞关系；另一个是变量之间的依存关系，即参数变动。

2.统计学分析方法

统计学分析方法是宏观经济统计分析的方法主角。依据方法领域和使用目的的不同，宏观经济统计分析中统计学分析方法可以划分为以下四类。

（1）描述性统计分析方法

如何运用科学的变量体系描述分析一个经济运行整体的数量特征，需要指标体系的选定方法，也需要对所选定的变量进行准确的估计，包括核算、推算和估算，还需要变量数据的可比性处理方法。这些方法需要经验，也需要理论，还需要统计技术或技巧。描述统计方法对于统计分析应用是一个非常重要的基础，探索性统计分析有助于我们构建系统分析的基本逻辑框架，从而根据客观存在与相互关系构建描述经济系统运行的统计指标体系。

（2）国民经济核算分析方法

国民经济核算体系充分描述了国民经济活动的全貌，提供了有关国民经济运行全面的、系统的宏观信息资料，利用这些资料可以对国民经济的发展状况进行科学、系统的分析，这是国民经济核算的基础功能，即核算体系的分析功能。国民经济核算体系分析功能本身就蕴含国民经济核算分析方法和技术。生产核算分析技术、投入产出分析技术、收入分配核算分析技术、资金流量核算分析技术、国际收支核算分析技术、资产负债分析技术等都是比较经典的国民经济核算分析方法和技术，也是宏观经济统计分析常用的基本方法。

利用生产核算分析技术，可以反映一国国民经济发展水平及其经济结构状况；利用投入产出核算分析技术，可以分析揭示各部门间的消耗结构和技术经济联系，生产要素之间的平衡关系，以及各部门之间的比例与结构；利用收入分配核算分析技术，可以分析揭示国民收入分配的规模状况及其变动情况，进行收入分配结构分析和收入分配公平程度分析；利用资金流量核算分析技术，可以深入分析国民储蓄与投资总量和构成情况，进行货币需求的因素分析；利用国际收支核算分析技术，可以分析一国的国际收支平衡状况，从收入和支出两方面分析国际收支结构；利用资产负债核算资料，可以研究国民财产的规模水平及其内部各种分类结构状况。

（3）数理统计分析方法

数理统计分析应用回归分析、多元统计分析和时间序列分析是在宏观经济分析中运用比较广泛的分析方法。许多经济活动中的经济关系、结构关系、动态关系、对应关系以及经济分析中的聚类、因子分析等都需要数理统计分析方法的支持。分层回归分析、分位回归分析高维数据分析等方法的发展，对于深入经济因素之间的系统决定关系的统计分析都具有重要的推动作用。

（4）经济统计专题分析方法

指数分析、因素分析、弹性分析、时间序列分析等经济统计专题分析方法在宏观经济分析中不但经常用到，而且有时候还要组合运用。同时，宏观经济分析本身要求对经济做出总体综合评价，而复杂的宏观经济系统中不同个体的差异性和不同方法的应用差别决定了单一样本和单一分析方法难以形成总体判断，不同的人选择不同的样本和分析方法就有不同的结论，也很难统一认识。使用综合分析指标体系或综合评价指标方法就成为宏观经济统计分析中一种非常有效的分析手段。

3.多学科交叉分析方法

天津财经大学肖红叶教授曾指出：数理统计方法是经济问题研究的主要工具，但不是工具的全部。研究中应根据需要可以应用其他的数量分析方法，如规划方法、博弈方法、控制论方法、非线性动力系统分析方法、复杂性分析方法等，只有应用合适的方法才可能把研究推向深入。宏观经济统计分析也不例外。在宏观经济统计分析中，综合经济学、统计学和数学等其他学科形成的计量经济分析方法及其他分析方法对推动宏观经济统计分析的深入发展起着十分重要的作用。

（1）宏观计量经济分析方法

宏观经济数据多以低频、加总的时间序列形式出现，这就决定了宏观经济分析和微观经济分析所采用的计量方法存在明显的区别。在 20 世纪 30 年代，宏观计量经济学的诞生离不开考尔斯委员会（Cowles Commission）的工作，其中包括资助计量经济学会创办《计量经济学》，以及对计量经济学基本方法论和学科规范等重要课题所进行的系统性研究，从而奠定了计量经济分析的概率方法基础，形成了一整套连贯而有效的方法体系。

在考尔斯委员会方法体系的推动下，传统计量分析从小型的市场均衡模型发展到大型的宏观经济模型；从一国模型发展到多国联网的 LINK 计划；从线性回归分析发展到非线性回归分析。但随着研究目标的扩大，考尔斯委员会方法体系显含或隐含的假设与现实情况不符的弊端也逐渐显现，并被更适合处理时间序列数据的"BJ 方法论"（Box and Jenkins，1976）所取代，简约化方程向自回归移动平均随机过程（ARIMA）模型过渡和发展。随后出现一种处理宏观非平稳数据的模型化方法华——向量自回归（VAR）模型方法，它把 ARIMA 模型发展到多个时间序列向量，用模型中所有当期变量对所有变量的若干滞后变量进行回归。然而，VAR 模型从本质上只刻画了数据的动态表现，而没有真正涉及经济理论的合意解释。

20 世纪 80 年代初，一种基于真实经济周期（Real Business Cycle）理论的结构模型出现了。这种模型起初只能分析技术冲击对实际变量的影响，但随着研究的深入，一些更深层次的冲击，如政府支出的需求冲击和货币供给冲击等也都被纳入这个动态随机一般均衡（DSGE）模型中来，逐渐发展成为一种政策研究的工具。

与此同时，为弥补 VAR 模型缺乏经济理论基础而不能进行结构分析的缺陷，Blanchard 和 Quah（1989）率先在结构向量自回归（Structure VAR，SVAR）模型中添加长短期识别约束条件，用于分析经济变量对结构冲击的响应，同时还可以减少模型的待估参数。尽管经济学家们往往不能就模型的真实结构达成共识，但是 20 世纪 90 年代以来，对 SVAR 模型的广泛研究涉足宏观经济政策的各个领域。即使是在 RBC 理论盛行的年代，SVAR 及其扩展模型依旧能够与 RBC 模型共同分享宏观结构计量经济学的美誉，这不仅是因为 RBC 模型的代表性变量同样可以在 SVAR 模型中通过建模得到参数空间的估计，而且 RBC 模型中各类外生冲击也可以在 SVAR 模型中得以实现。

（2）典型化事实分析方法

与偏重于经验分析的宏观计量经济学分析方法不同，典型化事实分析是一种建立在逻辑分析基础上并兼顾历史分析的分析方法。典型化事实（Stylized Facts）从本义上说，是指具有一定典型性和代表性的客观事实的表述。在经济学研究和归纳中，凡是较为流行的事实表述，如萨伊定律、边际收益递减、规模经济、恩格尔定律等，都是或曾经是"典型化事实"。但是，从西方经济学发展史上看，只是在1930年前后计量经济学产生以后，"典型化事实"的概念才被提出来，并且与计量统计分析密切联系起来。

在现代宏观经济学中，经济理论与模型主要致力于解释现实经济运行中的一些重要现象，因此需要对大多数经济中存在的一些具有规律性的经济事实进行分析和归纳。所谓经济运行的典型化事实，即经济运行中经过大量统计验证后确认普遍存在的能够反映经济运行的真实和基本特征的具有代表性的关键性事实。经济运行的典型化事实是经济变量数据经过统计分析、推断检验后得出的统计结论，基本上同经济理论无关。

宏观经济运行的典型化事实主要与短期经济波动和长期经济增长有关。卡尔多就曾经罗列了六条他认为代表了经济增长过程的典型事实：①人均产出持续增长，且其增长率并不趋于下降；②人均物质资本持续增长；③资本回报率近乎稳定；④物质资本—产出比近乎稳定；⑤劳动和物质资本在国民收入中所占的份额近乎稳定；⑥人均产出的增长率在各国之间差异巨大。很多研究表明，卡尔多第⑥条典型事实与跨国数据相当吻合，同时第①②③④⑤条典型事实也与当前发达国家的长期数据相一致。类似地，还有不少经济周期波动的典型化事实。

典型化事实不仅是经济理论和模型研究和解释的对象，同时也是经济模型和经济理论的重要校验标准。归纳宏观经济运行的典型化事实是宏观经济统计分析研究的一个重要组成部分。一般地，宏观经济运行的典型化事实分析是从最基本的宏观经济事实或具体现象开始，经过经济故事案例整理，再经过完善的统计计量分析后最终形成。其中的关键，在统计计量分析。为了进行较为完善的统计计量分析，需要注意几个方面：一是宏观经济数据的可靠性和权威性；二是宏观经济代理指标的恰当性；三是统计计量分析方法的科学性。

与其他国家相比，中国宏观经济运行存在一些特殊性，中国经济发展道路的确有自己的一些特征和潜在规律。因此，中国经济的"典型化事实"研究和发现是一个不断进行中的任务。借助于典型化事实分析方法开展研究就成为中国宏观经济统计分析研究的一个重要任务。

（三）宏观经济统计分析的数据处理基础

宏观经济统计分析常用的数据形式是时间序列数据，这些数据的频率形式又主要表现为年度数据、季度数据和月度数据。一般而言，数据的频率越高，数据所包含的短期波动信息就越丰富，因此，在宏观经济短期分析中，季度数据和月度数据要比年度数据更常用，当然，季度与月度数据的分析结果也比年度的更准确。然而，在宏观经济统计长期分析中，数据的趋势信息更为有用，这就需要对季度数据和月度数据做更多的统计处理才能准确捕捉到其趋势信息。

一般地，三种频率形式的时间序列数据在统计分析之前通常需要做如下的预处理。

1.取对数处理。

2.季节性处理。

3.累计值处理。

六、管理学与统计学的联系

准确地说，统计学应该是数学的一个分支（应用数学）。

而管理是指在特定的环境下，管理者通过执行计划、组织、领导、控制等职能，整合组织的各项资源，实现组织既定目标的活动过程，是一种比较抽象的。

统计学应该是被应用于管理学之中的，可以归纳为统计学渗透在管理学之中。

两者不是同一类，但互相渗透、互相影响。

第二节　工商管理的基本职能

一、内容

管理职能一般是根据管理过程的内在逻辑，划分为几个相对独立的部分。划分管理的职能，并不意味着这些管理职能是互不相关、截然不同的。划分管理职能，其意义在于：管理职能把管理过程划分为几个相对独立的部分，在理论研究上能更清楚地描述管理活动的整个过程，有助于实际的管理工作以及管理教学工作。划分管理职能，管理者在实践中有助于实现管理活动的专业化，使管理人员更容易从事管理工作。在管理领域中实现专业化，如同在生产中实现专业化一样，能大大提高效率。同时，管理者可以运用职能观点去建立或改革组织机构，根据管理职能规定出组织内部的职责、义务和权利以及它们的内部结构，从而确定管理人员的人数、素质、学历、专业、技能、知识结构等。

管理职能间的关系为以下方面。

1.相互间有内在逻辑关系。

2.管理职能在实际中不可能完全分割开来，而是相互融合在一起的。

职能的基本内容为以下方面。

1.计划职能是对未来活动进行的一种预先的谋划。内容是研究活动条件决策编制计划。

2.组织职能是为实现组织目标，对每个组织成员规定在工作中形成的合理的分工协作关系。内容是设计组织结构人员配备组织运行组织监督。

3.领导职能是管理者利用组织所赋予的权利去指挥影响和激励组织成员为实现组织目标而努力工作的过程。内容是指挥职能、协调职能、激励职能。

4.控制职能是保证组织各部门各环节能按预定要求运作而实现组织目标的一项管理工作活动。内容是拟定标准，寻找偏差，下达纠偏指令。

二、计划决策

（一）计划工作

计划工作有广义和狭义之分。广义的计划工作是指制订计划、执行计划和检查计划三个阶段的工作过程。狭义的计划工作是指制订计划，即根据组织内外部的实际情况，权衡客观的需要和主观的可能，通过科学的调查预测，提出在未来一定时期内组织所需达到的具体目标以及实现目标的方法。

（二）计划程序

1.估量机会。它是在实际的计划工作之前就应着手进行的工作，是对将来可能出现的机会的估计，并根据自己的长处和短处，搞清楚自己所处的地位，做到心中有数，知己知彼。同时，还应该弄清楚面临的不确定性因素有哪些，并对可能取得的成果进行机会成本分析。

2.确定目标。在制订重大计划时，第二个步骤就是确定整个企业的目标，然后确定每个下属工作单位的目标，以及确定长期的和短期的目标。计划工作的目标是指企业在一定时期内所要达到的效果。它指明所要做的工作有哪些，重点放在哪里，以及通过策略、政策、程序、预算和规划等各个网络所要完成的是什么任务。

3.确定计划的前提。就是研究分析和确定计划工作的环境，或者说就是预测执行计划时的环境。因此，应选择那些对计划工作具有关键性的、有战略意义的、对执行计划最有影响的因素进行预测。

4.制定可供选择的方案。一个计划往往有几个可供选择的方案。选择方案时，不是找可供选择的方案，而是减少可供选择方案的数量，以便可以对最有希望的方案进行分析。

5.评价各种方案。在找出了各种可供选择的方案并明确了它们的优缺点后，就要根据前提和目标，权衡它们的轻重，对方案进行评估。

6.选择方案。这是做决策的关键。有时会发现同时有两个可取的方案，在这种情况下，必须确定出首先采用哪个方案，将另一个方案也进行细化和完善，并作为后备方案。

7.制订派生计划。派生计划是总计划下的分计划。做出决策之后，就要制订派生计划。

总计划要靠派生计划来扶持。

8.用预算形式使计划数字化。在完成上述各个步骤之后，最后一项工作便是把计划转化为预算，使之数字化。预算实质上是资源的数量分配计划。它既可以成为汇总各种计划的工具，又是衡量计划工作完成进度的重要标准。

（三）决策

所谓决策，就是指为了达到一定的目标，从两个以上的可行方案中选择一个合理方案的分析判断过程。决策具有以下六个特征。

1.超前性。任何决策都是针对未来行动的，是为了解决面临的、待解决的新问题以及将来会出现的问题，决策是行动的基础。

2.目标性。决策目标就是决策所需要解决的问题，只有在存在问题必须解决的时候才会有决策。

3.选择性。决策必须具有两个以上的备选方案，通过比较评定来进行选择。

4.可行性。决策所做的若干个备选方案应是可行的，这样才能保证决策方案切实可行。所谓"可行"，一是指能解决预定问题，实现预定目标；二是方案本身具有实行的条件，比如技术上、经济上都是可行的；三是方案的影响因素及效果可进行定性和定量的分析。

5.过程性。决策既非单纯的"出谋划策"，又非简单的"拍板定案"，而是一个多阶段、多步骤的分析判断过程。决策的重要程度、过程的繁简及所费时间长短固然有别，但都必然具有过程性。

6.科学性。科学决策并非易事，它要求决策者能够透过现象看到事物的本质，认识事物发展变化的规律性，做出符合事物发展规律的决策。

决策在管理中的地位和作用，主要表现在以下方面。

1.决策是决定组织管理工作成败的关键。一个组织管理工作成效大小，首先取决于决策的正确与否。决策正确，可以提高组织的管理效率和经济效益，使组织兴旺发达；决策失误，则一切工作都会徒劳无功，甚至会给组织带来灾难性的损失。因此，对每个决策者来说，不是是否需要做出决策的问题，而是如何使决策做得更好、更合理、更有效率。

2.决策是实施各项管理职能的保证。决策贯穿组织各个管理职能之中，在组织管理过程中，每个管理职能要发挥作用都是离不开决策的，无论是计划、组织职能，还是领导和控制等职能，其实现过程都需要决策。没有正确的决策，管理的各项职能就难以充分发挥作用。

决策按照不同的内容，可以分为不同的类型。

1.按决策的重要程度划分，可分为战略决策、战术决策和业务决策。战略决策是事关企业兴衰成败、带有全局性、长远性的大政方针的决策。这类决策主要由企业最高层领导行使。战术决策又称管理决策或策略决策，它是指为了实现战略目标，而做出的带有局部性的具体决策，它主要由企业中层领导行使。业务决策又称日常管理决策，主要由企业基层管理者负责进行。

2.按决策的重复程度划分，可分为程序化决策和非程序化决策。程序化决策又称常规决策或重复决策。它是指经常重复发生，能按照原来已规定的程序、处理方法和标准进行的决策。其决策步骤和方法可以程序化、标准化，重复使用。非程序化决策又称非常规决策、例外决策。它是指具有极大偶然性、随机性，又无先例可循且具有大量不确定性的决策活动，其方法和步骤也是难以程序化、标准化，不能重复使用的，这类决策在很大程度上依赖于决策者的知识、经验、洞察力、逻辑思维判断以及丰富的实践经验来进行。

3.按决策的可靠程度分类，可分为确定型决策、风险型决策和不确定型决策。确定型决策是指各种可行方案的条件都是已知的，并能较准确地预测它们各自的后果，易于分析、比较和抉择的决策。风险型决策是指各种可行方案的条件大部分是已知的，但每个方案的执行都可能出现几种结果，各种结果的出现有一定的概率，决策的结果只能按概率来确定，这种决策存在着风险。不确定型决策与风险型决策类似，每个方案的执行都可能出现不同的后果，但各种结果出现的概率是未知的，需要凭决策者的经验、感觉和估计做出的决策。

（四）决策程序

1.定决策目标。决策目标是指在一定外部环境和内部环境条件下，在市场调查和研究的基础上所预测达到的结果。决策目标是根据所要解决的问题来确定的，因此，必须把握住所要解决问题的要害。只有明确了决策目标，才能避免决策的失误。

2.拟定备选方案。决策目标确定以后，就应拟定达到目标的各种备选方案。拟定备选方案，第一步，分析和研究目标实现的外部因素和内部条件，积极因素和消极因素，以及决策事物未来的运动趋势和发展状况；第二步，在此基础上，将外部环境各不利因素和有利因素、内部业务活动的有利条件和不利条件等，同决策事物未来趋势和发展状况的各种估计进行排列组合，拟定出实现目标的方案；第三步，将这些方案同目标要求进行粗略的分析对比，权衡利弊，从中选择出若干个利多弊少的可行方案，供进一步评估和抉择。

3.评价备选方案。备选方案拟定以后，随之便是对备选方案进行评价，评价标准是看哪一个方案最有利于达到决策目标。评价的方法通常有三种，重复经验判断法、数学分析法和试验法。

4.选择方案。选择方案就是对各种备选方案进行总体权衡后，由决策者挑选一个最好的方案。

三、目标管理

一般来说，目标是期望的成果。这些成果可能是个人的、部门的或整个组织的努力方向。企业目标是在分析企业外部环境和内部环境的基础上确定的企业各项经济活动的发展方向和奋斗目标，是企业经营思想的具体化。目标是企业开展经营活动的出发点，是企业计划的基础，也是衡量企业实际绩效的标准。

目标管理的实施步骤

1.目标建立。目标的建立主要是指企业的目标制定、分解过程。由于企业目标体系是目标管理的依据，因而这一阶段是保证目标管理有效实施的前提和保证。从内容上看，企业目标首先明确企业的目的和宗旨，并结合企业内部环境和外部环境决定一定期限内的工作具体目标。

2.目标分解。目标分解是把企业的总目标分解成各部门的分目标和个人目标，使企业所有员工都乐于接受企业的目标，以及明确自己在完成这一目标中应承担的责任。企业各级目标都是总目标的一部分，企业按组织管理的层次进行分解，形成目标连锁体系。

3.目标控制。企业任何个人或部门的目标完成出现问题都将影响企业目标的实现。企业管理者必须进行目标控制，随时了解目标实施情况，及时发现、协助解决问题。必要时，也可以根据环境的变化对目标进行一定的修正。

4.目标评定。目标管理注重结果，因此对各部门、个人的目标必须进行自我评定、群众评议、领导评审。通过评价，肯定成绩、发现问题、奖优罚劣，及时总结目标执行过程中的成绩与不足，完善下一个目标管理过程。

四、组织

（一）组织的含义与类型

在管理学中，组织的含义可以从静态与动态两个方面来理解。从静态方面看，指组织结构，即反映人、职位、任务以及它们之间的特定关系的网络。这一网络可以把分工的范围、程度、相互之间的协调配合关系、各自的任务和职责等用部门和层次的方式确定下来，成为组织的框架体系。从动态方面看，指维持与变革组织结构，以完成组织目标的过程。通过组织机构的建立与变革，将生产经营活动的各个要素、各个环节，从时间上、空间上科学地组织起来，使每个成员都能接受领导、协调行动，从而产生新的、大于个人和小集体功能简单加总的整体职能。

组织的类型，一般有正式组织与非正式组织。其中，正式组织一般是指组织中体现组织目标所规定的成员之间职责的组织体系。我们一般谈到组织都是指正式组织。在正式组织中，其成员保持着形式上的协作关系，以完成企业目标为行动的出发点和归宿点。非正式组织是在共同的工作中自发产生的，具有共同情感的团体。非正式组织形成的原因有很多，如工作关系、兴趣爱好关系、血缘关系等。非正式组织常出于某些情感的要求而采取共同的行动。

（二）划分组织部门的原则

1.目标任务原则。企业组织设计的根本目的，就是实现企业的战略任务和经营目标。组织结构的全部设计工作必须以此作为出发点和归宿点。

2.责权利相结合的原则。责任、权力、利益三者之间是不可分割的，而且必须是协调的、平衡的和统一的。权力是责任的基础，有了权力才可能负起责任；责任是权力的约束，有了责任，权力拥有者在运用权力时就必须考虑可能产生的后果，不至于滥用权力；利益的大小决定了管理者是否愿意担负责任以及接受权力的程度，利益大、责任小的事情谁都愿意去做，相反，利益小、责任大的事情人们很难愿意去做，其积极性也会受到影响。

3.分工协作原则及精干高效原则。组织任务目标的完成，离不开组织内部的专业化分工和协作，因为现代企业的管理，工作量大、专业性强，分别设置不同的专业部门，有利于提高管理工作的效率。在合理分工的基础上，各专业部门又必须加强协作和配合，才能保证各项专业管理工作的顺利开展，以达到组织的整体目标。

4.管理幅度原则。管理幅度是指一个主管能够直接有效地指挥下属成员的数目。由于受个人精力、知识、经验条件的限制，一个上级主管所管辖的人数是有限的，但究竟多少比较合适，很难有一个确切的数量标准。同时，从管理效率的角度出发，每一个企业不同的管理层次的主管的管理幅度也不同。管理幅度的大小同管理层次的多少成反比的关系，因此在确定企业的管理层次时，也必须考虑到有效管理幅度的制约。

5.统一指挥原则和权力制衡原则。统一指挥是指无论对哪一件工作来说，一个下属人员都只应接受一个领导人的命令。权力制衡是指无论哪一个领导人，其权力运用都必须受到监督，一旦发现某个机构或者职务有严重损害组织的行为，可以通过合法程序，制止其权力的运用。

6.集权与分权相结合的原则。在进行组织设计或调整时，既要有必要的权力集中，又要有必要的权力分散，两者不可偏废。集权是大生产的客观要求，它有利于保证企业的统一领导和指挥，有利于人力、物力、财力的合理分配和使用；而分权则是调动下级积极性、主动性的必要组织条件。合理分权有利于基层根据实际情况迅速而准确地做出决策，也有利于上层领导摆脱日常事务，集中精力抓大问题。

五、人员配备

人员配备是组织根据目标和任务需要正确选择、合理使用、科学考评和培训人员，以合适的人员去完成组织结构中规定的各项任务，从而保证整个组织目标和各项任务完成的职能活动。

（一）人员配备的任务

1.物色合适的人选。组织各部门是在任务分工基础上设置的，因而不同的部门有不同的任务和不同的工作性质，必然要求具有不同的知识结构和水平、不同的能力结构和水平的人与之相匹配。人员配备的首要任务就是根据岗位工作需要，经过严格的考查和科学的论证，找出或培训为己所需的各类人员。

2.促进组织结构功能的有效发挥。要使职务安排和设计的目标得以实现，让组织结构真正成为凝聚各方面力量，保证组织管理系统正常运行的有力手段，必须把具备不同素质、能力和特长的人员分别安排在适当的岗位上。只有使人员配备尽量适应各类职务的性质要求，从而使各职务应承担的职责得到充分履行，组织设计的要求才能实现，组织结构的功能才能发挥出来。

3.充分开发组织的人力资源。现代市场经济条件下，组织之间竞争的成败取决于人力资源的开发程度。在管理过程中，通过适当选拔、配备和使用、培训人员，可以充分挖掘每个成员的内在潜力，实现人员与工作任务的协调匹配，做到人尽其才，才尽其用，从而使人力资源得到高度开发。

（二）人员配备的程序

1.制订用人计划，使用人计划的数量、层次和结构符合组织的目标任务和组织机构设置的要求。

2.确定人员的来源，即确定是从外部招聘还是从内部重新调配人员。

3.对应聘人员根据岗位标准要求进行考查，确定备选人员。

4.确定人选，必要时进行上岗前培训，以确保能适用于组织需要。

5.将所定人选配置到合适的岗位上。

6.对员工的业绩进行考评，并据此决定员工的续聘、调动、升迁、降职或辞退。

（三）人员配备的原则

1.经济效益原则。组织人员配备计划的拟订要以组织需要为依据，以保证经济效益的提高为前提；它既不是盲目地扩大职工队伍，也不是单纯为了解决职工就业，而是为了保证组织效益的提高。

2.任人唯贤原则。在人事选聘方面，大公无私，实事求是地发现人才，爱护人才，本着求贤若渴的精神，重视和使用确有真才实学的人。这是组织不断发展壮大，走向成功的关键。

3.因事择人原则。因事择人就是员工的选聘应以职位的空缺和实际工作的需要为出发点，以职位对人员的实际要求为标准，选拔、录用各类人员。

4.量才使用原则。量才使用就是根据每个人的能力大小而安排合适的岗位。人的差异是客观存在的，一个人只有处在最能发挥其才能的岗位上，才能干得最好。

5.程序化、规范化原则。员工的选拔必须遵循一定的标准和程序。科学合理地确定组织员工的选拔标准和聘任程序是组织聘任优秀人才的重要保证。只有严格按照规定的程序和标准办事，才能选聘到真正愿意为组织的发展做出贡献的人才。

第二章　战略管理

第一节　战略的内涵

一、战略

"战略"（Strategy）最早是军事方面的概念，指军事将领指挥军队作战的谋略，战略的特征是发现智谋的纲领。

在中国，"战略"一词历史久远，"战"指战争，"略"指"谋略"。春秋时期孙武的《孙子兵法》被认为是中国最早对战略进行全局筹划的著作。在现代，"战略"一词被引申至政治和经济领域，其含义演变为泛指统领性的、全局性的、左右胜败的谋略、方案和对策。

著名管理大师迈克尔·波特认为，战略的本质是抉择、权衡和各适其位。在管理学领域，通常将战略定义为组织为适应外部环境的变化，谋求长期的生存和发展，有效地运用组织的内部资源，对组织全局性的目标、方针进行运筹规划。

明茨伯格认为，人们在不同的场合可以用不同的方式赋予战略不同的内涵，即人们可以根据需要来接受各种不同的战略含义。明茨伯格认为，从企业未来发展的角度来看，战略表现为一种计划（Plan），而从企业过去发展历程的角度来看，战略则表现为一种模式（Pattern）。

如果从产业层次来看，战略表现为一种定位（Position），而从企业层次来看，战略则表现为一种观念（Perspective）。此外，战略也表现为企业在竞争中采用的一种计谋（Ploy）。这是关于企业战略比较全面的看法，即著名的 5P 模型。

这一理论认为，所有的战略是一种抽象概念，它存在于需要战略的人们的头脑之中，体现于战略家们对客观世界固有的认识方式。

从战略在经济管理活动中的地位和作用的本质特点来考虑，可以将企业战略定义为企业根据市场状况，结合自身资源，通过分析、判断、预测，设立远景目标，并对实现目标的发展轨迹进行的总体性和指导性的谋划。企业战略界定了企业存在的使命、产品与市场范围、发展方向经营、竞争优势和协同作用等坐标，明确了企业的经营目标和行动方案。

二、战略的制约因素

战略受多种因素的制约，主要有五个方面。

1.政治因素

政治对战略具有统率和支配作用，决定战略的性质和目的，赋予其任务和要求影响战略的制定、实施和调整。战略服从并服务于政治，满足政治的要求，完成政治赋予的任务。制定和实施战略，强调注重政治，充分考虑敌对双方的政治情况、战略的政治目的和政策要求，并善于运用政治手段。

2.军事因素

主要是军事力量和军事思想的因素。军事力量的强弱，对战争的规模、持续时间、活动方式及其结局有重大影响，对能否完成战略任务，达成战略目的，起直接的作用。军事思想先进与否，对能否制定和实行正确的战略，取得战争的胜利至关重要。制定和实施战略，要运用先进的军事思想，力求正确估计敌对双方的军事情况，采取积极措施，有效地增强军事实力，为完成战略任务、达成战略目的创造条件。

3.经济因素

战略是以一定的生产力为基础，并随着生产力的发展而发展的。经济能推动战略的发展，提高战略对环境变化的承受能力和应变能力，增强作战手段的选择性。经济制约战略目标、战略方向、战略重点和战争规模的选择与确定。制定和实施战略，必须考虑敌对双方的经济情况。经济利益上的矛盾和冲突，是爆发战争和发生军事冲突的基本动因。战略所追求的目的，归根到底是为了维护或获得一定的经济利益。

4.科学技术因素

科学技术是第一生产力，也是战斗力。敌对双方现有的科学技术水平，是制定和实施战略的重要依据之一。当代高新技术与新式武器装备在军事上的广泛应用，使战争的爆发方式、规模、强度、过程、阶段、持续时间和结局，都发生了一系列变化，从而引起了战略思想、作战方式方法、作战手段和战略理论的发展变化。积极发展高新技术，更新武器装备，为实现战略提供可靠的物质条件，并预见科学技术发展对战略的影响，以适应战略的需求。

5.地理因素

地理因素与国家安全有着直接的联系。国家的地理位置、幅员、人口、资源、交通等情况影响军事力量的强弱及效能的发挥。国家的地理位置、地形、气象、水文和周边的地理环境，对军种兵种建设、武器装备发展方向、战场建设、作战形式、作战行动、战略指挥和战略思想都有重大的影响。制定和实施战略，强调重视敌对双方的地理因素，趋利避害，扬长避短，力求使武器装备和作战方式方法与战场地理环境特点相适应。

三、战略的构成要素

战略的构成要素主要有四个方面。

1.战略目的

战略目的是战略行动所要达到的预期结果，是制定和实施战略的出发点和归宿点。战略目的是根据战略形势和国家利益的需要确定的。不同性质的国家和军队，其战略的目的不同。对于奉行防御战略的国家来说，维护国家和民族的根本利益、长远利益和整体利益，特别是维护国家的领土主权完整和统一是战略的基本目的。确定战略目的，强调需要与可能相结合，具有科学性和可行性，符合国家的路线、方针和政策，与国家的总体目标和国力相适应，满足国家在一定时期内对维护自身利益的基本要求。

2.战略方针

战略方针是指导战争全局的方针，是指导军事行动的纲领和制定战略计划的基本依据。它是在分析国际战略形势和敌对双方战争诸多因素基础上制定的，具有很强的针对性。对不同的作战对象，不同条件下的战争，应采取不同内容的战略方针。每个时期或每次战争除了总的战略方针外，还需制定具体的战略方针，以确定战略任务、战略重点、主要的战略方向、力量的部署与使用等问题。

3.战略力量

战略力量是战略的物质基础和支柱。它以国家综合国力为后盾，军事力量为核心，在发展经济和科学技术的基础上，根据战略目的和战略方针的要求，确定其建设的规模、发展方向和重点，并与国家的总体力量协调发展。

4.战略措施

战略措施是为准备和进行战争而实行的具有全局意义的实行战略的保障，是战略决策机构根据战争的需要，在政治、军事、外交、经济、科学技术和战略领导与指挥等方面，所采取的各种全局性的切实可行的方法和步骤。

四、战略的基本特性

战略的特性主要表现在五个方面。

1.全局性

凡属需高层次谋划和决策，要照顾各个方面和各个阶段性质的重大的、相对独立的领域，都是战略的全局。全局性表现在空间上，整个世界、一个国家、一个战区、一个独立的战略方向，都可以是战略的全局。全局性还表现在时间上，贯穿指导战争准备与实施的各个阶段和全过程。战略的领导者和指挥者要把注意力摆在关照全局上面，胸怀全局，通观全局，把握全局，处理好全局中的各种关系，抓住主要矛盾，解决关键问题；同时注意了解局部，关心局部，特别是注意解决好对全局有决定意义的局部问题。

2.阶级性

战争是政治的继续，具有很强的政治目的。任何战略都反映一定的阶级、民族、国家或政治集团的根本利益，体现它们的路线、方针和政策，是为其政治目的服务的，具有鲜明的阶级性。

3.对抗性

制定和实施战略都要针对一定对象。通过对其各方面的情况进行分析判断，确定适当的战略目的，有针对性地建设和使用好进行斗争的力量，掌握斗争的特点和规律，采取多种斗争形式和方法，对敌抑长击短，对己扬长避短，以取得预期的斗争效果，是战略谋划的基本内容。

4.预见性

预见性是谋划的前提决策的基础。在广泛调查研究的基础上，全面分析、正确判断、科学预测国际国内战略环境和敌友关系以及敌对双方战争诸多因素等可能的发展变化，把握时代的特征，明确现实的和潜在的斗争对象，判明面临威胁的性质、方向和程度，科学预测未来战争可能爆发的时机、方式、方向、规模、进程和结局，揭示未来战争的特点和规律是制定、调整和实施战略的客观依据。

5.谋略性

谋略是基于客观情况而提出的克敌制胜的斗争策略。它是在一定的客观条件下，变被动为主动，化劣势为优势，以少胜多，以弱制强，乃至不战而屈人之兵的重要方法。运用谋略，重在对战争全局的谋划。制定战略强调深谋远虑，尊重战争的特点和规律，多谋善断，料敌定谋，灵活多变，高敌一筹，以智谋取胜。

第二节　企业战略与商业模式

一、企业战略的概念

企业战略是对企业各种战略的统称，其中既包括竞争战略，也包括营销战略、发展战略、品牌战略、融资战略、技术开发战略、人才开发战略、资源开发战略等。企业战略是层出不穷的，例如，信息化就是一个全新的战略。企业战略虽然有多种，但基本属性是相同的，都是对企业的谋略，都是对企业整体性、长期性、基本性问题的计谋。例如，企业竞争战略是对企业竞争的谋略，是对企业竞争整体性、长期性、基本性问题的计谋；企业营销战略是对企业营销的谋略，是对企业营销整体性、长期性、基本性问题的计谋；企业技术开发战略是对企业技术开发的谋略，是对企业技术开发整体性、长期性、基本性问题的计谋；企业人才战略是对企业人才开发的谋略，是对企业人才开发整体性、长期性、基本性问题的计谋。以此类推，都是一样的。各种企业战略有同也有异，相同的是基本属性，不同的是谋划问题的层次与角度。总之，无论哪个方面的计谋，只要涉及的是企业整体性、长期性、基本性问题，都属于企业战略的范畴。市场营销学对企业战略的定义是企业在市场经济竞争激烈的环境中，在总结历史经验、调查现状、预测未来的基础上，为谋求生存和发展而做出的长远性、全局性的谋划或方案。

当一个公司成功地制定和执行价值创造的战略时，能够获得战略竞争力（Strategic Competitiveness）。

一个战略就是设计用来开发核心竞争力、获取竞争优势的一系列综合的、协调的约定和行动。如果选择了一种战略，公司即在不同的竞争方式中做出了选择。从这个意义上来说，战略选择表明了这家公司打算做什么，以及不做什么。

当一家公司实施的战略，竞争对手不能复制或因成本太高而无法模仿时，它就获得了竞争优势（Competitive Advantage）。只有当竞争对手模仿其战略的努力停止或失败后，一个组织才能确信其战略产生了一个或多个有用的竞争优势。此外，公司也必须了解，没有任何竞争优势是永恒的。竞争对手获得用于复制该公司价值创造战略的技能的速度，决定了该公司竞争优势能够持续多久。

二、企业战略的类型

企业的战略类型包括发展型战略、稳定型战略、收缩型战略、并购战略、成本领先战略、差异化战略和集中化战略。

发展型战略包括一体化战略、多元化战略、密集型成长战略。

一体化战略包括纵向一体化战略和横向一体化战略。获得对经销商或者零售商的所有权或对其加强控制，称为前向一体化。获得对供应商的所有权或对其加强控制，称为后向一体化。获得与自身生产同类产品的企业的所有权或加强对他们的控制，称为横向一体化。横向一体化可以通过以下途径实现：购买、合并、联合。

多元化战略的类型包括同心多元化和离心多元化。同心多元化也称为相关多元化，是以现有业务为基础进入相关产业的战略。当企业在产业内具有较强的竞争优势，而该产业的成长性或者吸引力逐渐下降时，比较适宜采取同心多元化战略。离心多元化，也称为不相关多元化。采用离心多元化的目标是从财务上考虑平衡现金流或者获取新的利润增长点。

密集型成长战略，也称为加强型成长战略，是指企业以快于过去的增长速度来增加某个组织现有产品或业务的销售额、利润额及市场占有率。包括三种类型：市场渗透战略（企业采取种种更积极地措施在现有市场上扩大现有产品的销售，教顾客使用产品是目前认为最好的市场渗透战略）、市场开发战略和产品开发战略。

稳定型战略，也称为防御型战略、维持型战略，包括四种类型：暂停战略、无变化战略、维持利润战略、谨慎前进战略。

收缩型战略，也称为撤退型战略，包括三种类型：转变战略、放弃战略、清算战略。

成本领先战略的优势包括：可以抵御竞争对手的进攻；具有较强的对供应商的议价能力；形成了进入壁垒。

成本领先战略的适用条件：市场需求具有较大的价格弹性；所处行业的企业大多生产标准化产品，价格因素决定了企业的市场地位；实现产品差异化的途径很少；多数客户以相同的方式使用产品；用户购买从一个销售商改变为另外一个销售商时，转换成本很小，因而倾向于购买价格最优惠的产品。

采取差异化战略的风险包括：竞争者可能模仿，使差异消失；保持产品的差异化往往以高成本为代价；产品和服务差异对消费者来说失去了意义；与竞争对手的成本差距过大；企业要想取得产品差异，有时要放弃获得较高市场占有率的目标。

集中化战略可以分为：集中成本领先战略和集中差异化战略。集中化战略的条件包括：企业资源和能力有限，难以在整个产业实现成本领先或者差异化，只能选定个别细分市场；目标市场具有较大的需求空间或增长潜力；目标市场的竞争对手尚未采用统一战略。实施集中化战略的风险包括：竞争者可能模仿；目标市场由于技术创新、替代品出现等原因而需求下降；由于目标细分市场与其他细分市场的差异过小，大量竞争者涌入细分市场；新进入者重新细分市场。

三、企业战略流程

（一）战略分析

战略分析在于总结影响企业发展的关键因素，并确定在战略选择步骤中的具体影响因素，它包括以下三个主要方面。

1.确定企业的使命和目标。把企业的使命和目标作为制定和评估企业战略的依据。

2.对外部环境进行分析。外部环境包括宏观环境和微观环境。

3.对内部条件进行分析。战略分析要了解企业自身所处的相对地位，具有哪些资源以及战略能力；了解企业有关的利益相关者的利益期望，在战略制定、评价和实施过程中，这些利益相关者会有哪些反应。

（二）战略选择

战略选择阶段所要解决的问题是"企业向何处发展"。其步骤分为三步。

1.制定战略选择方案

根据不同层次管理人员介入战略分析和战略选择工作的程度，将战略形成的方法分为三种形式。

（1）自上而下。先由企业最高管理层制定企业的总体战略，然后由下属各部门根据自身的实际情况将企业的总体战略具体化，形成系统的战略方案。

（2）自下而上。企业最高管理层对下属部门不做具体规定，但要求各部门积极提交战略方案。

（3）上下结合。企业最高管理层和下属各部门的管理人员共同参与，通过上下级管理人员的沟通和磋商，制定出适宜的战略。

三种形式的主要区别在战略制定中对集权与分权程度的把握上。

2.评估战略备选方案

评估战略备选方案通常使用两个标准：一是考虑选择的战略是否发挥了企业的优势，克服了劣势，是否利用了机会，将威胁削弱到最低程度；二是考虑选择的战略能否被企业利益相关者所接受。

3.选择战略

选择战略指最终的战略决策，即确定准备实施的战略。如果用多个指标对多个战略方案的评价产生不一致时，确定最终的战略可以考虑以下四种方法。

（1）把企业目标作为选择战略的依据。

（2）提交上级管理层审批。

（3）聘请外部机构。

（4）战略政策和计划。

（三）战略实施和控制

战略实施和控制就是将战略转化为行动。主要涉及以下四点问题。

1.在企业内部各部门和各层次如何分配使用现有的资源。

2.为了实现企业目标，还需要获得哪些外部资源以及如何使用。

3.为了实现既定的战略目标，有必要对组织结构做哪些调整。

4.如何处理出现的利益再分配与企业文化的适应问题，如何通过对企业文化的管理来保证企业战略的成功实施。

四、企业战略管理模式

1.能力战略

基于能力的观点认为组织是一个知识系统，在组织中通过学习创造新的知识并把创造的新知识传递到组织层面使其制度化，能够更好地提升企业动态能力。公司能力是公司所积累的存在于公司成员或职能机构中完成某项工作的可能性，是一种主观的行为能力。公司之间的竞争本质在于公司能力的竞争，因而考察公司的竞争战略与竞争优势不能仅从公司外部的产业环境入手，而应该关注公司的内部，公司竞争优势来源于公司的能力（特别是公司的核心能力）。

国际市场中资源与能力的协调运用：从战略角度来看，跨国公司进入国际市场是建立在对资源的有效利用与核心能力的构建的基础上的。由于跨国经营存在着诸多的不确定性，因而跨国公司需要发展公司的管理结构以降低资源控制的成本。跨国公司可以通过外国直接投资来降低不确定性，但公司在未来战略的实施方面增加了资产成本与机会成本并降低了灵活性。因此，跨国公司在国际市场中的资源与能力很大程度上依赖于之前战略所带来的影响。也就是说，一个成功的跨国公司往往先以在该国市场上的成功为基础。但是，不同市场的特质与环境是不同的，这也是中国很多企业至今未真正走向世界的主要原因之一。并不是所有资源与能力都适合跨国公司，尤其是在新环境中，有些资源与能力根本就不适用。

2.资源战略

基于资源的观点认为，公司内部环境同外部环境相比，具有更重要的意义，对企业创造市场优势具有决定性的作用。核心能力的形成需要企业不断地积累战略制定所需的各种资源，需要企业不断学习、超越和创新。企业内部所拥有的资源是决定一个企业能否取得竞争优势的关键，决定了一个企业在市场中的竞争地位。企业可以通过资源关联性增长，实现企业市场的扩展，最优的企业成长战略就是实现开发已有资源潜力与发展新资源间的平衡。随着跨国公司在国际市场的日趋成熟，跨国公司往往倾向于在子公司建立专门的R&D机构，实现R&D本土化，这一般都离不开对当地人才的引进。像这样以当地人才为依托，才能更好地提升跨国公司的竞争力。IBM、微软、Intel等巨头就纷纷在全球设立了研发机构，这就是一种基于资源的战略模式。

五、企业战略的三种状态

战略形态是指企业采取的战略方式及战略对策，按表现形式，可以分为：拓展型、稳健型、收缩型三种形态。

（一）拓展型战略

拓展型战略是指采用积极进攻态度的战略形态，主要适合行业龙头企业、有发展后劲的企业及新兴行业中的企业选择。具体的战略形式包括：市场渗透战略、多元化经营战略、联合经营战略。

1.市场渗透战略

市场渗透战略是指实现市场逐步扩张的拓展战略，该战略可以通过扩大生产规模、提高生产能力、增加产品功能、改进产品用途、拓宽销售渠道、开发新市场、降低产品成本、集中资源优势等单一策略或组合策略来开展，其战略核心体现在两个方面：利用现有产品开辟新市场实现渗透、向现有市场提供新产品实现渗透。

市场渗透战略是比较典型的竞争战略，主要包括：成本领先战略、差异化战略、集中化战略三种最有竞争力的战略形式。成本领先战略是通过加强成本控制，使企业总体经营成本处于行业最低水平的战略；差异化战略是企业采取的有别于竞争对手经营特色（从产品、品牌、服务方式、发展策略等方面）的战略；集中化战略是企业通过集中资源形成专业化优势（服务专业市场或立足某一区域市场等）的战略。在教科书上，成本领先战略、差异化战略、集中化战略被称为"经营战略""业务战略""直接竞争战略"。

2.多元化经营战略

多元化经营战略是指一个企业同时经营两个或两个以上行业的拓展战略，又可称"多行业经营"，主要包括三种形式：同心多元化、水平多元化、综合多元化。同心多元化是利用原有技术及优势资源，面对新市场、新顾客增加新业务实现的多元化经营；水平多元化是针对现有市场和顾客，采用新技术增加新业务实现的多元化经营；综合多元化是直接利用新技术进入新市场实现的多元化经营。

多元化经营战略适合大中型企业选择，该战略能充分利用企业的经营资源，提高闲置资产的利用率，通过扩大经营范围，缓解竞争压力，降低经营成本，分散经营风险，增强综合竞争优势，加快集团化进程。但实施多元化战略应考虑选择行业的关联性、企业控制力及跨行业投资风险。

3.联合经营战略

联合经营战略是指两个或两个以上独立的经营实体横向联合成立一个经营实体或企业集团的拓展战略，是社会经济发展到一定阶段的必然形式。实施该战略有利于实现企业资源的有效组合与合理调配，增加经营资本规模，实现优势互补，增强集合竞争力，加快拓展速度，促进规模化经济的发展。在工业发达的西方国家，联合经营主要是采取控股的形式组建成立企业集团，各集团的共同特点是：由控股公司（母公司）以资本为纽带建立对子公司的控制关系，集团成员之间采用环行持股（相互持股）和单向持股两种持股方式，且分为以大银行为核心对集团进行互控和以大生产企业为核心对子公司进行垂直控制两种控制方式。在中国，联合经营主要是采用兼并、合并、控股、参股等形式，通过横向联合组建成立企业联盟体，其联合经营战略主要可以分为一体化战略、企业集团战略、企业合并战略、企业兼并战略四种类型。

企业合并战略是指参与企业通过所有权与经营权同时有偿转移，实现资产、公共关系、经营活动的统一，共同建立一个新法人资格的联合形式。采取合并战略，能优化资源结构，实现优势互补，扩大经营规模，但同时也容易吸纳不良资产，增加合并风险。

企业兼并战略是企业通过现金购买或股票调换等方式获得另一个企业全部资产或控制权的联合形式。其特点是：被兼并企业放弃法人资格并转让产权，但保留原企业名称成为存续企业。兼并企业获得产权，并承担被兼并企业债权、债务的责任和义务。通过兼并可以整合社会资源，扩大生产规模，快速提高企业产量，但也容易分散企业资源，导致管理失控。

（二）稳健型战略

稳健型战略是采取稳定发展态度的战略形态，主要适合中等及以下规模的企业或经营不景气的大型企业，可分为无增长战略（维持产量、品牌、形象、地位等水平不变）、微增长战略（竞争水平在原基础上略有增长）两种战略形式。该战略强调保存实力，能有效控制经营风险，但发展速度缓慢，竞争力量弱小。

（三）收缩型战略

收缩型战略是采取保守经营态度的战略形态，主要适合处于市场疲软、通货膨胀、产品进入衰退期、管理失控、经营亏损、资金不足、资源匮乏、发展方向模糊的危机企业选择。可分为：转移战略、撤退战略、清算战略三种战略形式。转移战略是通过改变经营计划、调整经营部署，转移市场区域（主要是从大市场转移到小市场）或行业领域（从高技术含量向低技术含量的领域转移）的战略；撤退战略是通过削减支出、降低产量，退出或放弃部分地域或市场渠道的战略；清算战略是通过出售或转让企业部分或全部资产以偿还债务或停止经营活动的战略。收缩型战略的优点是通过整合有效资源，优化产业结构，保存有生力量，能减少企业亏损，延续企业生命，并能通过集中资源优势，加强内部改制，以图新的发展。其缺点是容易荒废企业部分有效资源，影响企业声誉，导致士气低落，造成人才流失，威胁企业生存。调整经营思路、推行系统管理、精简组织机构、优化产业结构、盘活积压资金、压缩不必要的开支是该战略需要把握的重点。

第三节　战略制定与战略实施

一、战略制定

战略制定是指确定企业任务，认定企业的外部机会与威胁，认定企业内部优势与弱点，建立长期目标，制定供选择战略，以及选择特定的实施战略，是战略计划的形成过程。战略制定是企业基础管理的一个组成部分，是科学化加艺术化的产物，需要不断完善。在战略制定过程中必须考虑技术因素所带来的机会与威胁。技术的进步可以极大地影响到企业的产品、服务、市场、供应商、竞争者和竞争地位。

（一）包含内容

战略制定的体系可以包含四个层面：基础分析、企业战略、业务战略以及职能战略，这四个层面并未脱离经典的战略制定框架。基础分析指的是内外部环境分析，企业战略指的是企业层面的整体战略，业务战略指的是业务层面的总体战略和进一步细分层面的战略，职能战略指的是职能管理层面的战略。这四个层面相互关联、自成逻辑体系。战略制定包含若干子项：愿景、目标、路线、项目选择、业务策略等。战略的制定不是一劳永逸，到一个阶段要随需而调。组织架构要跟多元化的愿景目标相匹配，联想在资源配置上考虑得不够透彻，行业把控也还不够老练。

（二）制定过程

在战略制定过程中必须考虑技术因素所带来的机会与威胁。技术的进步可以极大地影响到企业的产品、服务、市场、供应商、竞争者和竞争地位。

1.在技术开发活动中

专利信息分析能帮助企业充分了解相关技术领域中专利技术的现状、重点技术、技术生命周期，监测本领域的技术发展趋势、核心专利分布等。

2.在技术跟踪方面

企业在完成研发之后进行专利信息分析，可跟踪相关技术发展动态，进行技术预测，并尽早了解其专利技术是否被侵权、侵权程度及侵权对象，及早做好应对策略。同时，通过跟踪相关技术领域的主要竞争对手和潜在对手，可以规划公司的整体专利布局，提升市场竞争力，或为侵权诉讼累积谈判筹码。

此外，及时了解本领域最新技术发展趋势，可以激发企业员工的创新意识。

（三）制定关键

1.体系为王

对于战略制定而言，体系为王，或者是"体系统领战略制定的全局"。当然，对于不同客户而言，定制化需求各异，在进行战略制定之前需要"弄透"客户的真正问题所在、真正想要的东西是什么，在此基础上确定战略制定体系的具体内容。

基础分析的内容是战略制定的基石。在基础分析中，需要对企业的内外部环境进行必要的、详略得当的研究和阐述。对于基础分析中的内部分析、外部分析两部分而言，同样也有研究层面的划分，以及内在逻辑体系的考虑。这里尤其需要消除一种误解，即认为基础分析只是"分析员层次的工作"。基础分析的所有内容还需要考虑与整个战略制定体系后三个层面的逻辑联系，这其实是一个相当高的要求。内外部环境分析的框架和方法也是相当定制化的，虽然有共通之处，但是务必要根据客户的特定需求来设定，从来没有一成不变的分析思路和模式。需要强调，切勿将一堆资料和数据进行堆砌，这样导致的结果是基础分析没有逻辑或逻辑混乱，并且与后面的其他内容形成"两张皮"，互不关联。

完成基础分析之后，接着进行企业战略的制定，这里指"企业层面"的战略。它包括了传统的战略框架中的愿景、使命、目标、在行业中的地位等因素，同时也可以考虑企业自身的运营模式、经营领域的选择等。这些都是对整个企业的通盘考虑，是真正属于企业的董事长或总经理层面需要考虑的问题，当然这些内容之间也需要极强的逻辑性，并且要以基础分析为依托。在具体的内容安排上，结合客户实际需要可简可繁、可多可少。另外，要慎重对待国内外各咨询公司的战略培训教材、战略咨询报告，更要慎重对待战略相关的各指标和概念的范围以及界定。既不要望文生义地理解，更不要僵化地去记忆和搬用。事实上，战略管理的理论以及实践经验本来就在不断推进和变革，千万不要做"枷锁"的奴役者。

随后进行业务战略的制定，它涵盖了企业选定业务领域的战略考虑。毋庸置疑，业务战略既要依托于基础分析，又要基于企业层面的战略来进行制定。它需要进一步切实明晰企业战略所确立的竞争优势是什么，这是企业战略和业务战略之间的一座桥梁。以实现这些竞争优势为目的，接着引出业务的总体战略和各业务的具体战略（注意，除非是业务单一的情况，业务战略也有总体战略和各业务具体战略两部分的内容）。业务的总体战略绝不是业务选择和组合的代名词，它包含了更多的内容，例如，业务协同的分析。另外，业务的总体战略和各业务的具体战略之间存在紧密的逻辑联系，它们也同样构成一个系统的体系，并且内部还分别自成体系。这里并非刻意追求"体系"，而是因为业务战略的体系化不仅能够确保整个战略制定的逻辑严谨，而且对于挑剔求细的客户而言也具有说服力。很多时候，对于在某些行业沉浸几十年的客户而言，可以容忍咨询师在对客户的业务或行业知识上存在一定的偏差甚至是误解，但是客户对于业务战略分析框架的不完备会非常愤怒。

最后是职能战略的制定。这里仍需强调是从"战略"来围绕职能层面分析需要做什么，不能和所谓的"管理提升"或"组织架构调整"等混同在一起。在企业层面、业务层面的战略确定之后，职能层面要相应进行重新设计和调整。这里同样也自成一个内在的分析体系，同时职能战略所涉及的范围、重点以及内容深度都需要结合前面企业层面、业务层面的战略内容，以及客户的需要加以细细考量。

2.创新为魂

对于战略制定而言，创新为魂，或者是"创新决定战略制定的内涵与分量"。创新并非战略制定的独有要求，整个中国的各个领域都在强调创新。具体到战略制定，创新可以分为理念创新、工具创新、方法创新等。理念创新指的是在战略制定中提出客户所不曾意识到或接触过的理念；工具创新指的是在战略制定中创造性地运用原有的分析工具或模型，或者创造新的分析工具或模型；方法创新指的是当传统的工作方法无助于战略制定时，寻求新的方法来为客户谋求战略。对于战略制定而言，创新并不只这些，同时每一次的战略制定也无须苛求在这些方面都要有创新。

仍旧以上面列举的三种创新继续讨论。从难度上而言，理念创新实际上是最难的，虽然看起来理念创新似乎比较简单、容易。理念创新的实质是对客户做人做事原则的一种升华或颠覆，因此难度极大。就以刚结束的一个战略项目为例，战略制定要使客户理解并考虑接受生存方式或运营模式的变革，客户即使接受了项目组的建议，也会面临痛苦的自我批判与革新。理念创新绝不是国内小品中的流行词"忽悠"。如果咨询项目组中没有人对人生、对组织、对世界有比较透彻的领悟，那么理念创新的可能性极小。

工具创新看起来复杂，但是它所针对的问题是明确的，最终要达到的目的也是确定的，因此重要的在于如何去"操作"，把工具做出来。战略制定的每一种工具或模型，都有着自身的前提和假设，并且都是一定商业时代与历史的产物，照搬照用这些工具会与实际脱离，更重要的是，客户面临的各种具体问题多种多样，需要具体问题具体分析。而咨询顾问所提出的结论、所针对的客户问题这两者之间需要工具和模型的衔接。这既体现了专业性，又能授人以渔。

方法创新可以提示顾问不要拘于成法。

（四）战略实施

企业战略制定与战略实施是企业战略管理中的核心。战略制定是实施战略管理的基础，而战略实施则是战略执行的手段。企业战略制定的正确与否及战略实施效果的好坏，都直接关系到企业战略管理的成败。

在战略管理中，战略实施是战略制定的继续，即企业制定出目标和战略以后，必须将战略的构想转化成战略的行动。在这个转化过程中，企业首先要考虑战略制定与战略实施的关系，两者配合得越好，战略管理越容易获得成功。企业为了实现自己的目标，不仅要有效地制定战略，而且也要有效地实施战略。如果哪一方面出现了问题，都会影响到整个战略的成败。例如，企业已制定出良好的战略，而且能够有效地实施这一战略。在这种情况下，尽管企业仍旧不能控制企业外部的环境因素，但由于企业能够成功地制定与实施战略，企业的目标便能够顺利地实现。相反如果企业没能完善地制定出自己的战略，但执行这种战略时却一丝不苟。在这种情况下，企业会产生两种不同的结果：一种结果，由于企业能够很好地执行战略而克服了原有战略的不足之处，或者至少为管理人员提出了可能失败的警告。例如，企业的销售人员发现企业战略中在市场营销方面存在问题，便将战略的重点放在促进企业成功的销售方面。而另一种结果是，企业认真地执行了这个不完善的战略，结果加速了企业的失败。如企业对一个尚有许多问题的新产品所制定的战略是迅速扩大生产和加强市场营销，如果在执行过程中企业不加任何变动而认真执行的话，则只会加速企业的失败。面对这两种情况，企业要及时准确地判断出在这种情况下，战略会造成什么结局，采取主动措施加以改进。再如，企业已制定有很好的战略但贯彻实施得很差。这种情况往往是由于企业管理人员过分注重战略的制定，忽视战略的实施的缘故。一旦问题发生，管理人员的反应常常是重新制定战略，而不是去检查实施过程是否出了问题。结果，重新制定出来的战略仍按照老办法去实行，其结果只能失败。还有企业制定的战略本身不完善又没有很好地执行。在这种情况下，企业的管理人员很难把战略扭转到正确的轨道上来。因为，企业如果保留原来的战略而改变实施的方式，或者改变战略而保留原有的实施方式，都不会产生好的结果，仍旧要失败。

通过分析，可以清楚地看出：第一，战略实施与战略制定同样重要。在实践中企业管理人员在制定战略时，往往简单地假定企业能够有效地实施这一战略，这是不对的。第二，如果战略实施无效，也很难判断企业所制定战略的质量。因此，企业需要针对存在的问题诊断出战略失败的原因，以便找到一种补救的办法。

（五）审查内容

审查企业战略制定的主要内容是战略制定。

1.审查企业是否对组织所处的环境进行分析，是否对外部环境、内部环境进行分析，是否运用科学分析方法，是否收集足够的资料，对相关信息是否进行综合、概括、系统化。

2.审查企业是否分析所拥有的资源。资源的收集是否完整，各部分数据是否形成一个有机的整体，数据来源是否真实可靠等。

3.审查是否分析了组织文化。对组织文化是否进行了科学地概括，组织文化与战略之间是否建立了联系。

（六）专利分析

战略制定是战略管理的主要内容，包括：认定企业的外部机会与威胁、认定企业的内部优势与弱点、确定企业战略制定任务、建立长期目标、制定可供选择的战略以及选择特定的实施战略等。当前经济的发展越来越倚重科技水平的提升，能够较全面完整地反映科技发展特别是技术发展态势的专利信息就日渐成为重要的情报来源，专利信息分析也因而在战略制定中发挥着日益重要的作用，它有助于掌握技术分布态势、技术研发脉络、当前热点和未来趋势，从而为技术创新活动进行科学合理的定位。因此，专利信息分析是辅助科研机构、高新企业、政府部门进行科技研发与布局的有效分析手段之一，有助于为不同层面的科技经济发展战略的制定与部署提供依据，为提升自主创新能力、优化实施效果、增强竞争优势提供重要的方向引导与决策辅助。

（七）操作实务

在战略方向没有确定之前，任何战术都无所谓好坏。正如一句英国谚语：对一艘盲目航行的船来说，任何方向的风都是逆风。

可见正确的战略对企业发展是何等重要。那么，企业要建立科学的发展战略得修炼什么呢？一是会领先半步，练就一双火眼金睛，灵光闪现就有战略眼光；二是找准自己的战略高地（位置）；三是要善于把握自己相对优于对手的核心能力；四是通过"有所为有所不为"建立核心竞争优势；五是制定战略时要有危机意识、风险意识，可以借用"外脑"避免决策失误。

1.与时俱进：练就战略眼光

什么是战略眼光？以中国的万燕 VCD、日本索尼的"随身听"和美国 IBM 为例。

1993 年当安徽的万燕公司生产出世界上第一台 VCD 机时，可谓市场销售率第一。发明人称得上眼光独到和对新技术理解深刻，但 5 年后万燕奄奄一息时，爱多公司却以同样的产品夺取了"末代标王"称号，这之间的差距说明——如何让自己的企业具有战略眼光比只是个人的战略眼光更重要。

还有 IBM 的"变名革命"。创始人老沃森 1924 年做出一项决定，变更原"计算制表记录公司"为"国际商用机器公司"（IBM）。此前，他根本没做过一笔国际业务。但这一战略决定引领 IBM 公司在 20 多年后成为世界上最大的公司。

再来看索尼，以"随身听"享誉全球。其创始人留下的企业差异化战略"不喜欢做与别人同样的事"，以这一创新精神为代表，索尼把每项家电产品都推向极致。

纵观全球的商业巨子们，他们的成功皆得益于其高瞻远瞩的战略眼光。先说 21 世纪初，美国商人威廉·胡佛。1908 年，当他认识到汽车必将取代马车成为人们的代步工具后，毅然放弃他正为马车配套生产皮革制品的生意，转而生产真空吸尘器，他的决定引发了一个巨大的真空吸尘器市场。CNN 总裁泰德·特纳以战略眼光，首开 24 小时不停顿播报新闻节目的先河；比尔·盖茨的战略眼光从把 Windows 软件与 IBM 计算机捆绑销售中表现出来；迈克尔·戴尔的战略眼光则表现在抓住网络展开网上直销的先机。他们的战略眼光时时提醒人们：保持与时俱进的思想正是其眼光敏锐的温床。

这种战略眼光除了智慧灵机般地闪现，还展现出这些领导人坚定的决心和企业上下因此而形成的强大凝聚力。企管专家谭小芳表示，从他们身上不难看出，任何一个成功的企业要么有最出色的产品，要么采用了最恰当的生产、销售方式。随后，为抢占市场而采取攻击性营销策略；为保住市场而对顾客"甜言蜜语"；为了保持活力而不间断地对内部整顿；为取得社会认可而对外展现自身的文化和价值观。而中国的企业家不缺少智慧和足够的战略头脑，但要想摆脱企业因人而盛，因人而衰的怪圈：首先要做的是让企业也具备智慧的头脑，其次是让企业的头脑学会不断学习和更新。

2.深谋远虑：寻找战略高地

什么是具有"远虑"的企业发展战略呢？一家企业就像一个人在整个社会环境中寻找自己的位置一样：其一，战略制定，要看清楚自己所处的市场环境；其二，要弄明白眼下消费潮流的走向，其中还包括某些产品的特殊的市场规律。例如，饮料等一次性消耗品的市场优势在于人们前一次的消费几乎不影响后来的消费，市场时时存在，并随着收入水平的增长而逐步扩大，该行业的企业不愁没饭吃，只不过受制于"恩格尔定律"，即"食物支出在总支出中的比重呈下降趋势，市场的发展不如总体市场容量的发展快"而已。而像家电类等耐用品与前者相比就呈市场劣势，在激烈的市场竞争中，耐用品的耐用性成为必然的要求，而一旦产品耐用，在人口没有重大增长的相对静态的条件下，在产品日益占据市场的同时，其市场容量就会日益变小。不过它属于需求价格弹性小和需求收入弹性大的商品，能够从价格上涨和收入增长中获得更大的利润，利润率较高，一定程度上弥补了市场容量上的不足。企管专家贾长松表示，耐用品市场容量日益饱和，市场开拓日益艰难的压力却是客观存在的。其三，要预测出未来 5 年自己行业的发展趋势。也就是说在分析了以上三者后，找到自己的企业什么事能做，什么事不能做；什么事擅长，什么事不擅长；什么事有利，什么事不利。这些带有方向性，能改变决策和未来发展的走势，并以此来充实、规范自己，才能使自己的企业朝着可持续、稳健性的良性循环的方向发展。而只有制定出这种具有超前、长期、创新的发展战略，企业才不会因"逞一时之能而盲目扩张；遇少许风险会迷失方向，贪眼前暴利就偏离主业"。

同时，企业的战略决策也应当是针对目标的。如果目标定错了，经营战略决策也不会正确。我们许多国有企业曾经把产量作为第一目标，结果造成库存积压，卖不出去；后来一些企业又把销量作为第一指标，结果产品是卖出去了，但钱却收不回来，导致巨额应收账款被拖欠的"负增长"。当投资资本回报高于资本成本时，企业才是真正意义上的"赚钱"。例如，当你的企业提出了"力争使顾客满意"的 CS 经营作为一个核心战略时，就要在制订任何计划，采取任何行动之前先回答这个问题：这是否有助于提高顾客的满意度？能，你就大力推行；不能，你就赶快打住，要做到这一点并不容易。

3.核心能力：抢占战略制高点

企业还有一个通病：核心能力缺乏症。一些大公司资金雄厚，却往往同时向十几个领域发展，都铺开但都不深入。市场一旦发生变化，最先倒闭的正是那些四处撒网的公司，这是因缺乏核心能力所致。何为核心能力？它是一个企业的产品创新能力，尤其是小型化的能力，有没有它是一个企业是否健康的标志。这一理论，是欧美从 20 世纪 70 年代开始，对"大就是好"理论地反驳。以德国学者西蒙的《潜在的冠军》一书为代表。它认为"人无我有，人有我优，人优我转"，后一句"转"错了。核心能力正是要强化自己的绝对优势，达到竞争中抢占战略制高点的目的。

一个企业要善于把握自己相对优于对手的核心能力。也就是说，要建立人无我有的核心竞争力。因为在无界限的经济竞争下，市场越大越需要特定的顾客，即要"专"，否则你永远无法满足顾客真正的需求，也就无法实现可持续的经营发展。而且，这个"专"还要与众不同，核心竞争力的"核心"是必须专注于你能够使顾客满意的领域。因为没有人能满足所有人在所有领域的需求，核心竞争力就是提供给顾客他人无法提供的特殊价值的能力。但核心竞争力的价值是会随时间而消失的——尤其是当别人也拥有它时。比如，索尼的核心竞争力是微型化，可当所有厂商都会做微型产品时，索尼就出现了赤字，因为核心竞争力变弱了。

而要营造核心竞争力，就要在这几方面强化：首先，在于组织中的人，而不在技术或产品；其次，最赚钱的是人的想象力，获得它取决于员工快速学习的能力；再次，提供他人无法模仿的独占性产品或服务，是今后竞争的最有效武器；最后，切记要从过去的"因为我看见，所以我相信"的思维转为"相信它，就看得见它"，重设新的游戏规则，使自己成为一个"新思维模式的拓荒者"。企管专家谭小芳表示，致力于专业化经营，强化企业核心竞争能力在市场不景气时正是规避风险的一种有效的方法。从顾客角度看，他们认为企业应专一于窄小的领域，尤其当你从中取得一定知名度时，更应如此，一旦你拓宽领域顾客即会产生疑虑。

4.扬长避短：建立竞争优势

如今的供求关系变了，这是一个以买方市场为标志的过剩时代。你必须创造能比别人提供更多价值的东西，才能生存。这就要求你必须比别人强。要实现这一点，你就必须很专业。而企业只有专注于从内部发展自身的核心能力，方能扬长避短，在市场上为顾客创造价值。同时，一个企业独特的核心能力往往是竞争者难于模仿的，也叫作"核心竞争力"。这有利于企业在激烈的市场竞争中建立持久的竞争优势，保证企业的可持续发展。即"有所不为方可有所为"："有所不为"是为了保证企业各项业务间的关联和资源共享，应放弃进入与公司核心能力相背离的业务领域；而"有所为"即集中公司的各项资源，建立企业的核心竞争能力。如果置核心能力于不顾，盲目地进行多元化经营，必然会分散企业资源，失去发展重点，耗散竞争优势。

一些商海中人都爱犯这样的通病——重复"人在起步易警醒，却在盛时反忘形"。严世华教授有一位朋友，1992 年带 300 多万元到海南，当时那里的地价正在升值。他以每亩 2.7 万元买下靠海口市区的 80 亩地，"三通一平"后所剩无几。这时地价开始飞涨，有人愿出 7 万元一亩的价买他的地，已到了疯狂地产炒作地步。但他这时却大睁一双警醒的眼睛，凭着直觉，认为这种疯狂有悖常理。严教授告之：上帝让谁死亡必先让其疯狂，劝其抢先一步退场。结果他顶着内地参与出资的朋友叫他"待价而销"的告诫，坚决出手，找到原已拒绝了的那个买家，说 7.1 万元一亩可以卖，结果还本付息后净赚 160 万元。果不其然，不久政府开始紧缩银根，清理房地产业，那些待价而沽的疯狂暴利者全被牢牢地"套"住了。但这位朋友却在"盛时未过警醒关"。他发财回内地后，雄心勃勃地开始大肆扩张，先是兼并一个皮革厂，融进大笔资金后又在郊区租了 400 亩山地，搞观光农场，还加大经营范围搞了个酒店，可因精力分散，资金调配不开，导致管理混乱，最后落得欠了一屁股债的结局。这就是典型的战略决策盲目性所致。要知道，人的知识、精力都是有限的，把有限的精力、时间集中起来办一件事成功的概率更大；四面出击，往往力不从心，做不深透，还会闹个"鸡飞蛋打"。

5.投石问路：避免决策失误

有关调查表明，中国诸多行业都呈现出"三三制"特征，即 1/3 盈利，1/3 持平，1/3 亏损。而在一些过度竞争的行业里，企业亏损面还远远超出"三三制"的比例。造成上述国内企业亏损的深层原因，用美国顾问业霸主兰德公司的警言来概括也许颇为贴切：分析表明，世界上 1000 家倒闭的大企业中，85%是因企业管理者决策不慎造成的。企管专家谭小芳表示，决策失误的问题企业却"错在其中"不知错，与问题企业恰恰相反的是，优秀企业反而拥有更多危机意识。如深圳华侨城的主题公园群是国内同业的领导者，只因华侨城借用"外脑"由来已久。他们长达 11 年高薪聘请新加坡规划大师孟大强先生作为规划顾问。

一流企业的危机意识、风险意识，使他们在重大决策前，借用"外脑"，慎之又慎，往往能避免兰德公司的警言：决策失误。美国顾问业有一个说法，几乎每一家著名跨国公司的幕后都有顾问公司。不只是跨国公司，历届美国政府、美国总统都有聘用顾问的传统。

值得欣慰的是，目前我们的企业已逐步对经营战略开始重视起来。据国家经贸委企业研究中心的一项课题研究表明：中国绝大多数优势企业已从过去那种无意识的经营管理逐步转变以现代经营战略为导向的有意识行为。并初具以下的一些特征。

一是在战略制定中开始注意对市场的调研和对企业内外环境的分析；二是一些公司的领导层已开始重视经营战略的实施；三是注意了在战略实施中不断进行修改和完善。

最后如果要用八个字来概括战略要点，那就是"少就是多""小就是大"。前一句指一种简洁高雅的建筑风格，也点出了企业内部发展的优势所在。即如果用较少的20%的资源去做更多的事，你实际会得到那更多的80%。后一句则点出了企业外部扩张的新诀窍，指在大企业中培养小企业的企业精神，使每个员工成为企业家。我们知道，大企业在大发展中，也出现了一些致命的弱点：一是必然需要秩序井然的等级架构和系统完整的规范原则，它们却能扼杀企业的创造力；二是大企业由于有长年的成功作后盾，非常容易形成一种"天下唯我独尊"的自大心理；三是大企业的规模庞大，如果遇上困难和危机，则易运转失灵。要摧毁它的最好方法是把大企业分散成一个个脱体的小企业，进行"扁平化"管理，使之能专注于自己的核心能力。

二、战略管理实施三大要点

1.重视对经营环境的研究

由于战略管理将企业的成长和发展纳入了变化的环境，管理工作要以未来的环境变化趋势作为决策的基础，这就使企业管理者们重视对经营环境的研究，正确地确定公司的发展方向，选择公司合适的经营领域或产品——市场领域，从而能更好地把握外部环境所提供的机会，增强企业经营活动对外部环境的适应性，从而使二者达成最佳的结合。

2.重视战略的实施

由于战略管理不只是停留在战略分析及战略制定上，而且是将战略的实施作为其管理的一部分，这就使企业的战略在日常生产经营活动中，根据环境的变化对战略不断地评价和修改，使企业战略得到不断完善，也使战略管理本身得到不断的完善。这种循环往复的过程，更加突出了战略在管理实践中的指导作用。

3.日常的经营与计划控制，近期目标与长远目标结合在一起

由于战略管理把规划出的战略付诸实施，而战略的实施又同日常的经营计划控制结合在一起，这就把近期目标（或作业性目标）与长远目标（战略性目标）结合起来，把总体战略目标同局部的战术目标统一起来，从而可以调动各级管理人员参与战略管理的积极性，有利于充分利用企业的各种资源并提高协同效果。

第四节　五种通用竞争战略

一、差异化战略

差异化战略（Differentiation/Differentiation Strategy），也称别具一格战略、差别化战略。

（一）差异化战略概述

差异化战略又称别具一格战略，是指为使企业产品、服务企业形象等与竞争对手有明显的区别以获得竞争优势而采取的战略。这种战略的重点是创造被全行业和顾客都视为独特的产品和服务。差异化战略的方法多种多样，如产品差异化、服务差异化和形象差异化等。实现差异化战略，可以培养用户对品牌的忠诚。因此，差异化战略是使企业获得高于同行业平均水平利润的一种有效的竞争战略。实现差异化战略可以有许多方式：设计或品牌形象（Mercedes Benz 在汽车业中声营卓著）、技术特点（Coleman 在野营设备业中）、外观特点（en-Air 在电器领域中）、客户服务（Crown Cork 及 Seal 在金属罐产业中）、经销网络（Caterpillar Tractor 在建筑设备业中）及其他方面的独特性。最理想的情况是公司在几个方面都实现差异化。例如，卡特皮勒推土机公司（Caterpillar Tractor）不仅以其经销网络和优良的零配件供应服务著称，而且以极为优质耐用的产品享有盛誉。所有这些对于大型设备都至关重要，因为大型设备使用时发生故障的代价是昂贵的。强调差异化战略并不意味着公司可以忽略成本，只是此时成本不是公司的首要战略目标。

如果差异化战略成功地实施了，它就成为在一个产业中赢得高水平收益的积极战略，因为它建立起防御阵地对付五种竞争力量，虽然其防御的形式与成本领先有所不同。波特认为，推行差异化战略有时会与争取占有更大的市场份额的活动相矛盾。

推行差异化战略往往要求公司对于这一战略的排他性有思想准备。这一战略与提高市场份额两者不可兼顾。在建立公司的差异化战略的活动中总是伴随着很高的成本代价，有时即便全产业范围的顾客都了解公司的独特优点，也并不是所有顾客都将愿意或有能力支付公司要求的高价格。

产品差异化带来较高的收益，可以用来对付供方压力，同时可以缓解买方压力，当客户缺乏选择余地时其价格敏感性也就不高。最后采取差异化战略而赢得顾客忠诚的公司，在面对替代品威胁时其所处地位比其他竞争对手也更为有利。实现产品差异化有时会与争取占领更大的市场份额相矛盾。它往往要求公司对于这一战略的排他性有思想准备即这一战略与提高市场份额两者不可兼顾。较为普遍的情况是，如果建立差异化的活动总是成本高昂，如广泛的研究、产品设计、高质量的材料或周密的顾客服务等，那么实现产品差异化将意味着以成本地位为代价。然而，即便全产业范围内的顾客都了解公司的独特优点也并不是所有顾客都愿意或有能力支付公司所要求的较高价格（当然在诸如挖土机械设备行业中，这种愿出高价的客户占了多数，因而 Caterpillar 的产品尽管标价很高，仍有着占统治地位的市场份额）。在其他产业中差异化战略与相对较低的成本和与其他竞争对手相当的价格之间可以不发生矛盾。

（二）差异化战略的类型

1.产品差异化战略。产品差异化的主要因素有特征、工作性能、一致性、耐用性、可靠性、易修理性、式样和设计。

2.服务差异化战略。服务的差异化主要包括送货、安装、顾客咨询培训、服务等因素。

3.人事差异化战略。训练有素的员工应能体现出六个特征：胜任、礼貌、可信、可靠、反应敏捷、善于交流。

4.形象差异化战略。

（三）差异化战略的特征

1.基础研究能力强（产品创新）；

2.有机式的组织结构，各部门之间协调性强；

3.超越思维定式的创造性思维能力和洞察力；

4.市场运作能力强（市场研究能力，促销能力使市场认可产品是有差异的）；

5.基于创新的奖酬制度；

6.公司在产品质量和技术领先方面的声望。

（四）差异化战略的适用条件与组织要求

1.可以有很多途径创造企业与竞争对手产品之间的差异，并且这种差异被顾客认为是有价值的；

2.顾客对产品的需求和使用要求是多种多样的，即顾客需求是有差异的；

3.采用类似差异化途径的竞争对手很少，即真正能够保证企业是"差异化"的；

4.技术变革很快，市场上的竞争主要集中在不断地推出新的产品特色。

除上述外部条件之外，企业实施差异化战略还必须具备如下内部条件：

1.具有很强的研究开发能力，研究人员要有创造性的眼光；

2.企业具有以其产品质量或技术领先的声望；

3.企业在这一行业有悠久的历史或吸取其他企业的技能并自成一体；

4.很强的市场营销能力；

5.研究与开发、产品开发以及市场营销等职能部门之间要具有很强的协调性；

6.企业要具备能吸引高级研究人员、创造性人才和高技能职员的物质设施；

7.各种销售渠道强有力的合作。

（五）差异化战略的收益与风险

实施差异化战略的意义在于以下几方面。

1.建立起顾客对企业的忠诚。

2.形成强有力的产业进入障碍。

3.增强了企业对供应商讨价还价的能力，这主要是由于差异化战略提高了企业的边际收益。

4.削弱购买商讨价还价的能力。企业通过差异化战略，一方面，使得购买商缺乏与之可比较的产品选择，降低了购买商对价格的敏感度；另一方面，通过产品差异化使购买商具有较高的转换成本，使其依赖于企业。

5.由于差异化战略使企业建立起顾客的忠诚，所以这使替代品无法在性能上与之竞争。

差异化战略也包含一系列风险。

1.可能丧失部分客户。如果采用成本领先战略的竞争对手压低产品价格，使其与实行差异化战略的厂家的产品价格差距拉得很大，在这种情况下，用户为了大量节省费用，放弃取得差异的厂家所拥有的产品特征、服务或形象，转而选择物美价廉的产品。

2.用户所需的产品差异的因素下降。当用户变得越来越老练时，对产品的特征和差别体会不明显时，就可能发生忽略差异的情况。

3.大量的模仿缩小了感觉得到的差异。特别是，当产品发展到成熟期时，拥有技术实力的厂家很容易通过逼真的模仿，减少产品之间的差异。

4.过度差异化。

（六）差异化战略的优势

差异化战略是增强企业竞争优势的有效手段。产品差异化对市场价格、市场竞争、市场集中度、市场进入壁垒、市场绩效均有不同程度的影响。差异化的产品或服务能够满足某些消费群体的特殊需求，这种差异化是其他竞争对手所不能提供的，可以与竞争对手相抗衡；产品或服务差异化也将降低顾客对价格的敏感性，不大可能转而购买其他的产品和服务，从而使企业避开价格竞争。具体可从以下几个方面来看。

1.差异化本身可以给企业产品带来较高的溢价。这种溢价应当补偿因差异化所增加的成本，并且可以给企业带来较高的利润。产品的差异化程度越大，所具有的特性或功能就越难以替代和模仿，顾客越愿意为这种差异化支付较高的费用，企业获得的差异化优势也就越大。

2.由于差异化产品和服务是竞争对手不能以同样的价格提供的，因而明显地削弱了顾客的讨价还价能力。

3.采用差异化战略的企业在应对替代品竞争时将比其竞争对手处于更有利的地位。因为购买差异化产品的顾客不愿意接受替代品。

4.产品差异化会形成一定的壁垒，在产品差异化越明显的行业，因产品差异化所形成的进入壁垒就越高。

二、差异化策略在房产业的应用分析

企业要开发市场，必定要为自己的产品或服务找到战胜对手的营销策略。因此差异化策略已越来越为企业家们重视。差异化策略是企业获得竞争力的最终途径，有效的差异化能给企业带来丰厚的利润。

（一）差异化策略在房产业的运用现状

加入WTO后，房产市场的竞争必将进一步加大，但随着我国政府出台了一系列如取消福利房、公积金贷款购房、按揭贷款等政策，给我国房地产市场带来了新的发展机遇。此时房地产开发企业通过采用差异化策略来满足市场的需求，只有这样才能在激烈的市场竞争中发展壮大自己。可以说房产业实施差异化策略势在必行。

（二）差异化策略在房产业的应用分析

1.产品差异化

对于房地产有形产品来讲，产品差异化是最基础的，也是首先需要掌握的。同其他产品比较，房地产产品本身有较大的差异化。

（1）产品质量

质量是任何产品生存的基础，房地产产品也不会例外。首先，是设计质量。其次，是工程质量。工程质量不仅仅是要求安全，防水问题、墙体的平整度、门窗的密封等同样重要。人们常说100-1=0，意思是说，即使是一件小事，也可能使全部努力作废。最后，是环境质量和配套质量。

（2）产品性能

例如，在同一区位内，你的楼盘比别的楼盘有更好的生态小环境；在同一得房率的基础上，你的房型比别的楼盘有更多或更方便的功能组合等。只要售价没有超过顾客的认知价值他们就愿意付出较高的价钱购买性能良好的房地产产品。

（3）产品特色

产品特色是指房地产品基本功能的增加和补充。

比如，在住宅小区的绿化普遍未得到重视之时，重视绿化，完善住宅区的生态功能，应该是一种特色。再如，在住宅区增加智能化设施、集中供热和供饮用水，建造错层住宅、大采光凸出窗台、阳光客厅、可移动透光屋顶天井、室内自动报警等都可以构成房地产的特色。

（4）产品设计风格

从开发商的角度看要求的是方便建造和顺利推向市场。从顾客的角度看要求性能质量良好，而且漂亮有特色。设计工作必须兼顾两者力求完美。设计最终的取舍决定目标市场的顾客对产品差异化和价值对比的认识。

2.服务差异化

与其他商品有所不同的是商品房的消费群体既有共性需求又有个性需要，当竞争对手之间在客户共性需求方面势均力敌的时候，影响客户购买意向的因素往往就是哪个项目更能满足他的个性需求就更能博得他的好感。这些个性需求往往是产品本身无法满足的，而需要通过产品附加的服务来满足，这也是我们通常所说的"服务能提高产品附加值"。

3.品牌差异化

我国大部分消费者进入"品牌消费"阶段。许多开发公司在房地产开发、销售过程中只重视短期行为，而不重视品牌信誉。消费者在选购住房时，只能依靠相互之间传播的信息进行选择。从一定意义上讲，由于房地产消费的特殊性，消费者在选房时慎之又慎，房地产非常有必要树立品牌意识。

4.营销渠道差异化——业主直销

在营销学中，人们认为，在一个人的生活圈子里他可以接触到并能导致类似购买的人最多可以达到250人。因而在房地产的销售中，如果一个已经购房的业主，通过现身说法向朋友同事推销楼盘可以产生比销售人员推销更好的效果。

（三）房产业实施差异化策略的对策

1.有效差异对策

有效差异，也就是能够有效形成企业市场力量、提高市场绩效的差异化。有效差异对策包括以下几个方面。

（1）实在性

某项差异化确实能使相当多的顾客得到更多的实际利益。如实实在在的房地产产品差异可以使消费者获得实实在在的利益，这样的差异才能够吸引消费者的注意，因为只有给消费者带来真实好处的产品差异才能得到消费者的认同，才能在市场竞争中立于不败之地。当然实在的产品差异并不排斥产品在品牌、商誉上给消费者带来的良好购买体验。品牌、商誉不仅能够带来质量和性能的优越保证，而且能给消费者带来社会地位和阶层的荣耀感和成就感，这种心理感受也是一种实在的利益特征。

（2）独特性

某项差异化是其他开发企业没有的，或者是本企业相当突出明白地向顾客提供的。有效的差异化应该具有不同于竞争对手的明显特征，也就是要具有独特性，有独特性才能突现差异性优势，才能引人注目。解决独特性问题，要考虑两方面：一是概念创新，一般的方法是从产品的性能特征和愉悦特征上去挖掘；二是调性处理，一般的方法是将理性的事情感性化，将乏味的事情有趣化，并具有时代感。

（3）不易模仿性

某项差异化是其他开发商不容易模仿的。在激烈的市场竞争环境下，有效差异化策略的最基本要求就是对手难于模仿。然而，当今的中国房地产市场上，跟风现象却相当严重，竞争者的模仿，使得差异化缩小，从而企业在差异化中的投入巨大、效果却不好。

差异化的缩小主要体现在规划设计、建材选用和施工工艺上，为此，开发企业可以设置模仿障碍像经验与外部稳固的联系、内部的协调关系以及先行者的优势等方面是模仿者不易攻破的障碍。

2.准确定位对策

对差异化实行准确定位，可以设计出对自己楼盘的目标市场最有吸引力的差异化。

（1）内容定位

开发企业及其开发的楼盘有不同的优势；应该把自己同竞争者的优势进行比较；强化和突出自己的优势。例如，一家开发商的楼盘在环境、户型上同另一家开发商相似的楼盘相竞争。但是，本企业声誉更大更好，人员素质和服务又有优势；应该强调推出品牌和服务优势作为差别。

（2）传播定位

开发商不仅要确定一个清晰的差异化定位，还要将此定位进行卓有成效的宣传。例如，开发商确定将"信誉最好"作为定位主题，必须要保证此主题的宣传深入顾客之心。比较好的办法是宣传自己的楼盘销售业绩好、交房日期最及时、销售纠纷最少和所得的奖项最多、最高等。此外，"信誉最好"还可以通过其他的营销组合如价格、广告、促销手段、分销渠道来体现。

3.风险规避对策

房产业实施差异化策略存在一定的风险，下面简要介绍一下如何规避这些风险。

（1）实施差异化造成的成本过大

　　开发企业在开发楼盘时要进行一定的市场调研，对实施差异化的投入产出比进行合理的测算评估以差异化造成的价格提高不影响消费者购买为前提，经过全盘考虑后才可以实施这一策略。

　　（2）顾客需求的变化

　　消费者心理越来越成熟，可能造成对差异化的需求降低。在这种情况下，开发企业就要进行全面的市场调查，充分了解消费者的需求，根据消费者的真实需求实施差异化策略，以实实在在的与竞争对手不同的差异化进行有效的竞争。

　　（3）运用差异化策略时，可能会出现妨碍其市场占有率提高的状况，即市场占有率低于采用成本领先战略的企业。这时，需要把企业的产品和盈利综合起来考虑，既要考虑市场占有率的高低又要考虑利润的大小。通过综合考虑，找出采用该战术的利弊得失，以便做出是否变更战术的抉择。

三、成本领先战略

　　成本领先战略是指企业在提供相同的产品或服务时，通过在内部加强成本控制把成本降低到最低限度，使成本或费用明显低于行业平均水平或主要竞争对手，从而赢得更高的市场占有率或更高的利润成为行业中的成本领先者的一种竞争战略。

　　（一）基本概念

　　成本领先战略（Overall Cost Leadership），又称成本领先战略，它是指企业在提供相同的产品或服务时，通过在内部加强成本控制，在研究低成本分销系统开发、生产、销售、服务和广告等领域内把成本降低到最低限度，使成本或费用明显低于行业平均水平或主要竞争对手，从而赢得更高的市场占有率或更高的利润，成为行业中的成本领先者的一种竞争战略。成本领先战略也许是三种通用战略中最清楚明了的。在这种战略的指导下企业决定成为所在产业中实行低成本生产的厂家。企业经营范围广泛，为多个产业部门服务甚至可能经营属于其他有关产业的生意，企业的经营往往对其成本优势举足轻重。

　　（二）主要类型

　　根据企业获取成本优势的方法不同，把成本领先战略概括为如下几种主要类型。

　　1.简化产品型成本领先战略就是使产品简单化，即将产品或服务中添加的花样全部取消。

　　2.改进设计型成本领先战略。

　　3.材料节约型成本领先战略。

　　4.人工费用降低型成本领先战略。

5.生产创新及自动化型成本领先战略。

（三）适用条件

1.现有竞争企业之间的价格竞争非常激烈。

2.企业所处产业的产品基本上是标准化或者同质化的。

3.实现产品差异化的途径很少。

4.多数顾客使用产品的方式相同。

5.消费者的转换成本很低。

6.消费者具有较大的降价谈判能力。

（四）可得收益

1.抵挡住现有竞争对手的对抗。

2.抵御购买商讨价还价的能力。

3.更灵活地处理供应商的提价行为。

4.形成进入障碍。

5.树立与替代品的竞争优势。

（五）需承担风险

1.降价过度引起利润率降低。

2.新加入者可能后来居上。

3.丧失对市场变化的预见能力。

4.技术变化降低企业资源的效用。

5.容易受外部环境的影响。

四、集中化战略

专一化战略（Market Focus/Focus Strategy），也称集中化战略、目标集中战略、目标聚集战略、目标聚集性战略。专一化战略是主攻某个特殊的顾客群、某产品线的一个细分区段或某一地区市场。正如差别化战略一样，专一化战略可以具有许多形式。虽然低成本与差别化战略都是要在全产业范围内实现其目标，专一化战略的整体却是围绕着很好地为某一特殊目标服务这一中心建立的，它所开发推行的每一项职能化方针都要考虑这一中心思想。

（一）主要形式

专一化战略有两种形式，即企业在目标细分市场中寻求成本优势的成本集中和在细分市场中寻求差异化的差异集中。

（二）战略核心

这种战略的核心是取得某种对特定顾客有价值的专一性服务，侧重从企业内部建立竞争优势。专一化战略的实施首先表现在提供咨询服务上，要做到人无我有、人有我精、人精我专，掌握主动权。

（三）特点及优势

1.专一化战略特点

专一化战略是指企业以某个特殊的顾客群、某产品线的一个细分区段或某一个地区市场为主攻目标的战略思想。这一战略整体是围绕着为某一特殊目标服务，通过满足特殊对象的需要而实现差别化，或者实现低成本。专一化战略常常是总成本领先战略和差别化战略在具体特殊顾客群范围内的体现。或者说，专一化战略是以高效率、更好的效果为某一特殊对象服务，从而超过面对广泛市场的竞争对手，或实现差别化，或实现低成本，或二者兼得。

例如，专为石油开采油井提供钢棒扳手的企业，就是通过钢棒的充足库存、广泛分布服务网点，甚至提供直升机送货服务而成功地实行了专一化战略。

2.专一化战略优势

（1）以特殊的服务范围来抵御竞争压力。

专一化战略往往利用地点、时间、对象等多种特殊性来形成企业的专门服务范围，以更高的专业化程度构成强于竞争对手的优势。例如，位于交通要道或人口密集地区的超级商场具有销售优势；口腔医院因其专门的口腔医疗保健服务而比普通医院更吸引口腔病特别是牙病患者。企业选择适当的产品线区段或专门市场是专一化战略成功的基础。著名企管专家谭小芳表示，如果选择广泛市场的产品或服务而进行专门化经营，反而可能导致企业失败。例如，口腔、牙齿每天都直接影响人们的生活，人们感觉深刻，但口腔、牙齿的毛病一般不致造成生命危险，患者愿意接受这种专门化服务；而人体其他系统互相牵连，治疗中往往需要全面诊断，专门化的治疗就不再具有优势。又如，肯德基、麦当劳快餐连锁店满足了工作节奏快、休息时间短的职员或家庭以及旅游者的饮食需要，而迅速发展成专门市场。

（2）以低成本的特殊产品形成优势。

例如，可口可乐就是利用其特殊配方而构成的低成本，在饮料市场长期保持其竞争优势。这一优势的实质是差别化优势，能同时拥有产品差别化和低成本优势则一定可以获得超出产业平均水平的高额利润。

（3）以攻代守。

当企业受到强大的竞争对手全面压迫时，采取专一化战略以攻代守，往往能形成一种竞争优势，特别是对于抵抗拥有系列化产品或广泛市场的竞争对手明显有效。例如，挪威的造船业难以在整体上与欧、美、日等实力强大的造船企业匹敌，选择制造破冰船而大获成功。针对多品种糕点企业的广泛市场，专营的蛋糕店常能成功占有一席之地。

3.专一化战略条件

专一化战略一般是集中一点进攻对手的弱点，或是通过专有的业务活动方式以低成本形成对竞争对手的优势，要获得这方面的优势需要具备以下某些条件。

拥有特殊的受欢迎的产品。如可口可乐、DYNASTY 半干白葡萄酒。

开发了专有技术。如专有的胶粘接技术形成了稳定的车辆减震器市场；瑞士手表以其高质量的生产技术始终控制着名贵手表市场。

不渗透的市场结构。由于地理位置、收入水平、消费习惯、社会习俗等因素的不同，将形成专门化市场，这些市场之间的隔离性越强，越有利于专一化战略的实施。例如，专为大型建筑物提供中央空调系统的远大中央空调集团形成了专一化战略优势。

不易模仿的生产、服务以及消费活动链。例如，为顾客开辟服装专门设计、定制服务的服装企业将拥有自己的专门化市场。

当然，上述构成专一化的战略条件需要企业去寻找和创造，已具备专一化战略优势的企业仍须不断改善自身的地位或巩固已有市场。

（四）战略风险

1.容易限锚获取整体市场份额

专一化战略目标市场总具有一定的特殊性，目标市场独立性越强，与整体市场份额的差距就越大。实行专一化战略的企业总是处于独特性与市场份额的矛盾之中，选择不恰当就可能造成专一化战略的失败。与这一对矛盾相对应的是企业利润率与销售额互为代价。例如，为愿意支付高价的顾客而进行专门设计加工服装的企业，将失去中低档服装市场。有很多企业为了获得专一化优势的同时又进入了广泛市场，这种矛盾的战略最终会使企业丢失其专有的市场。

2.企业对环境变化适应能力差

实行专一化战略的企业往往是依赖特殊市场而生存和发展的，一旦出现有极强替代能力的产品或者市场发生变化时，这些企业容易遭受巨大损失。例如，滑板的问世对旱冰鞋的市场构成极大的威胁。又如，投入成本较高的夜总会等娱乐场所，专为高收入阶层或特殊顾客群服务而获取高利润率，当出现经济萧条或严格控制公款消费时，这些娱乐性企业则亏损严重。

3.成本差增大而使专一化优势被抵消

当为大范围市场服务的竞争对手与专一化企业之间的成本差变大时，会使针对某一狭窄目标市场服务的企业丧失成本优势，或者使专一化战略产生的差别化优势被抵消。著名企管专家谭小芳表示，因为这种成本差的增大将降低买方效益或者降低买方使用替代品的转移成本，而使专一化市场与广泛市场之间的渗透增大；专一化战略所构成的成本优势或差别化优势则会逐渐消失。例如，过多地依赖广告宣传效果而形成自己市场的产品，化妆品、保健用品等，容易被面对普通用户的产品借助于专一化产品的广告宣传的高投入而获益入侵。

（五）集中化战略的条件

企业实施集中化战略的关键是选好战略目标，将主要力量集中于物流业务的某一个或几个方向，重点突破。而一般原则是，企业要尽可能地选择竞争对手最薄弱环节和最不易受替代品冲击的目标。不管是以低成本为基础的集中化战略还是以差异化的基础的集中化战略都应满足如下条件。

1.目标市场足够大且可以盈利，或者虽然是小市场但具有成长潜力。

2.企业的资源或能力有限，不允许选定多个细分市场作为目标。

3.在所选定的目标细分市场中没有其他的竞争对手采用这一战略。

4.企业拥有足够的能力和资源，能在目标市场上站稳脚跟。

5.企业凭其建立起来的顾客商誉和企业服务来抵御行业中的竞争者。

案例分析—格力空调的专一化战略

格力空调是唯一一家坚持专一化经营战略的大型家电企业，美国著名财经杂志《财富》中文版揭晓的消息表明：作为我国空调行业的领跑企业，格力电器股份以7.959亿美元的营业收入、0.55亿美元的净利润，以及6.461亿美元的市值再次荣登该排行榜第46位，入选《财富》"中国企业百强"，成为连续两年进入该排行榜的少数家电企业之一。不仅多项财务指标均位居家电企业前列，而且在2002年空调市场整体不景气的情形下，格力空调的销售实现了稳步增长，销量增幅达20%，销售额及净利润均有不同程度的提高，取得了良好的经济效益，充分显示了专一化经营的魅力。

波特曾经指出有效地贯彻任何一种战略，通常都需要全力以赴的战略原则。指出了"如果企业的基本目标不止一个，则这些方面的资源将被分散的战略后果。"正因为如此，许多企业在商战中选择和确定了自己的专一化发展战略，并且运用这种发展战略取得了明显的经济效益。格力就是一个这样的企业。

格力的专一化战略并不是"一篮子鸡蛋"的战略。把专一化战略当成"一篮子鸡蛋"

的战略完全是一种理论上的糊涂、逻辑上的混乱。近年，当不少厂家都在为产品的出路犯难，甚至为吸引消费者的眼球不惜"祭起降价大旗"的时候，格力向北京、广州、上海、重庆等大中城市投放了一款高档豪华的空调新品——"数码2000"，它以其智能化的人体感应功能、安全环保的一氧化碳监测功能和独具匠心的外观设计，受到了各地消费者特别是中高收入阶层的空前欢迎，掀起了一轮淡季空调市场少有的抢购热潮。

缘何在众多空调降价之时，价格昂贵的格力"数码2000"却能在淡季热销？就因为格力数码2000已经不再是"一篮子普通的鸡蛋"。它的过人之处在于采用了世界独创的人体感应和一氧化碳感应两项新技术，使空调步入了感性化时代，具有了智能化和环保两大优势。当你推开家门，不用动手，空调就会自动开启；徐徐凉风或阵阵温暖随之而来；您忘记关空调或房间没有人活动时，空调会自动关机；空调还能感知室内有毒气体——一氧化碳的含量，当其即将达到危害人体健康的浓度时，会自动连续不断地发出阵阵蜂鸣般的警报声，提醒您注意打开门窗通风换气，以降低"煤气中毒"现象的发生。不仅如此，该产品还将彩色背光液晶显示技术"塑料外观电镀镶件技术"以及"直流变频技术"等国际领先技术在世界上首次运用到了格力"数码2000"上。凝聚了众多新技术的"数码2000"，历经5年的技术攻关潜心研究和360多天恶劣环境的可靠性试验，不仅功能卓越、外观精美，而且其稳定性技超群雄。

事实雄辩地证明：面对空调市场混乱无序的竞争，一贯坚持专一化经营的格力，不仅产品已涵盖了家用空调和商用空调领域的10大类50多个系列500多种品种规格，成为国内目前规格最齐全、品种最多的空调生产厂家，形成了业内领先的主导优势，而且充分地显示了十多年来，该企业的专业化技术积累、雄厚的技术开发实力和经济效益再增值的潜在能力！

如果说格力在经营上取得了骄人的成绩，那么首先是格力在发展战略上取得了成绩。这种成绩突出的表现在他们对专一化战略认识上的深刻，贯彻中的坚定和实践中的准确把握。

五、区域发展战略

区域经济发展战略是指对一定区域内经济、社会发展有关全局性、长远性、关键性的问题所做的筹划和决策。说得更具体些，是指在较长时期内，根据对区域经济、社会发展状况的估量，考虑到区域经济、社会发展中的各方面关系，对区域经济发展的指导思想、所要达到的目标、所应解决的重点和所需经历的阶段以及必须采取的对策的总筹划和总决策。

（一）特点

全局性、战略性、长期性、稳定性、政策性。

1.区域经济发展战略的形成

1956 年前后，随着社会主义三大改造的基本完成，以毛泽东为核心的第一代领导集体在探索适合我国国情的社会主义建设道路时，形成了以《论十大关系》为代表的新思路，其中提出了"利用和发展沿海工业以促进内地工业发展的战略构想"。这一思想在"二五"计划和中央有关经济方针政策中得以体现。国家曾高度评价《论十大关系》所蕴含的宝贵思想，认为"对当前和今后都有很大的针对性和指导意义"。

新中国成立后，为了冷战时期备战的需要，国家曾以优惠的财政政策和大量的投资加快内地的工业发展。这一政策限制了沿海地区的经济发展，从而使东西部地区的经济发展差距逐渐缩小。然而，由于中西部地区自然环境和经济环境基础较差，投资回报率明显低于沿海地区，多项数据都表明了这种强调内地发展的政策在很大程度上牺牲了整体经济发展的效率，表面上缩小了内部差异，实际上导致了中外差异的扩大。

总结新中国成立以来区域经济布局的经验教训，人们理性地认识到，东部沿海地区与中西部地区经济发展是矛盾统一的。不顾东西部地区的客观差异，人为地推行均衡发展政策，实践证明是行不通的。邓小平指出："我们讲共同富裕，但也允许有差别。"他认为搞平均主义的同步富裕、同时富裕，不符合社会主义按劳分配的原则，只是一种空想，其结果只能造成共同贫穷。因此他再三强调："过去搞平均主义，吃大锅饭，实际上是共同落后、共同贫穷，我们就是吃了这个亏。"

按照经济学新古典学派的观点，区域二元结构是市场不完善和市场机制失灵的反映。随着市场机制的完善和区域经济的一体化，市场力量的自由运转将使要素收益均等化。因此，从长期来看，区域经济差异将连同"核心边缘"结构一同消失。1965 年，美国人奥利弗-威廉姆森（Oiver-Williamson）利用 24 个国家 1940—1961 年的有关统计数据，计算了 7 个国家人均收入水平的区域不平等程度。结果表明，随着经济增长和收入水平的提高，区域不平等程度大体上呈现出由扩大到缩小的倒 U 形变化。因此，尽管经济发展初期区域经济增长不平衡，区域人均收入水平扩大，但从长期来看，区域经济增长和人均收入水平倾向于均衡和趋同。这与小平同志提出的区域经济发展由不平衡到平衡的战略构想不谋而合。

区域经济发展战略的内涵，就是倡导一种非均衡协调发展的区域经济发展战略。具体地说，有以下几点。

非均衡协调发展战略是一种适度倾斜的发展战略。适度倾斜是指从全国总体布局考虑，把投资和生产布局向沿海适当的倾斜。因为区位条件和历史因素决定了东部地区易受海外发达地区的经济辐射和产业梯度转移，起步快、阵痛小，较易迅速成长为亚太地区新兴的经济带。但适度倾斜要求处理好重点开发区域与非重点开发区域之间的关系，既不是均衡布局，也不是简单的扶持东部地区，而是充分发挥各地优势，扬长避短，共同发展。

非均衡协调发展是一种动态的、开放的战略。非均衡协调发展在国民经济开放体系中不是静态的，而是不断运动和发展的。从总体上讲，既要有重点地推进生产力空间布局，以追求投资的高回报率和区域经济的高速增长，又要按照社会主义市场经济的要求，协调区域经济发展政策，协调区域间经济关系，协调主导产业同其他产业的关系，协调中央与地方的关系，形成合理的东部、中部、西部区域分工格局，在效率优先、兼顾公平的原则下，加快中西部地区的经济发展。区域经济发展战略经历了均衡—非均衡—均衡的演变。一国区域经济发展战略的选择，不能将均衡与非均衡的发展战略绝对化。因为无论从二者功能上的差异，还是从发展的本质而言，均衡与非均衡相辅相成才能使经济健康、快速、协调的发展。

（二）走势

我国改革开放以来，实施区域经济非均衡倾斜经济发展战略；在强调经济效益目标中，忽视了平衡目标，投资重心与政策优惠一味向东部沿海地区倾斜，造成区域经济差距扩大和区域利益关系严重扭曲。我国在对区域经济发展战略进行调整和选择时，既不能重蹈覆辙，也不能矫枉过正，另走极端，偏重地区效率，以牺牲全国经济发展速度和宏观经济效益为代价。在设计我国区域经济新的发展战略时，应该充分考虑我国复杂和独特的区域问题，以求全局利益和局部利益的统一，把东部沿海地区的发展和中西部地区的经济开发很好地结合起来，以东部沿海地区的经济发展带动中西部地区的经济增长，实现沿海地区与内地、东部和中西部地区区域经济持续增长和协调发展。

目前，对我国应该实行何种区域经济发展战略主要有以下观点。

1.区域经济协调发展战略

它要求以"坚持区域经济协调发展，逐步缩小地区发展差距"作为一项基本指导方针，从"九五"计划期间开始，逐步加大中西部区域经济协调发展力度，按照市场经济规律和经济内在联系及地理自然特色，突破行政界限，在已有经济布局的基础上，以中心城市和交通要道为依托，形成多个跨省区市的经济区域，发展各区域优势产业，避免产业结构趋同，促进区域经济在高起点上向前发展。

2.多极增长发展战略

在中西部地区选择几个省、市或地区或流域（如长江流域），像过去扶助东部沿海增长极那样，培养使其成为新的经济增长极。

3.沿江经济带以互助互动为中心的协调发展战略

这一战略主要内容包括：以水资源开发和利用为先导，把黄金水道的开发利用协调与发展灌溉农业和发展高能耗、高水耗、大运量工业体系结合起来；以市场机制为基础，促进资源利用的互补与协作；一般产业协调与高新技术产业协调，建立沿江经济带市场联合体，协调区域市场，协调金融市场，坚持资源开发利用与环境保护相结合，实施区域经济的可持续发展。

上述三种观点都有其合理性、科学性和可行性。考虑到当前我国区域经济发展中非均衡的客观事实，也认识到制定发展战略应当从全局出发，重点放在如何促进区域经济协调发展的目标实现上，同时十分关注我国区域发展中公平与效率问题，试图在三者的统一中寻找最佳的区域发展模式，因而笔者认为，当前我国宜采取非均衡协调发展战略。

非均衡协调发展战略，是指由于我国各地区发展同一产业或者同一产业投入产出效果不尽相同，在国家所掌握的资源十分有限的情况下，为提高资源配置效率，保证国民经济较快增长，国家必须集中有限的人力、物力和财力，采取重点开发的方式，并在资源分配和财政投入上对重点开发地区的重点产业进行倾斜，以此求得中西部地区和东部沿海地区的共同富裕。

另外，国民经济各地区、各产业之间的发展要保持协调。这就要求国家实行的倾斜政策必须适度，必须以保持地区的产业协调发展为前提，因此，适度倾斜与协调发展相结合就成为非均衡协调发展战略的核心内容。

（三）意义

区域经济发展战略是实现经济和社会目标的需要。区域经济发展战略相应的是：启动经济高速发展的车轮，实行非均衡发展战略；进一步加速经济发展，实行全局较均衡但局部不均衡的发展战略；保持协调发展、实现共同富裕，实行协调发展战略。

区域经济发展战略是走向共同富裕的需要。社会主义生产的目的是满足人民群众日益增长的物质文化需要，共同富裕是社会主义的本质特征。区域经济发展战略的精髓就是从"先富到后富再到共同富裕"。邓小平指出："我们提倡一部分地区先富起来，是为了激励和带动其他地区也富裕起来，并且先富起来的地区帮助落后的地区更好的发展。"在南方谈话中，邓小平同志又一次强调了这个问题，他说："走社会主义道路，就是要逐步实现共同富裕。"同时，他又指出："如果富的愈来愈富，穷的愈来愈穷，两极分化就会产生，而社会主义制度就应该而且能够避免两极分化。"

区域经济发展的战略，其实质是顺应经济发展的客观规律，允许而不是限制一部分地区先发展起来，而其最终目的则是实现共同富裕。

中央对东部沿海地区与中西部地区经济发展的战略关系高度重视，明确提出了加快中西部地区经济发展的战略方针，并进一步提出，"促进地区经济合理发展和协调发展。东部地区要充分利用有利条件，在推进改革开放中实现更高水平的发展，有条件的地区要率先实现现代化。中西部地区要加快改革开放和开发，发挥资源优势，发展优势企业"，要"从多方面努力，逐步缩小地区发展差距"。

在坚持区域经济协调发展"战略方针的指导下，党中央下决心加快中西部地区的发展步伐。这将使我国地区经济结构发生重要变化，与此相适应，将逐步形成地区经济协调发展的新格局，并为最终实现全国的共同富裕奠定基础。

六、增长型战略

增长型战略（Growth Strategies），又称扩张型战略（Expansion Strategies）、发展型战略（Growth Strategies，或译为"成长战略"）。

（一）增长型战略的概念特征

从企业发展的角度来看，任何成功的企业都应当经历长短不一增长型战略实施期，因为从本质上说只有增长型战略才能不断地扩大企业规模，使企业从竞争力弱小的小企业发展成为实力雄厚的大企业。与其他类型的战略态势相比，增长型战略具有以下特征。

1.实施增长型战略的企业不一定比整个经济增长速度快，但它们往往比其产品所在的市场增长得快。市场占有率的增长可以说是衡量增长的一个重要指标，增长型战略的体现不仅应当有绝对市场份额的增加，更应有在市场总容量增长的基础上相对份额的增加。

2.实施增长型战略的企业往往取得大大超过社会平均利润率的利润水平。由于发展速度较快，这些企业更容易获得较好的规模经济效益，从而降低生产成本，获得超额的利润率。

3.采用增长型战略态势的企业倾向于采用非价格的手段同竞争对手抗衡。由于采用了增长型战略的企业不仅在开发市场上下功夫，而且在新产品开发、管理模式上都力求具有竞争优势，因而其竞争优势并不是会损伤自己的价格战，一般来说总是以相对更具创新性的产品和劳务以及管理上的高效率为竞争手段。

4.增长型战略鼓励企业的发展立足于创新。这些企业常常开发新产品，新市场，新工艺和就产品的新用途；以把握更多的发展机会，谋求更大的风险回报。

5.与简单的适应外部条件不同，采用增长型战略的企业倾向欲通过创造以前本身并不存在的某物或对某物的需求来改变外部环境并使之适合自身。这种去引导或创造合适的环境是由其发展的特性决定的：要真正实现既定的发展目标，势必要有特定的合适的外部环境，被动适应环境显然不一定有帮助。

（二）增长型战略的类型

企业增长在战略上可分为一体化扩张和多样化扩张。一体化扩张又可分为横向一体化（水平一体化）和纵向一体化（垂直一体化）。实现这些扩张的方法包括内部发展和外部发展（合并和合资等）。内部发展是现有企业（公司）通过新股票发放或自身资金积累，而扩大现有生产规模，或建立新厂、新的部门、新的子公司等。合并是指一企业获取另一企业的资源且无人抗争的过程。如果被合并的企业进行抗争，则称此过程为兼并。

1.横向一体化

横向一体化指企业现有生产活动的扩展并由此导致现有产品市场份额的扩大。该类增长可以从三个方向进行。

（1）扩大原有产品的生产和销售。

（2）向与原产品有关的功能或技术方向扩展。

（3）与上述两个方向有关的向国际市场扩展或向新的客户类别扩展。通过横向一体化，可以带来企业同类生产规模的扩大，实现规模经济。由于该类增长与原有生产活动有关，比起其他类型增长更易于实现，故一般来说，企业早期的增长多以此为主，且实现的方式以内部增长为主。据对美国1895—1972年的公司增长战略分析，1895年至21世纪初的公司增长主要以横向一体化为主。我国工业企业的增长在相当长的时期内也以横向一体化为主，20世纪80年代以来，其他形式的扩张才较多出现。

2.纵向一体化

纵向一体化指企业向原生产活动的上游和下游生产阶段扩展。现实中，多数大型企业均有一定程度的纵向一体化。该类扩张使企业通过内部的组织和交易方式将不同生产阶段联结起来，以实现交易内部化。纵向一体化包括后向一体化和前向一体化。后向一体化（Backward Integration）指企业介入原供应商的生产活动；前向一体化（Forward Integration）指企业控制其原属客户公司的生产经营活动。如化学工业公司可向石油冶炼、采油方向扩展，以实现后向一体化；也可向塑料制品、人造纤维等方向扩展，以实现其前向一体化。纵向一体化是公司增长到一定阶段的主要扩张战略。据班诺克观点，公司通过横向一体化打败竞争对手，达到市场多头垄断地位后，便会进入纵向一体化扩展，以占领其供给和市场领域。一旦公司在一生产部门占领重要地位之后，向多种部门扩展便成为其唯一的增长战略。

3.多样化战略

多样化是一个意义广泛的概念，它可以涉及相关产品的活动，也可以涉及不相关产品的活动。由于横向一体化已涉及同类产品的多样化，纵向一体化已涉及相关但不同生产阶段产品的多样化，所以这里的多样化仅指不相关产品的多样化。但是，严格区分相关与否，并不容易。因为在实际中，多数公司多样化扩张的部门均多少与其原有市场营销和技术开发有联系。尤其是研究与开发，多来自现存生产活动的需求，但可用于其他无关部门的生产之中。

第二次世界大战后，多样化扩张战略在发达国家发展迅速。以美国为例，该战略 20 世纪 60 年代以后被快速增长的公司普遍采用。1949 年，美国 500 家大公司中有 1/3 以上为单产品经营，到 1969 年，该比例降为 6%。与此相反，介入不相关经济活动的大公司的比例从 1949 年的 3% 增加到 1969 年的 20%。我国改革开放以来，尤其是 20 世纪 90 年代以来，企业的多样化发展十分普遍。许多工业公司涉足房地产、商业等与原生产活动无关联的行业。

多样化扩张是基于对市场风险和环境的不确定因素的防范意识。具有多样化经营的公司，可以减少某种不可预测因素的冲击。此外，一些原生产产品市场需求的下降，也会促使公司寻求多样化机会，以充分利用其生产能力。而当某一产品出现旺盛市场需求时，也会诱发新的公司介入此类生产活动（如前几年许多公司在"房地产热"中介入房地产市场）。

企业增长的各种战略和方法，均可导致企业的多部门、多区位发展。当企业规模增加到一定程度时，这种多部门、多区位的格局，对企业充分利用各地优势、降低生产成本、扩大盈利起着重要作用。

（三）采用原因和适用条件

1.在动态的环境竞争中，增长是一种求生的手段。不断的变革能够不断地创造更高的生产经营效率和效益，从而能在不同的环境中适应并生存。

2.扩大规模和销售可以使企业利用经验曲线或规模经济效益，即降低生产成本。

3.寻求发展是企业这种有机组织体的本性。

4.企业家强烈的发展欲望是企业发展的第一推动力。

5.许多企业管理者把增长等同于成功。这种认识上的错误是因为没有意识到简单的总量增长有时可能意味着效率和效益的下降，从而追求增长型战略。

6.增长快的企业容易掩饰其失误和低效率。

7.企业增长得越快，企业管理者就越容易得到升迁或奖励，这是由最高管理者或最高管理集体所持有的价值观决定的。

从以上采用增长型战略的原因中可以看出，有时使用增长型战略并不是简单地从单一经营上考虑，而往往与经营者自身的利益相关。因此，增长型战略的使用确实存在着一定的误区，因为其使用是有相应的使用条件的。

1.企业必须分析战略规划期内宏观经济景气度和产业经济状况。这是由企业增长型战略的发展公司决定的，企业要实施增长型战略，就必须从环境中获得更多的资源。一方面，如果未来阶段企业和宏观环境微观环境较好的话，企业比较容易获得这些资源，所以就降低了实施该战略的成本。另一方面，从需求的角度看，如果宏观和微观环境的走势都较为乐观的话，消费品的需求者和投资品需求者都会有一种理性的预期，认为未来的收入会有所提高，因而其需求幅度将会有相应的增长，保证了企业增长型发展战略的需求充足。从上面的分析可以看出，在选择增长型战略之前必须对经济走势做一个较为细致的分析，良好的经济形势往往是增长型战略成功的条件之一。

2.增长型发展战略必须符合政府管制机构的政策法规和条例等的约束。世界上大多数国家都鼓励高新技术的发展，因而一般来说这类企业可以考虑使用增长型战略。

3.公司必须有能力获得充分的资源来满足增长型战略的需求。由于采用增长型战略需要较多的资源投入，因此从企业内部和外部获得资源的能力就显得十分重要。这里的资源是一个广义的概念：既包括通常意义上的资本资源，也包括人力资源、信息资源等。在资源充分性的评价过程中，企业必须自问一个问题："如果企业在实行增长战略的过程中由于某种原因暂时受阻，它是否有能力保持自己的竞争地位？"如果回答是肯定的，那表明企业具有充分的资源来实施增长型战略，反之则不具备。

4.判断增长型战略的合适性还要分析公司文化。如果一个企业的文化是以稳定性为其主旋律的话，那么增长型战略的实施就要克服相应的文化阻力。当然，企业文化也并不是一成不变的事物，事实上，积极和有效的企业文化的培育必须以企业战略作为指导依据。这里要强调的只是企业文化可能会给某种战略的实施带来一定的成本，而并不是认为企业文化决定企业战略。

（四）利弊分析

增长型战略的优点是：

1.企业可以通过发展扩大自身价值，这体现了经过扩张后的公司市场份额和绝对财富的增加。这种价值既可以成为企业职工的一种荣誉，又可以成为企业进一步发展的动力。

2.企业能通过不断变革来创造更高的生产经营效率与效益。由于增长型发展，企业可以获得过去不能获得的崭新机会，避免企业组织的老化，使企业总是充满生机和活力。

3.增长型战略能保持企业的竞争实力，实现特定的竞争优势。如果企业自身采取增长型战略，而竞争对手还在采取稳定型战略或紧缩型战略，那么就很有可能在未来实现竞争优势。

增长型战略的缺点是：

1.在采用增长型战略获得初期的效果后，很可能导致育目的发展和为了发展而发展，从而破坏企业的资源平衡。要克服这一弊端，要求企业在做每一个战略态势决策之前都必须重新审视和分析企业的内外部环境，判断企业的资源状况和外部机会。

2.过快地发展很可能降低企业的综合素质，使企业的应变能力虽然表面上不错，而实质上却出现内部危机和混乱。这主要是由于企业新增机构、设备、人员太多而未能形成一个有机的相互协调的系统所引起的。针对这一问题，企业可以考虑设立一个战略管理的临时性机构，负责统筹和管理扩张后企业内部各部门、人员之间的协调，各方面的因素都融合在一起后，再考虑取消这一机构。

3.增长型战略很可能使企业管理者更多地注重投资结构、收益率、市场占有率、企业的组织结构等问题，而忽视产品的服务或质量，重视宏观发展而忽视微观问题，因而不能使企业达到最佳状态。这一弊端的克服，需要企业管理者对增长型战略有一个正确而全面的理解，要意识到企业的战略态势是企业战略体系中的一个部分，因而在实施过程中必须通盘考虑。

（五）决策模型

1.增长型战略的条件模型

增长型战略指企业在现有基础上向更高一级目标发展的战略。作为企业公司层战略的一种类型，增长型战略本身并没有太多的神秘之处。然而现在很多学者，都习惯把增长型战略叫作发展战略。其实企业发展战略的概念要更宽一点，按照发展的不同势态来讲有三种类型的发展战略：增长型战略、稳定型战略和收缩型战略。这三种战略共同构成企业的公司层战略，以解决企业不同行业的产品或业务在不同市场的发展势态问题。

增长型战略最终目的是要实现企业增长。企业之所以选择增长型的势态，是因为外在机会与内部优势的组合。

第一种情况，企业外部环境有机会，且企业内部具备相关优势，企业应该果断选择增长型战略。

第二种情况，企业外部环境有机会，但企业内部不具备相关优势，企业可以选择增长型战略。这往往是和企业高层领导的决策风格相联系的，很多企业的高层领导会倾向选择增长型的发展方式。其实，理性的决策思路要考虑企业是否能弥补内部劣势来把握发展机遇。如果能弥补就选择增长型；如果不能则考虑稳定型战略。

第三种情况，企业内部有优势，但外部的机会不太好，企业最好少选增长型战略，也就是尽量不选择增长型战略。因为企业没有必要在外在无机会的情况下还加大各项投入，其结果往往事与愿违，不会带来企业的增长。近年来，国内很多产业已经形成了稳定的格局，外在环境的机会已大不如以前，如彩电、饮用水和洗发水等，尽管这些产业爆发了一轮又一轮的广告战、价格战、终端战，然而每一次激烈竞争之后格局依旧。对这些行业的企业而言，最好的选择莫过于保持稳定，保存实力积蓄力量，伺机发展。

第四种情况，企业外部无机会且内部无优势可言，不选择增长型战略。

2.增长型战略的途径模型

企业一旦决定了增长型的战略走向，就要选择增长型战略的途径。常见的多元化、一体化、国际化等战略均属于增长型战略的途径。现在将这些战略途径一并列举，如图 2-1 所示。

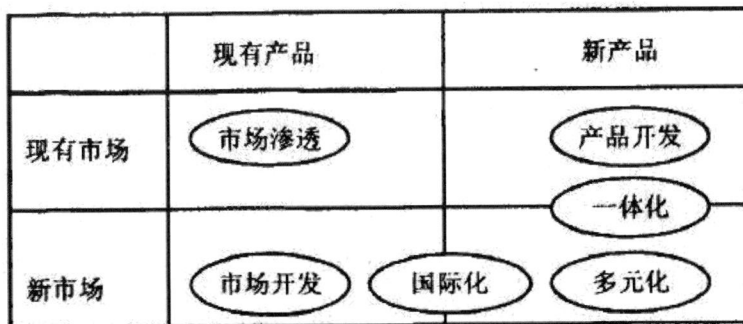

图 2-1　企业增长型战略途径模型

市场渗透是企业通过更大的市场营销努力，提高现有产品或服务在现有市场上的销售收入。选择这种途径的企业主要情况是，其特定产品与服务在当前市场中还未达到饱和，现有用户对产品的使用率还可显著提高，而企业规模的提高可带来较大的竞争优势。

市场开发指将现有产品或服务打入新的地区市场。选择这种途径的企业一般在现有经营的领域非常成功，本身还具备一定的市场开拓能力优势，比如拥有扩大经营所需要的资金和人力资源，另外行业存在未开发或未饱和的市场。产品开发是通过改进和改变产品或服务而增加现有市场产品销售。选择这种途径的企业，在行业内往往拥有非常强的研究与开发能力，还具备现有成功的、处于产品寿命周期中成熟阶段的产品；且企业参与竞争的行业属发展快速的高技术行业。

一体化是指企业充分利用自己在产品、技术、市场上的优势，向经营领域的深度和广度发展的战略。选择这种途径的企业要考虑哪些活动应该在自己内部展开，哪些可以安全地转移到外部的企业，而不是一味地横向和纵向发展。国际化是指在本国市场以外销售公司的产品。企业选择实施国际化发展途径的一个主要原因是国际市场存在新的潜在的机会，如可以转移企业核心竞争力，获得区位经济效益，以及形成最佳经验曲线等。

多元化是企业多项业务的组合发展。选择多元化发展的公司可能涉足不同产业环境中的不同业务。时下关于多元化的论述已很多，其实与专业化相比，企业的多元化本身更多的是解决生存的问题。换句话说，这是企业在某些阶段为了生存发展而做出的途径选择。正如以前国内很多中小企业为了生存而选择了多元化，但绝不是这些企业永远的发展之道。过了一定的发展阶段，这些企业又会选择专业化的道路。

3.增长型战略的实现方式模型

企业实现上面所列举的增长型战略的途径主要有三种方式：独立"开发"、合作"开发"和并购。独立"开发"也称内部创业，是企业通过内部创新，开发新产品，或开拓新的市场进行发展。合作"开发"也称合作发展，是企业与别的公司合作，互惠互利共同开发新产品，或一起开拓新市场来进行发展。常见企业的战略联盟也属于合作"开发"的形式。"并购"是合并和收购的简称，合并指的是两家公司在相对平等的基础上将相互的业务进行整合，通常其拥有的资源和实力合在一起能够比各自独立发展产生更强的竞争优势；收购指的是一家公司通过购买另一家公司的部分或全部股权，将被收购公司的业务纳入其战略投资组合，从而达到更加有效地利用其核心竞争力的目的。企业考虑用何种方式来实现不同的增长战略途径时，常常受制于两个主要因素。一是企业是否具备该行业发展要素，如资金、人才和品牌等资源，以及具备这些要素程度的高低；二是企业对这些关键要素的控制程度，主要表现在企业对这些资源的掌控度，以及资源运作能力，譬如财务管理能力、市场推广能力和研发实力等企业的相关能力。

首先，企业拥有该行业发展的要素且具备程度高，同时企业对这些要素的控制程度也高，企业应选独立"开发"的方式来实现其相关的增长型战略途径；其次，企业对该行业发展要素具备程度低，但企业对这些要素的控制程度高，企业为了尽快实现其相关的增长型战略途径，应选择并购的方式；再次，企业对该行业发展要素具备程度低，且企业对这些要素的控制程度也低，企业最好选择合作"开发"的方式来实现相关的增长型战略途径；最后，一般来说，企业对该行业发展要素具备程度高，但企业对这些要素的控制程度低这种状况是不存在的，也不再讨论其实现方式。

总之，为了实现增长型战略，不同企业可根据实际情况选择合适方式，同一企业也可根据不同业务的情况选择三种方式的组合。

第三章　创新管理

第一节　创新的内涵与作用

一、创新的内容

基于内外部环境因素的影响，企业实施创新是全方位的，涉及生产销售活动和管理工作的方方面面。在企业生产活动的不同阶段，创新也包含了不同的内容。

（一）观念创新

作为一家企业，管理者的理念决定了企业发展的道路，超前的理念或许能够引领企业走在市场发展的前列，但陈旧落后的发展理念势必会阻碍企业的良性发展。所谓观念创新，是指企业在发展过程中以一种不同以往的观念，思路或构想的方式进行技术与资源的结合，以求更高效地利用资源及适应企业内外部环境变化。观念创新的本质在于打破传统思维观念的定势，以革新和发展的视角看待企业内外部环境变化，针对企业的经营项目、市场定位、销售策略等做出重新调整和改变。以发展的眼光看待组织发展过程中的变化，加以引导和利用，以期解决发展中的新状况、新问题。

（二）战略创新

战略创新是指企业以未来发展为主导，在战略层面上不断更新对企业的发展与规划。制定企业发展战略，需要基于对现实能力资源的把握，对未来市场发展前景的预测，再加之对企业内外部环境的分析，把握企业自身发展中的优势、劣势、能力和不足，制定适合企业长足发展的战略。战略创新的过程也不是一蹴而就的，必须依照环境的变化不断发展和调整，必要时甚至需要重新制定战略。

（三）技术创新

技术创新是企业创新的最直观、最重要的表现，从新的技术概念形成、研发测试到形成产品实施商业化推广应用，都是技术创新的主要内容。市场环境千变万化，新工艺和新技术的改造、升级和创新层出不穷，企业只有不断专注于技术创新，才能在激烈的市场竞争中获得竞争优势。技术创新覆盖的范围非常广泛，具体包括了新的物质形态、新的物质载体、新的技术手段、新的要素组合方式等。

（四）组织创新

组织结构是企业各个部门在时间、空间上的排列组合顺序，各要素在各部门之间的分布状态以及部门要素之间彼此建立联系的一种方式。在管理工作中，各个部门在职责权限上都相互分割又彼此联结，以组织整体的分工协作共同实现组织发展的目标。为充分提高员工积极性和创造性，改善组织效率，组织创新要求在机构设置和人员配备、权责划分、信息沟通和流程安排等方面，依据企业能力、发展阶段和内外部环境变化进行适时调整。一个有效地组织必然能够不断地实施组织创新，使企业发展适应环境变化。

（五）制度创新

制度是确保组织良好运行的一系列的规范体系，它要求组织的成员在既定的范围和权限内履行职责和享受权利。在企业中，员工根据约定的价值模式和行为方式实施在组织中的角色扮演，这便构成了组织的制度运行。合理的制度以及良好的制度实施环境可以激发组织成员的积极性，因此组织需要根据内外环境变化、企业文化氛围和自身发展特征进行制度创新，促使组织运行更加畅通有序。

（六）市场创新

企业生产产品或提供服务需要在市场中与顾客直接接触，为促进消费者消费，抢占市场份额，企业会不断地开拓市场，形成市场创新。市场创新，既包含有市场的扩张，也包含对新市场的开辟，通过企业不断创新的活动和方式去引导和刺激消费。市场需求是引发企业一系列创新活动的源头，创新最终的产品和服务必须接受市场的检验才得以显现效果，市场的不断开拓、创新也能更好地促成这一目标。企业实施市场创新的途径非常多，可以通过改变经营内容、形成产品创新、开发新的技术、改变传统服务方式等。

（七）管理创新

在组织活动中，作业工作和管理工作缺一不可，企业运营层面上的管理创新对企业发展至关重要。管理创新是指采用一种新的管理方法、管理手段和管理模式进行企业管理，创新后的企业管理起来更为高效有序。管理者可以划分为基层管理者、中层管理者和高层管理者，尽管不同层次管理者的管理重点不同，但管理创新的意识必须贯彻在每一层管理人员的思想中。同时，根据管理职能的划分，在计划、组织、领导和控制四大职能中都可以实施管理创新。有效实施管理创新，可以更好地促进组织资源发挥最大效用。

（八）商业模式创新

企业通过组织内外部要素的整合形成高效率且具有独特核心竞争力的运行系统，在为客户提供价值最大化的过程中获取持续性的盈利，这一过程也成为企业发展的商业模式。从实质而言，商业模式即为企业赚取利润的途径。在如今的商业环境中，产品、服务和信息合为一体，各种不同的盈利模式层出不穷，企业与客户、供应商及其他利益相关者的关系模式可以任意组合，不同的商业逻辑便造就不同的盈利模式。企业要进行商业模式创新，需要针对企业所处的行业性质、发展阶段、企业自身的能力和资源条件等进行综合考虑，选择出适合企业发展的商业模式，才能在市场中持续有利地发展。

二、管理创新的内容

（一）创新经营理念

经营理念是企业高层决策者在管理过程中所持有的经营思想和价值判断，是企业进行经营决策、制定业务发展战略和制订发展计划的准绳。知识经济时代的崛起使传统工业经济时代的经营理念和管理理念不再适用，经营理念也必然发生变革。再者，管理思想由"物本主义"向"人本主义"的转变，理性管理融入非理性因素，内部管理为主转向内外部管理相结合等，都促使企业重新思考企业的经营发展理念。

创新的经营理念不仅能引导企业制定正确的业务决策，引导企业的经营行为，还能促使企业不断地发展壮大。企业经营理念制定的正确与否，取决于是否符合经济发展规律、适应社会进步发展的需要。适应型的经营和管理理念更注重发挥组织成员的主动性和创造性，并通过成员与组织和社会的融合协调，在信息网络中加快自身发展，在协同合作中创造未来。

（二）变革组织结构

组织结构是组织内分工合作的基本形式，是企业各部门之间根据权责划分、工艺流程和信息沟通的情况制定的部门之间的基本构架。变革组织结构是企业为适应外部环境变化和内部发展需求而进行的创新，通过不断调整和改善组织的运作模式，以期实现企业的可持续发展。传统的组织结构大多依据流程进行设计，实施的专业分工和部门划分是组织的基本结构，而过于精细化的分工逐步增加了管理的成本，与信息开放和多变的外部环境也不相适应，因此提高组织柔性、减少组织层级变得至关重要。

企业在进行组织结构创新时，应考虑到组织的外部环境、发展战略、技术和人力资源等因素，实施与企业发展相匹配的组织结构形式。现代化的组织结构逐渐呈现出扁平化、网络化、边界模糊化的趋势，因此在组织结构内部，还可以通过压缩管理层级、成立行动小组等方式提高组织结构的柔性和效率。

（三）调整管理制度

管理制度是对企业管理所涉及的各个基本方面规定活动框架，如企业的人员招聘和绩效考评制度，而对这些管理规则进行的改革便是对管理制度的创新。制度是管理的手段，管理制度制定的目的在于约束集体行为，过于僵化或没有约束力的管理制度对企业健康发展都是一种束缚。制度不合理或没有执行力都是管理制度欠缺的表现，需进行相应的调整或完善。

管理制度创新的目的在于降低运营成本、提高运营效率，员工通过合理有序的管理制度为顾客创造价值，增强企业的竞争能力。创新调整后的管理制度的执行需要一定的强制力，否则形同虚设，最后根植在企业的组织文化中，成为良好有效管理的重要保障。制度的变革所引起的企业变化，促进了资源的有效整合，因此制度创新也是管理创新的重要内容之一。

（四）创新管理模式

随着企业知识化和数字化的建设，管理模式的创新也演绎开来。所谓管理模式创新，就是综合性管理方式的创新，使总体资源以更有效的方式进行配置，如企业业务流程再造。管理模式创新的核心在于以市场为中心明确企业的发展目标和竞争战略，以人本主义为核心建立核心价值观和企业文化，以效率和效益为核心不断变换创新管理方法和手段。

无论是调整原有的人员配备、转换部门流程等产生新的资源组合方式，还是设计新的资源组合方式，都形成新的管理模式。设计一种新的管理模式，离不开信息技术的运用，尤其在生产运作管理方面。在计算机技术和网络技术等信息技术的推广运用下，先进的生产管理方法层出不穷，如企业流程重组和虚拟企业管理。管理模式的创新与信息技术相互而生，如果片面强调信息技术而忽视管理创新，也无法形成新的管理模式。

三、管理创新的作用

管理创新源自企业内外部环境的不断变化，管理创新的目的也在于不断适应企业的内外部环境。促使管理创新产生的外因有激烈的市场竞争、落后的管理方式、经济效益亏损、企业体制改革、经济国际化、技术和产品升级、客户需求变化等，市场竞争、技术变化和企业自身发展的需求不断刺激着管理创新的变化。

企业发展的目标在于追求经济利润，但单纯逐利的管理模式和制度不利于企业的长期发展。创新管理不是为了建立固化的规则和管理体系，而是要建立以创新精神为核心的制度，以变化的制度和弹性的管理不断预测和把握经营环境的变化，实现管理上的不断变革和创新。

管理创新打破原有模式束缚，以一种更有效的方式进行资源整合，提高了资源的利用效率。一方面，管理创新的实施可以更好地促进企业其他创新活动的顺利开展，不断提高企业的创新能力；另一方面，企业的管理创新更能促进企业形成创新的企业文化，培养员工的创新意识，提高企业对变化的适应能力，增强企业的竞争能力。

第二节 管理思想理论创新

管理观念的创新即管理思想的创新，很多学者将之看作管理创新内容之首。如王连娟（2000）、冯务中（2001）、李建鸣（1996）等认为观念创新是管理创新的灵魂没有观念的创新就无法奢谈其他方面的创新。叶裕祥指出观念创新是企业管理创新的源泉，企业必须在内部组织机构、固定资产投资、激励、成本、时间等方面加强观念创新。杨清（2001）认为管理观念是在管理过程中所持有的思想和价值判断，它指导和影响管理者的管理方式和管理行为。知识经济时代的来临导致生产力的快速发展和生产关系的重大变革，必须引起管理观念的变革。葛玉辉、娄洁民（1999）也指出了观念创新是管理创新的灵魂，因为管理创新首先要求管理者从自身的角度认识管理职能发展的核心在于创新，管理者应改变"重维持、轻创新"的观念，在管理活动中追求创新，追求与众不同，追求制度规范与现存社会生活的最佳配合。

管理观念是企业从事经营管理活动的指导思想，体现为企业的思维方式是企业进行管理创新的灵魂。企业要想在复杂多变的市场竞争中生存和发展，就必须首先在管理观念上不断创新。而要更新观念，管理者必须打破现有的心智模式的束缚，有针对性地进行系统思维、逆向思维、开放式思维和发散式思维的训练并通过综合现有的知识、管理技术等改进和突破原有的管理理论和方法。管理者只有勇于创新敢于追求新事物，乐于解决新问题，才能使管理活动成为一种乐趣，其产生的社会经济效益也是难以用价值衡量的。而这一局面的创造，其最根本的在于管理者和管理组织的观念创新。

近年来，管理理念的创新带动了管理方法和方式的更新，出现新的管理结合点。一是务实管理与务虚管理相结合。企业的务实管理主要是有形管理，注重企业发展与经营战略、企业体制、技术构成、成本效益等硬件方面。但仅注重硬件方面是不够的，还需要有务虚的管理，即注重企业价值观、企业精神、企业人才培养等软件方面。二是层次管理与现场管理相结合。传统的分层等级管理与现场管理相结合已经显现出管理链长、管理者意图难以及时下达，以及限制中间层次的创造性等弊端，应被现场管理取代。三是集权管理与分权管理相结合。除关键性管理权限相对集中外，更倾向于下放更多的权限，以利于分散组织结构，以及更灵活地运作市场。

创新是企业发展的原动力，管理创新是企业的灵魂。只有不断更新观念，对传统管理理念进行扬弃，对先进管理理念进行吸收，企业才能找到适合自己的卓有成效的管理方法，使企业不断做大做强。

第三节　管理制度创新

一、现代企业管理制度创新概论

1.现代企业制度创新的内容

制度可谓是现代企业管理的基础。企业只有建立起一套行之有效、科学合理且服务自身发展实际的现代化企业管理制度体系，才能取得长足发展。企业的制度创新，是伴随企业生产不断发展而形成的一种新型的企业组织形式，它主要包括以下几方面内容：企业的产权制度的创新、人事制度的创新、分配激励制度的创新、质量管理制度的创新、营销管理制度的创新、企业文化的创新、股份合作制企业创新等。企业制度创新是以过程管理为基础，以市场经济为导向，是一个从领导治厂向企业决策科学化，管理制度化、规范化、法制化转变的过程。

2.企业管理创新的必要性

（1）追求自我价值的需求

企业在追求发展成就的动力下，更加向往实现企业价值最大化及社会责任的承担，这就激发了其不断创新的愿望。

（2）企业发展的迫切要求

任何企业的管理，都有一定的方式方法，根据外部经济环境和社会发展的变化，企业管理的模式都要发生一定程度的变化，这就是"管理无定式"。

（3）适应消费市场发展新要求

当前随着全球知识呈爆炸式传播以及信息技术升级改造速度日益加快，商品更新速度也越来越快，消费者的消费观念和偏好日新月异，市场需求不断发生变化。企业必须加快产品创新的步伐，才能够适应商品经济的发展要求。

（4）市场竞争日益激烈

为了在激烈的市场竞争中求生存和发展，企业必定要通过各种手段来控制生产成本、提高产品质量、完善产品体系、扩大销售网络，这就要求企业不断创建新的组织架构，应用新的生产、销售和服务方式，采用新的管理手段和策略，使企业在瞬息万变的竞争中得以灵活应对。

二、当前企业管理创新存在的主要缺陷

1.对内部管理不够重视

部分企业尤其是一些国有企业，对企业内部管控的认识存在两种值得注意的倾向。其一，一些人习惯于旧的经营管理模式，认为只要按照现有的制度进行规范操作就可以了，不思甚至抗拒创新。其二，有些人虽然意识到改革创新的意义，但是往往注重企业组织结构方面的变革，而对企业经营治理的其他管理机制不够重视，忽略了整体性，使宏观制度与微观机制相脱离。

2.缺乏创新精神

在一定程度上讲，我国传统企业管理的内核是约束和压制，而忽视了对人的引导和激励，这是我国企业普遍存在的现象。这就束缚了大多数企业的研发和创造力，无疑限制了企业的发展后劲，使企业无力进行创新。此外，企业家的求同心理也可能导致创新被扼杀，缺乏创新的企业文化。

3.财务制度不健全，监管机制不完善

目前，很多企业的监管评审都是由企业内部来完成，而这些承担监督审核职能的部门往往隶属于财务部门，监督的部门与被监督部门由同一人进行领导，这就使监督失去了独立性。此外，企业的监督审核往往只针对会计账目，而忽视了企业内部管控制度完善与否、各个职能部门经营管理是否高效等其他内部稽查工作的开展。

三、企业管理创新的几点建议

1.加快管理体制创新步伐

怎样根据市场形势变化，及时调整企业经营方向和组织架构，是企业面对解决的一个急切创新问题。从社会发展历程我们可以得知，在复杂的环境当中，企业必须建立多种决策模式来应对外界各种突发情况，只有这样才能不断增强自身环境适应力。这就要求企业须树立强烈的创新意识，改革原本独立分散的管理组织结构，使各部门职能形成紧密协作、行动一致的经营管理整体，有效提高企业的经营效率。

2.创新人力资源管理体制

任何形式的创新活动，都离不开广大群众的积极参与和热情。在组织架构的设置上，很多企业都参考了政府机关单位的做法，将企业内部不同管理级设置成部级、厅局级、处级、科级、科员等。从实际情况来看，这种做法并不适合企业日常经营具体情况，并逐渐成为阻碍企业进一步提高生产效益的重要障碍。要解决这个问题，必须

紧密围绕企业实际情况，根据工作需要科学合理设置每一个岗位，并具体明确岗位责任和工作内容，赋予相应的责任和激励方案。为企业打造一个公平公正的用人机制和平台，充分发挥企业人才优势。

3.重视打造优秀企业文化

对大多数国内企业而言，企业文化还是一个相对陌生的概念。当前形势下的企业文化其实是速度文化，创新企业文化建设模式已成为当前企业迫在眉睫的问题。创新企业文化，一方面要对企业环境进行周密的分析与评价，另一方面要尽可能发动更多的企业员工参与到企业文化建设活动中来。

4.健全和完善企业财务管理制度

随着市场经济体制的不断完善和发展，企业只有不断改善自身服务质量，才能够赢得可持续发展空间和机会；只有紧密围绕消费者的切身利益开展经营活动，做好企业长期发展战略和规划，才能不断最大化企业经营利润，这也是企业财务管理工作的主要目标。构建健全完善的企业财务制度，主要是理顺产权关系、保证财政政策明朗稳定、促进企业财务制度与国际会计管理规则相一致。企业要不断优化自身资产结构，建立一套符合市场变化的高效经营决策体系和财务管理制度，不断提高财务工作者金融风险意识，提高企业资金编制预算、计划和执行的运筹帷幄能力，合理促进资金周转速度，促使资金使用效率最大化。

第四节　管理技术方法创新

一、技术创新的概念

企业在市场上竞争，必须要有自己的核心能力，提供的产品或服务往往依托所拥有的技术能力。自熊彼特提出创新概念以来，关于技术创新的探讨也是层出不穷，分别经历了20世纪50—60年代的开发性研究阶段、70—80年代的系统研究和80年代至今的综合研究阶段。从企业管理的角度来看，技术创新是指以技术活动为基础，经由概念形成、研究开发或组合，再到生产制造形成商业化推广，并最终对经济和社会产生效益的过程。

关于技术创新，有学者侧重于对技术的强调，认为非技术性的创新不在此列；也有学者认为产品和工艺的创新都应包含其中。无论广义或者狭义的对技术创新的界定，都涵盖两个本质特征。第一，技术创新是基于技术性的活动。技术创新的标志是"技术发明的首创性"，新产品、新服务和新工艺的应用，都源于此。第二，技术创新是技术与经济的结合。单纯意义的技术突破不足以对经济、社会产生深刻影响，技术创新的关键在于通过技术手段实现其商业化价值。广义与狭义技术创新概念的区分则主要聚焦于技术的涵盖范围以及关于渐进性与根本性技术变革的程度。

企业的发展史往往是企业的技术创新史，成功经营的企业会持续注重企业的技术创新，不断加强原材料的生产工艺，改善产品的加工工艺等，凭借技术的创新在提供产品或服务上筑造自己的核心竞争力，在激烈的市场竞争中占领一席之地。具体而言，技术创新包含了以下几个方面。

（一）材料创新

材料是实施技术创新的物质基础，也是构成产品的物质基础，同时也是为了改善产品质量或者降低经营成本，企业需要在材料创新上积极探寻。材料创新包括开辟新的材料来源、开发和利用替代性材料以及改进材料的质量和性能。具体的手段可以是寻找和发现已有材料的新性能和新用途，或者通过新技术与新知识的结合制造新的合成材料。

（二）工艺创新

以市场、技术、资源或其综合为导向的工艺创新，是企业通过研究和运用新的操作方式和新的工艺，进行生产制造的流程和活动。工艺创新可以提高企业的生产质量以降低残次品率，或提高生产效率、节约资源从而降低企业成本，又或者由于产品工艺独具特色而提高企业的销售数额。

（三）生产手段创新

生产手段代表着生产力水平的高低，生产手段创新指的是生产的物质条件的改造和更新，具体包含两个方面：一是运用先进的技术手段改造和更新现有的技术设备，以延长其寿命或提高其效能；二是将先进的科技成果转化升级为新的技术手段，代替传统设备的运用，使企业获得更高的效能。

（四）产品创新

创新作为企业的基本行为，其实质是要通过产品的创新来创造顾客价值实现营收，前面对材料、工艺和生产手段的创新最终都落地于对产品的创新。产品创新指依靠技术创新的方式来实现产品的升级或者新产品的产生。通过产品形式等的改变实现对原有产品的升级翻新，称为后向创新。相对应地，通过制造一种全新产品来满足市场和顾客需求的做法则是前向创新。

二、技术创新的过程

技术发展不断延续的同时，技术创新的过程也在不断地演绎和进化，对技术创新过程的描述也由单项技术逐步过渡到系列技术上。

（一）单项技术的创新过程

自技术创新理论进入研究者的视线范围以来，技术创新过程发生的普遍性规律被逐步归纳为五种基本的分类：简单线性技术驱动的技术创新过程、市场需求激发的技术创新过程、技术和市场结合共同拉动的技术创新过程、创新环节并向一体化的技术创新过程、内外部环境与要素系统整合化的技术创新过程。

1.技术推动模式

技术推动模式是最早对技术创新过程的描述，第二次世界大战后由英国经济学家阿罗提出，他认为科学进步和技术发明直接推动了技术创新的发生。这种模式认为，研究开发是创新的源头，创新主体拥有新的技术或发现并将之投入到企业的技术创新活动中，形成技术创新促进经济增长的模式。同时，这种模式所要求的技术研发通常需要较长的周期，不过技术推动模型遵循此种规律，一旦获得技术成功，就会对企业的创新管理产生巨大的影响，甚至引发新的技术革命，现实中不乏技术引发大量创新的实践案例。

2.需求拉动模式

20 世纪 60 年代中期，大量对技术创新的实证研究发现，大多数的技术创新并非技术推动引起的，客观存在的市场需求往往能够引发更多技术创新的发生，需求的拉动作用非常明显。这一模式的倡导者是施穆克勒，该模式认为市场需求和生产需求刺激了对技术创新的要求，节省原材料和生产成本以及对市场开拓的追求促使这一创新模式的产生。正是由于市场或生产的需求，促使企业不断进行研发，投入生产后能够产生较大的需求拉动，同时相较于技术推动，需求拉动创新的模式具有风险小、成本低的特点。

3.交互模式

上述技术推动和需求拉动模型都属于线性拉动，只是简单的前一环节对后一环节的刺激和引导。到 20 世纪 70 年代末，很多研究开始转向对两种模式的综合，认为技术和市场对技术创新存在交互引导和刺激的作用。事实上因为技术创新的复杂性，单一要素引发技术创新的实践是越来越少，技术进步和市场需求的共同作用推动技术创新过程发生的比例越来越高。这一技术创新模式的思路就是，社会的新的需求或技术诱发新构思的形成，进而对创新主体的研发、设计、生产、销售这一流程产生影响，最终形成技术创新的社会和经济效益。

4.并向一体化模式

无论是简单线性传递的技术模式和需求模式，还是技术和市场交互作用的综合模式，都过于强调技术创新的诱发因素，而对技术创新的过程关注度不足。20 世纪 80 年代后期，克莱因和罗森堡提出了链环模型，开启了对技术创新过程的研究。并向一体化的技术创新模式认为，技术创新的过程不是从一个职能部门向另一个职能部门的传递，而是在现有知识存量和基础性研究的基础上，设计研发、生产销售等不同的职能部门同时对新产品的诞生贡献力量，并通过加强部门之间的联系实现知识、信息向产品的转移，这一过程可重复进行直至新产品问世。

5.系统整合模式

并向一体化模式对技术创新过程的关注局限于组织内部，对组织外部环境和创新过程管理鲜有涉及。20 世纪 90 年代后期，罗斯韦尔等人提出了系统集成网络的创新过程模式。一方面，企业内部研发和销售部门对科技知识和市场需求的把握对创新过程的管理非常重要；另一方面，企业外部的客户、供应商、合作伙伴等利益相关者与企业这一创新主体之间的合作联盟等，促使信息在基础创新过程的传递更强有力。在涉及系统内外部整合的同时，企业也增强了对技术创新的过程管理。

（二）系列技术的创新过程

1.A–U 创新模式

继技术创新的过程研究之后，美国学者阿波纳西（Abernathy）与厄特巴克（Utterback）开始对技术创新的动态进行研究，形成 A–U 模式。A–U 模式认为技术创新包含产品创新和过程创新，前者是生产新产品的技术，后者则是生产新产品为节约成本所进行的投资。在产品生命周期的不同阶段，产品创新和过程创新发生的频率也不尽相同，技术创新的过程也由此划分为变动、过渡、稳定三个不同的阶段。

在变动阶段企业以潜在需求为目标，积极进行产品创新，产品设计变动频繁，创新频率较高，但由于工艺和生产组织的不完备产出效益往往较低。此阶段以产品创新为主，过程创新居从属地位。进入过渡阶段后，经过大量的市场实践和技术改进，产品设计基本趋于成熟，技术创新的重点也由产品创新向制造产品的工具、设备、材料、匹配的组织形式等过程创新上转变。在产品稳固的最后阶段，即产品生命周期的中后期，技术水平、产品性能以及配套的工艺手段都已经完备，企业创新开始着眼于进一步降低成本、提高质量和满足用户的差异化需求上。

2.逆 A–U 创新模式

在发展中国家或者以技术模仿为特征的国家，技术创新的模式往往呈现逆 A–U 模式。具体来说，由于原始技术创新的缺乏，这些后发国家的技术创新通常表现为引进、消化吸收、再创新的特征。

由于缺乏一定的能力基础，企业需要引进国外整套的技术装备和产品填补国内市场的空白，引进初期也往往面临技术使用、故障解决等技术支撑难题，因此引进后的迫切任务在于消化吸收成功技术创新的机制，促使本国企业能通过拆分、模仿形成自己的生产能力。

随着本国市场对产品性能的要求提高，企业开始着手实施技术的研发改进和升级。如果技术成功开发，本国企业在技术创新方面可以追赶甚至超越国际技术创新水平，后发国家直接晋级技术发达国家行列。

三、技术创新的管理

企业为获得竞争优势，往往对技术创新非常重视。而由于风险和不确定因素的存在，对技术创新及其要素的管理变得至关重要。

（一）技术创新的战略管理

技术创新的战略管理是指以技术创新作为出发点，结合企业内外部环境及其所在行业、市场的发展机会在战略层面制定的发展目标，匹配企业其他战略形成系统性的组织战略。技术创新的战略管理包含对创新水平和创新方式的选择。

1.创新水平

从技术创新水平来看，技术创新战略包含：引领行业的领先型技术创新战略、紧随其后的跟踪型，以及空白型技术创新战略。由于创新水平的战略制定不同，企业在市场中的地位也会不同。

领先型的技术创新战略：选择领先型技术创新战略的企业，一般具备较高的技术研发能力，企业通过自主研发在市场中获得领先地位，在技术和产品服务方面比竞争对于有着非常多的竞争优势。但由于技术创新和研发的成本与风险比较大，领先型的技术创新战略适用于实力雄厚、研发资源丰富的企业，或者处于成熟期的企业。

跟踪型的技术创新战略：领先型的技术创新战略对企业技术要求较高，一般有技术跟踪和吸收能力且有一定的经济实力的企业会选择跟踪型的技术创新战略。相比较而言，跟踪型技术创新战略的投资成本和风险较小，虽然不具备技术上的领先优势，但运用跟踪型技术创新战略的企业通常能在新技术和新产品出现不久后迅速地做出回应，在短时期内研制出同样的产品。再者，跟踪型的技术创新战略会使企业更加关注新产品的开发，凭借产品更加优质的性能、更低廉的价格进行市场营销。

空白型的技术创新战略：对于技术研发实力和经济能力一般的企业，凭借技术的优势在市场竞争中获胜非常困难，这一类型的企业具有基础的技术和市场机会的搜寻能力，利用现有市场的技术空隙进行创新以填补细分市场上的空白，巧妙避开高风险、高投资、高竞争的技术领域。空白型的技术创新战略适用处于生存期的企业或者行业的新进入企业。

2.创新方式

企业进行技术创新的方式有独立创新、模仿创新、协同创新、引进创新。作为创新主体的企业，根据组织的内外部环境和技术创新的战略定位选择匹配的创新方式。

独立创新：独立创新是指企业凭借其拥有专利或知识产权的技术并在此基础上实现产品价值创新的活动。独立创新对企业拥有的财力和研发能力提出双重要求，高质量的研发团队使企业在技术开发上能够形成比较优势，而经济实力的支撑能够保障企业技术创新过程的连续和顺畅。

模仿创新：通过模仿进行的创新活动，包含仿制模仿和改进模仿。仿制模仿是对市场上现有产品的完全复制；改进模仿在模仿的基础上对产品进行再创造，超越原有的技术和生产水平，并在产品的外观、性能、成本等方面有所改进。模仿创新的优势在于技术投入的风险低，但同时也面临技术领先优势不足的劣势，尤其是新进高端技术的仿制并不容易。

协同创新：协同创新是指企业与企业、政府、科研机构、中介或用户以合作方式实现技术突破和创新的整合方式，从而达到知识增值的目的。协同创新的最大效益在于通过不同组织之间的资源整合，形成一种资源互补，从而加速技术的推广应用和产业化，市场上常用的产、学、研结合便是典型的事例。

引进创新：企业为追赶先进技术有效把握市场方向，通过逆向工程（逆向工程是根据已有的东西和结果，通过分析来推导出具体的实现方法）手段获取专利或技术，通过消化吸收再创新的方式进行创新。技术研发能力相对落后的国家或企业通常会采用这种创新方式，因为引进创新可以在短期内掌握甚至超越原有的技术，节省大量研究经费的同时弥补技术上的不足，是更为有效的创新方式。

（二）技术创新源的管理

企业技术创新的源头可能来自组织内部的工作人员，也可能来自组织外部的用户、供应商或制造商等。创新源管理的意义在于它既是创新信息的来源，又提供了关于技术创新最初的设想构造和产品原型，对创新源的管理可以促使企业持续不断地创造、利用和扩散新技术。企业实施技术创新要综合考量内外部环境的因素，积极吸收寻找潜在的创新源头，利用网络信息以及与相关方直接接触等途径搜寻信息，对创新信息进行分类筛选，挑选有价值且有实践操作性的信息进行创新实践。

1.企业内部的创新源

企业作为创新主体，很多关于技术和产品的创新理念来自企业内部的员工，尤其是与用户接触的一线营销人员，能直接将客户的需求和诉求反馈给企业，用于技术和产品的研发和升级。同时，企业的研发、管理人员等也会通过不同的信息渠道获知关于技术创新的新思路和新理念，将其反映到企业提供的产品和服务中。

2.企业外部的创新源

根据创新目的的不同，企业外部的创新源可分为用户创新源、供应商创新源和制造商创新源。

用户创新源：用户是产品和服务直接的体验者，在自我需求的满足上更有发言权，也往往成为创新的源头，比如，用户根据自己需求改善的产品性能或者直接制造出的新产品。对此，企业应与客户建立起积极的信息沟通交流渠道，将用户的产品意见及时吸纳整理，融入新产品的研发中，甚至可以采用与用户同时制造新产品的模式。如此，企业可以更直观有效地把握市场的需求，确定市场的需求趋势和技术发展趋势。

供应商创新源和制造商创新源：作为企业下游的供应商和制造商能够直接形成技术创新或通过信息影响促进企业实施技术创新，因而企业要寻找和发现供应商和制造商的创新推动因素，为本企业创新创造条件，或者积极与供应商、制造商合作，发掘创新的机会，在互补关系中形成更有效的衔接，开发技术创新的领域。

（三）技术创新的组织模式

技术创新需要借助一定的组织模式对其成本、周期及商业化推广的效果进行管理，根据管理范围的不同，将其分为组织内的职能制组织模式、以创新为职能新设的项目式组织模式以及跨越组织边界的网络组织模式。

1.职能制组织模式

企业有其固定的组织结构模式，技术创新的开展实施需要依据不同的组织模式进行安排以契合技术创新的管理要求。对于按照职能制划分组织部门的企业，信息传递以纵向为主，横向跨部门联系较少，此类企业的技术创新活动应采取"阶段分工、有序接力"的方式；对于按产品、地区和顾客类型划分部门的企业，应进行总部和分部的技术创新区分，分部的创新依然是专业分工、协调接力的方式。职能制组织模式要求各职能部门按照技术创新的支持要求分工协调、各司其职，如此专业化的程度比较高，但同时面临部门之间沟通协调的难题。

2.项目式组织模式

项目式组织模式打破了传统职能部门之间的界限，以创新项目组为单位统一进行资源的调配，在项目经理的统一指挥下来自不同专业分工的成员分别从事研究、设计、工艺、生产、销售等工作，共同进行技术创新活动。项目式组织模式有利于使成员彼此之间的信息沟通更加通畅，技术创新的灵活度弹性更大，但由于是临时性组织，成员的组建、经验的传承、项目组的管理和资源调配会存在困难。

在企业中，新产品或者新技术的开发一旦实施成功，一般交由事业部负责运营管理。但在大企业内部还存在项目部升级为企业内的情况。项目组完成技术设计后，为避免团队成员整体脱线单独开拓事业的局面，也为了保持原有项目组的创新优势，企业会将其设立为企业内相对独立的小企业，组织关系上隶属于大企业，在经营管理上却有着更大的独立性。

3.网络组织模式

随着企业发展，组织的边界会越发淡化，尤其在技术创新方面，会超越企业的实体界限，借助互联网的虚拟空间组织不同国家和地区、不同技术专长的人进行联合，实施技术创新活动。网络组织模式的优势在于不受传统实体组织的限制，在互联网平台上共享彼此的创新想法，不同的技术专长会促使成员之间碰撞出更多的创新火花，及时有效地反馈能确保技术创新以最经济高效的方式完成。不足之处在于各成员的独立性、缺乏实体的面对面接触，会导致成员之间的协调比较困难以及项目进度的把控难度非常大。

第四章　跨文化管理

第一节　跨文化管理的内涵与作用

一、跨文化的概念

关于跨文化，流传着一些笑话、趣谈和传说。其中一则笑话是这样的：一座国际公寓发生火灾，里面住着犹太人、法国人、美国人、中国人和日本人。犹太人急急忙忙搬出他的保险箱，法国人则拖出他的情人，美国人先抱出他的妻子，中国人则先背出他的老母亲，日本人则先把丈夫拉出来。

从这则笑话中，我们可以读到跨文化含义的多样性。那么什么是跨文化呢？跨文化是相对于"同文化"而言的一个概念。跨文化，又称"交叉文化"，是指具有两种不同文化背景的群体之间的交互作用。换言之，当一种文化跨越了不同的价值观、宗教、信念、沟通模式、习俗等不同精神文化时，就称为"跨文化"。当然，跨文化中也存在着相同的文化点，如中西方青年对情人节的追捧、对牛仔裤的喜爱等；同文化中也存在差异，如一个国家内不同的文化差异、不同企业的文化差异等，称为"亚文化"。

二、跨文化管理的含义

跨文化管理又称为"交叉文化管理"（Cross Cultural Management），是指企业经营过程中，通过克服不同异质文化之间的差异，在此基础之上重新塑造企业的独特文化，从而形成卓有成效的管理过程。它是对涉及不同文化背景的人、物、事和产、供、销进行灵活变通的管理，包括在不同的文化背景下设计出切实可行的组织结构和管理机制，妥善处理文化冲突、融合，给企业带来的竞争劣势和优势，从而最大限度地挖掘员工的潜质和实现企业的经营战略目标。

消除文化的差异是跨文化管理着力解决的核心问题。文化差异可能来自沟通与语言的理解不同、宗教信仰与风俗习惯迥异、刚性的企业文化隔阂等诸多因素。跨文化管理目的在于在不同形态的文化氛围中设计出切实可行的组织结构和管理机制，在管理过程中寻找超越文化冲突的企业目标，以维系具有不同文化背景的员工共同的行为准则，从而最大限度地控制和利用企业的潜力与价值。

全球化经营企业（跨国公司）经营和管理的全过程涉及不同文化的矛盾和冲突，不可避免地面对跨文化管理之问题。在这些企业内部，不同文化背景的管理者有不同的管理方法、技巧和经验，不同文化背景的员工有着不同的语言、教育、宗教信仰，而且文化差异会导致不同的工作态度和追求，因此，进行跨文化的有效沟通、协调和管理，直接影响着企业内部运作的效果。在企业外部，跨国公司既要满足不同文化背景的消费者的需求，还必须适应东道国的风俗习惯、法律制度等条件。由此可见，全球化经营企业只有进行了成功的跨文化管理，才能使企业的经营得以顺利运转，竞争力得以增强，市场占有率得以扩大。

第二节　跨文化组织管理

一、组织视角的跨文化研究

一些学者将跨文化管理的关注点放在"组织"，尝试基于组织行为理论和组织理论，从"文化对单一变量的影响"的研究，逐步转向"多变量、多层次"的研究。基于组织视角的跨文化研究主要分为两类：一类是研究跨文化情形下，多个组织行为变量之间的关系；另一类是将"文化"这个元素放在"组织"的框架内来进行研究。

在第一类研究中，Carroll 通过定性研究方式，研究了俄罗斯企业中组织发展专业人员对组织发展的认识和理解，从人员（People）、数据（Data）、交付（Delivery）三个纬度对比俄罗斯与美国专业人员对 OD 的不同理解；Keng 通过对中国台湾企业外派经理以及美国员工的调研以识别中国台湾外派经理的跨文化学习需求。研究发现，诸如母公司对分支机构的组织支持和承诺、沟通以及权力斗争等组织文化特征是决定外派经理跨文化学习需求的决定因素；Cheong 使用商业领导力量表对韩国和美国企业管理者在价值观、文化、领导力、组织发展以及国际化等方面进行对比分析。研究发现，两组调查对象在价值观、文化、组织发展以及国际化等方面存在显著差异；而在领导力方面不存在显著差异。

英国学者 Nigel J.Holden 是第二类研究的典型代表。Holden 将文化看作一种组织资源和核心竞争力要素，并从学习、知识与经验转换及共享的视角来分析跨文化管理。另外，加拿大学者 Peter Killing 指出合资企业难以管理的原因不在于外部，而在于内部；并认为在合资企业中，最主要的是建立一种关系，使来自不同公司、不同文化的人们能够一起共同工作；Paul W.Beamish 对发展中国家的经营管理进行了深入的分析。他认为，合资双方的需要和承诺是合资企业取得成功的先决条件，由于充分尊重了双方的需要和履行各自的承诺，企业才能取得令人满意的经营成果。

二、莫朗的跨文化组织管理理论的内容

1.什么是莫朗的跨文化组织管理理论

莫朗的跨文化组织管理理论是指莫朗在《跨文化组织的成功模式》及《文化协和的管理》中提出的理论。

2.莫朗提出了在跨文化协同管理中，文化一体化的功效指标，莫朗认为：

（1）文化一体化是一个动态过程；

（2）在这个过程中总包含着两种经常被认为相反的观点；

（3）文化一体化具有敏感性；

（4）文化一体化意味着对发自他人资讯的解释；

（5）具有适应性与学习性；

（6）协同行动，共同工作；

（7）群体一致的行为大于各部门独立行动之和；

（8）拥有创造共同成果的目标；

（9）具有协同效应，即 2+2>5，可是，由于跨文化障碍，其文化协同方程可能为 2+2<4，但只要不是负数，就是获得了成果；

（10）对其他不同文化组织的透彻理解；

（11）文化一体化并非单方的妥协；

（12）文化一体化是指基于文化推动而做出的行为；

（13）文化一体化是多文化组织为获得共同目标而联合努力的过程之中的必然产物。

第三节 跨文化产品管理

随着全球化进程的深入，产品也加速了跨国际的输出，这要求产品在跨文化传播时要以他国的消费者为导向，取得深度的文化认同。而产品造型作为产品的符号系统承载着文化交流的使命。不同国家由于其文化和价值观的不同，会产生特定的产品造型诉求，同时消费者对于造型符号的解读也与其深层次的文化因素相关，这些构成了产品传播的语义环境，决定着产品造型所承载的意义能否被正确的解码。

20 世纪下半叶，随着全球化，特别是经济全球化进程的不断加速，随着高新技术革命，特别是信息技术革命的愈演愈烈，随着工业型社会向服务型社会的过渡，文化产业的发展

出现了规模化、垄断化、跨国化等一系列新趋势，因此，文化产品的跨文化传播也成为历史的必然。它既给全球文化带来了日益频繁的融合，又难免给国家文化安全造成一定的威胁。在全球化背景下，如何应对文化产品的跨文化传播，确保本国文化安全，这是当前各国政府都必须认真对待的问题，而文化产品的多重属性与综合功能，使得这一问题显得相当复杂棘手。这就需要我们首先要了解文化产品在跨文化传播过程中文化渗透的意义、接受的方式及特点，认识到"文化帝国主义"和"民族保护主义"的偏颇，比照西方发达国家成功的文化产业管理模式，提出我们的应对策略。

一、文化产品跨文化传播的方式及特点

文化产品的传播归根结底是一种文化符号的传播，在不同的时间和空间下，不同的个人对同一符号的解码方式也是不同的，世界的无限性和符号的有限性决定了传播出现意义偏差的必然性。在传播过程中，传者和受者互为传播过程的主客体，他们执行着相同的功能，即编码和解码功能。所谓编码，就是将意义或信息转化成符号的过程，也就是用语言把意义表达出来。所谓解码，就是将符号还原为信息或意义的过程，也就是理解所接受语言表达出来的意义，传播的过程就是对信息或意义交替反复进行编码和解码的过程，符号是决定传播过程的核心因素。

文化学家指出，符号是文化的产物，是社会习得的结果，代表了经验与传统，因而为社会群体所共有，但符号本身具有抽象性和片面性，用有限的符号来指代无穷的世界，难免造成理解层面的不确定性。语言的线形特征让其只能表达事物的某一方面而排斥其他可能，"任何一套符号都不能把一个人的全部感觉和内部的所有活动表达出来"（施拉姆、波特，1984）。因为编码、解码的行为不完全是个人的活动，这是由语言符号的社会性所决定的。一方面它受个人世界观、价值观、知识范围、经验等因素的制约，另一方面也受其所在社会、文化环境的制约。文化产品要进行跨文化的传播，必须对所要传播的意义进行编码与解码。

对于文化产品的编码和解码研究表明，无论文化产品呈现什么样的意识形态，观众读解的意义未必是制作者的初衷。传播心理研究也表明，受众"个体"具有各自独立的认知系统，他们会对媒介信息进行自我建构，也就是多维性解读。因此，在传播过程中，媒介应当允许受众对媒介内容进行不同方式的解读。这一理论假说使受众的主体地位得以实现，掌握了接触和使用信息的主动权，从而彻底改变了传统理论中受众被动盲从的形象。

二、文化产品的跨文化传播与保障文化安全策略

就当前文化产业发展的现状而言，以美国为首的西方发达国家由于其优势的传媒体系和文化产业，促使文化作为一种商品源源不断地向发展中国家输出，其中又必然伴随着价

值观念与意识形态的渗透与传播。因此，经济全球化所构建的世界舞台，不仅仅是一个国际贸易的自由市场，它还是一个文化意识激烈碰撞的场所。文化通过国家之间商品交易的渠道，如同"特洛伊木马"一般悄悄地从政治经济大国进入弱势国家。我国与西方发达国家之间巨大的文化贸易逆差不仅使中国人的文化消费发生了明显的倾斜，而且还使中国的文化面貌出现了一定程度的模糊。因为这些文化产品都强烈地表现出西方的社会文化，反映了西方社会的价值观念和生活方式。在当代及未来很长一段时间内，美国作为唯一的第一世界国家，在政治和经济上具有无与伦比的强势，再加上中美之间的利益冲突和意识形态差异，因此，中国必然要在文化上面对来自美国的冲击。面对这一挑战，我们应理智地加以分析，既不能盲目悲观，也不能盲目乐观，而是要冷静、理智地提出我们的文化安全策略。

第四节　跨文化营销管理

一、跨文化市场营销的产品策略

1.产品设计与包装。不同国家的消费者对产品的款式、功能、容量等有不同的要求，不同的文化品位要求公司改变产品特征才能取得成功。海尔在美国的成功产品——"飘威酒柜"，它完全是根据美国本土消费文化而量身定制的。欧美国家的消费者，特别是上流社会人士，主要喝葡萄酒。葡萄酒不仅对酒具和酒柜要求高，而且饮酒和贮存过程对温度的要求特别严格。欧美人士饮酒，不仅是享受，也是交际的需要和生活品位的体现。从葡萄酒消费中嗅到巨大商机后，海尔的设计人员从组合厨具中把嵌入式酒柜挖出来，设计了一款放在起居室里的独立式新型酒柜，一投放美国市场就大受欢迎。不到两年时间，海尔酒柜从一个产品发展到12个系列，该产品在美国酒柜市场获得了巨大的成功。此外，产品及其包装的颜色和图案的选择也是一个很重要的问题。同种颜色、图案在不同的地区可能代表不同的甚至相反的意义，因此在国际经营中一定要慎重选择。

2.品牌塑造。品牌可以确认产品和服务，通过品牌传递信息，品牌还是具有法律效力的财富。全球化品牌具有极高的认知度，但是不同的文化具有不同的品牌忠诚度。这主要是因为不同文化有不同的语言，而同一品牌在另一种语言中的发音甚至谐音将会导致意义的改变，出现一种消极的甚至有害的意义，从而影响产品的销售和推广。美国美孚石油公司历时3年，花费1亿美元，访问了许多专家，调查了55个国家，100种以上语言，检查了15000个电话记录，编写了10000多个备选名称，动用了心理学、语言学、社会学、统计学等各方面专家，最后决定从原来的"ESSO"改为"EXXON"，用两个X图案表示，容易拼读，容易记忆，在任何语言中都不含贬义。因而很快脱颖而出，成为世界名牌商标。有时品牌可以代表一种异域文化，对消费者产生巨大的吸引力。中国的"美国加州牛肉面"连锁店，让人感觉很有美国风情，生意也很好。事实上经调查，美国加州根本就没有这个连锁店，甚至牛肉面也不是加州的特产。该品牌的创始人就深谙国人的这种对外国文化的偏好，让自己的牛肉面在名字上就技高一筹。很多著名的品牌代表了当地的文化，甚至成了该国的代名词，这也是所谓的地域心智资源。如麦当劳、肯德基象征着美国高效率、快节奏的文化，同仁堂代表了中国的传统中药，茅台酒代表了中国白酒等。

二、跨文化营销的定价策略

定价是受诸如成本差异、需求条件和国家法律等因素的影响。通常的定价方法包括成本法、市场法（根据市场情况和竞争对手的情况的制定价格）、以需求为基础的定价法和利润法。每一种文化对定价策略以及方法的应用都有其文化偏好。价格的最终决定因素也许与成本无关，产品的形象和质量以及所在的文化也许将成为主要决定因素。不同的文化里，消费者对价格的敏感程度是不一样的，例如，日本市场，对价格变化的需求弹性小，人们对价格是不敏感的。而且，收入、文化习惯和消费者偏好在国与国之间是不同的。因此，在不同的文化面前，不同的价格也许会被接受或拒绝。在跨文化营销中，国内企业所惯用的低价策略并不一定是行之有效的。2009 年 9 月，中国海外联手三个合作伙伴，以 4.5 亿美元的竞价赢得华沙和柏林之间的 A2 公路 30 英里路段的建设权，价格是波兰政府预估成本的一半左右，结果中国海外严重低估了成本，导致工程停工。2011 年 6 月，波兰政府炒掉了中国海外，聘用欧洲建筑商来完成公路施工。由于中国企业习惯低价中标，中标后再和业主慢慢磨价格，这套在中国屡试不爽的方法在严格按合同办事的波兰彻底失效，中国海外"赔了夫人又折兵"。

三、跨文化营销的渠道策略

分销渠道是指商品从生产商到最终用户的通道。对于生活消费品而言，渠道比工业产品要长，在抵达零售商和最终消费者之前一般需要有 1~2 个层级的批发商。中间商具有生产商所没有的且不愿做的功能，他们提高了营销过程的效率。国际分销渠道成员是很多的，分销商、代理人、委托机构、进口商、交易商、批发商、贸易公司、合作出口商、国有贸易公司，还有特许经营和合作伙伴的纵向营销体系。由于分销渠道主要用来劳动划分，因而渠道间的关系也应反映所属的文化价值观。世界各地的分销商有着很大的区别。发达国家的中间商规模一般较大，对这些具有全球性的商业中间商和零售商而言，他们和地方性的商业企业在竞争中具有较大优势。通过这些大的国际性的分销商，利用他们通畅的产品销售渠道，产品可以迅速国际化扩张，如国际零售业巨头沃尔玛和家乐福。然而在一些发展中国家，分销体系是以较小的中间商为特征的，存货量较少，单位成本比较高，分销运作缓慢低效。海尔美国公司建立后，海尔把突破的重点放在了有影响力的大连锁店上，如全球最大的连锁超市沃尔玛、全美第一大连锁店西尔斯。目的很简单：与国际名牌同台竞争，树立中国工业产品优质优价的品牌形象。凭借着优质创新的产品，目前全美十大连锁超市中已有 8 家销售海尔多类产品，而且海尔进入的是大连锁的全球采购系统，这意味着海尔已经走进美国主流市场。

四、跨文化营销的促销策略

促销包括除了广告、个人推销和公共关系以外的其他一些促销方式。常见的促销方式有优惠券、彩票、游戏、竞赛、降价、展示、赠送、象征性优惠、奖品、样品、现金返还、赞助活动和赠品交换券等。人们对促销工具的不同偏爱是文化差异的直接体现。在大众媒体覆盖面较低的地方，促销效果往往不佳。因此，促销的运用往往需要借助于目标零售商的经验。经验表明，在国内取得成功的促销方式在海外不一定同样有效，因而为促销制定国际标准是很困难的。每一种促销方法都有其适用性，而且各国对促销方式的限制不同，此外，由于法律的不同，采用竞赛和彩票的具体情况是很复杂的。因此，在跨文化促销中，与促销工具有关的主要影响因素是法律因素和营销的成熟度。广告是国际营销中的关键工具，一个广告要在国外取得成功需要做到以下几点：广告信息对于当地人们的经验必须是有意义的；广告信息必须与目标观众的期望产生共鸣；广告信息必须没有冒犯敏感问题；理解当地文化对广告的影响，不要认为一个成功的广告在任何地方都有效；当广告目标随市场的不同而变化时，定制广告时必须考虑文化因素；清晰设定目标市场的目标消费者等。

第五章　数字化管理

第一节　数字化的内涵与作用

一、数字化的含义

"数字化"一词产生于20世纪70年代，英文为digitization。所谓数字化，就是在国民经济部门和社会活动各领域采用现代信息技术，充分、有效地开发和利用各种信息资源，使社会各单位和全体公众都能在任何时间、任何地点，通过各种媒体享用和相互传递所需要的任何信息，以提高工作效率，促进现代化的发展，提高人民生活质量，增强综合国力和国际竞争力。简单地说，数字化就是指信息在经济活动中广泛被采用的过程，在技术层次上体现为信息技术的推广和使用，在知识层次上体现为信息资源的开发和利用，在产业层次上体现为信息产业的增长。经过几代人的传承，"数字化"这个词已经在全球范围内被广泛使用也得到了人们的赞同，可以说"数字化"是一个代表全球化、具有鲜明时代特色的象征。联合国教科文组织出版的《知识社会》中就对数字化做出过解释："数字化既是一个技术的进程，又是一个社会的进程。他要求在产品或服务的生产过程中实现管理流程、组织机构、生产技能以及生产工具的变革。"这个经典阐述不仅说明了数字化代表了科学技术的发展，而且也是一个社会发展的产物，是一个社会在发展变革当中必不可少的。一方面，数字化在一定层面上代表了这个时代的生产力，因为数字化意味着有新的技术和更加便捷的生产工具的出现，生产力因此而得到提高；另一方面，数字化还会导致生产关系的变革，数字化下新思想、新技术、新设备的出现，必然要求对原有的组织流程和管理方式进行改变，促使其进入到一个更加理想的发展轨道。

数字化是人类社会发展阶段中一个更高级的阶段，我们比较熟悉的可能就是数字化所带来的数字化，它与人们的生活和工作息息相关，为我们创造了一个数字世界、虚拟世界，不管是文字、数据、图片、视频、语音等都可以在这个虚拟世界中发挥巨大的作用，我们既可以将现实社会映射到虚拟世界，又可以将虚拟世界经过加工、整合转换为现实社会，两者互为交换，相互补充。其实，数字化可以有很多分类，按照数字化所牵扯到的领域可以分为宏观数字化和微观数字化。宏观数字化包括国家数字化，是指国家在工业、农业、国防等各个方面的数字化建设；产业数字化是指在制造业、金融业等现行主要行业的数字化；社会数字化是指在教育、医疗、文化等方面的数字化。微观数字化就是我们接下来所要研究的企业数字化，在这里，下文中所讲的数字化主要就是指企业数字化，研究的问题就是企业数字化与管理之间的关系。

企业数字化还没有一个公认的定义，有观点认为企业数字化是企业运用信息技术和先进管理方法对企业产品进行再设计，对产品生命周期进行优化，包括对产品需求和市场结构的分析、品牌的策划、产品的细分、研发等，以使企业对市场的适应性和把握性更强，并最终赢得市场。我们认为这种观点不够全面，企业数字化不应该只关注产品，企业数字化应该是以最先进的理论为指导，在企业的生产、经营、管理中综合运用现代化信息技术，最大限度地把企业内外的各种资源调动起来，提高企业的生产、提升企业的经营能力、变革管理，促进企业的组织重构、业务重组，实现企业的数字化运营，获得高的经济效益和核心竞争力。企业数字化具有以下特点。

1.数字化是以管理为基础的，而不是以信息科学技术为根本的，通常所说的网络技术、高科技等都是实现数字化的手段，组织的领导者应该区别开什么是本什么是末，让数字化更好地促进管理。

2.数字化所包含的内容是不断变化更新的，因此数字化对于管理的作用也是随时改变的，管理思想和管理方式要随数字化的更新而更新。

3.数字化在管理中的一个最重要的作用就是实现信息的共享，通过数字化独有的特点把组织所需要的信息准确无误的传送到领导者手中，领导者再对传送来的信息进行分析和整合，为组织做出正确的决策。

4.数字化建设是一项全面的、系统的工程，牵扯到管理的各个方面，无论是计划、组织、领导、控制等都会涉及，而且包括组织战略、财务、客户关系等方面，领导者要综合协调各个方面，实现组织内外有机的结合。

数字化与管理各方面结合，主要表现为几种典型的形式。数据数字化，组织不仅可以把组织内部的经营数据、盈利水平、费用控制以及人事资料、规章制度等的信息输入电脑，还可以把市场调查、产品定位分析、竞争对手预测、供应商信息等企业与外部的联系状况存入电脑，实现数据的网络化和云存储；生产过程数字化，是指把先进的信息技术应用到企业的生产制造过程中，用智能化、自动化控制生产系统，解脱以往主要靠人来操控的系统，这样不仅能够提高生产效率，而且产品的标准化和质量也提高了；设计数字化，主要是指对产品和组织流程的设计，如现在比较普遍使用的计算机辅助设计（CAD）系统，实现了产品网络化虚拟设计，既节省了成本又可提高设计的质量；市场经营数字化，数字化的时代打破了传统的企业经营地域性的限制，特别是电子商务的兴起，企业可以通过网络平台与世界各地的商家合作，拉近了企业与客户的距离，企业可以通过客户的反馈及时对经营方式和产品等做出调整；管理数字化，这是一个向管理要效率的时代，那么管理除了要以先进的理论为指导外，必须实现数字化，从根本上解决效率问题，比如组织可以应用辅助决策系统（DSS）、企业资源计划系统（ERP）以及供应链管理系统（SCM）等，提高决策水平，真正实现从管理中提高效率。

二、数字化的作用和影响

21世纪是数字化的时代，它以自己独有的方式发挥着巨大的影响力，它所采用的高科技技术冲击改变着原有的社会运作模式，融入了社会生活的方方面面。对于一个企业或者组织来说，影响力更是前所未有的，它改变了企业之间的竞争方式、物资流方式、资金筹集运作方式，经营销售模式甚至是人员招聘、培训的渠道，促使组织不断对竞争战略做出调整，适应新的变化。经过归纳总结可以把数字化的影响分为对组织外部环境的影响和组织内部环境的影响，而数字化的作用主要是在推动组织发展中所体现的。

（一）数字化对组织外部环境的影响

1.数字化环境的形成

数字化的发展，尤其是网络的发展，使人与人之间变得越来越近，世界变得越来越小。同时，企业所面临的竞争也在无形中被变大，大多数企业已经接受了数字化时代的竞争，投入到数字化建设当中，这也促进了数字化环境的形成。他们已经认识到自己所处的不仅是经济环境，而且是数字化环境与经济环境相结合的统一体。

2.行业竞争结构的变化

波特的五力模型给出了决定一个行业竞争程度的五种因素，分别为现有竞争者的竞争、潜在进入者的威胁、替代品的威胁、买方讨价还价能力和卖方讨价还价能力。这五种因素的影响越大，行业的竞争程度越大。数字化既给企业带来机遇也带来挑战，机遇是企业可以利用数字化增大自身的竞争力，挑战是在数字化下对于以上几个因素的作用力无疑被增加了。信息的传递和共享，使各个行业的整体透明性越来越高，竞争者与潜在进入者都对市场有了更深的把握，随时根据市场和对手的变化采取应对措施，很多企业面临被淘汰的危险。另外，客户和供应商也在随时观测整个行业的动向，信息传递越来越对称，增大了他们讨价还价的能力，企业由利润主导逐渐转向顾客主导的经营方式。

3.外部需求行为的改变

数字化已经是大势所趋，网络已经走进寻常百姓家。电子商务的兴起不仅给企业带来新的发展机会，也极大地方便了人们的生活，网络已经不再是年轻人独有的标签，已经成为大多数人生活的必需品，他们已从传统的消费方式转变到网络消费方式，需求行为发生了很大改变。

4.组织间合作方式的改变

数字化为组织合作开辟了新的渠道，组织间的交往不再只是靠签订合同、线下沟通洽谈，通过线上广泛的信息流，组织更容易找到自己合适的合作对象，以虚拟组织的方式存在，既简化了流程、缩短了交易的时间，又可以更快地把自己的价值链延伸到其他合作组织当中。

第二节　数字化企业内部管理

一、数字化与管理决策

（一）现代管理决策面临的挑战

从管理者的角度来说，决策是其管理工作的最核心的、基础的工作，作为一名管理者无时无刻不在与决策打交道，从计划的制订开始，管理者就要在众多的方案中选择正确的组织目标和组织战略，然后设计组织结构、决定人员安排，在行动中决定是否要对员工进行激励以及激励方式的选择，事后还要决定采取的反馈方式和改进方法等，可以说管理者一半以上的时间都是在做大大小小的决策。因此西蒙说"管理就是决策"也是有其道理的。然而数字化时代给决策带来了更多的要求，对决策的质量和速度都有了更高的标准，现代管理决策主要面临的挑战如下。

1.决策要求的质量更高

传统的决策质量相对比较低，决策的方式也比较粗放，不管是对决策前的市场调查还是决策时的数据分析，都相对比较模糊，不够具体，方向也不是很明确。数字化下各个组织和企业对市场的行情和自己产品的定位都有了更深层次的了解，那么必然对起着至关重要作用的决策提出了更高的要求，决策不应该只是管理者自己的事情，而应该集聚所有组织人员的智慧，改变以往以组织经济利益为前提的决策标准，更多地考虑长远战略，建立起以品牌为中心、以客户为主导的决策标准，努力提高决策的质量。

2.决策涉及的因素更多

决策本身就是一个涉及多方面因素的行为，就如平常去商场买一台电冰箱一样，在买之前你先要去不同的商家询问，要考虑这几个商家的位置是否方便自己，然后要考虑电冰箱的价格高低、是否省电、容量大小、制冷能力、售后服务等，还要向自己的亲朋好友咨询建议，最终综合各方面因素决定是否要买。在数字化下，这个小例子当中要考虑的因素可能还要有是否能够自动控温、开关门能否感应开灯、能否遥控等，充分说明了数字化导致决策要考虑的因素增多。对于一个组织来说更是如此，数字化下资源更加丰富、信息更加复杂，做出一项正确的决策要参考众多的因素。

3.决策速度要求更快

现在的社会已经不是"大鱼吃小鱼"的时代，而是"快鱼吃慢鱼"的时代，一个决策缓慢行动迟缓的组织早晚是要被市场淘汰的。以往对于信息的搜集、数据的分析明显过于缓慢，而面对筛选出来的众多可能性方案，又要经过漫长的验证和预测才能确定最后采取哪一种，即使这样能够得到最佳的方案，但是等到实施时可能外界情况又发生了变化或者别人早就抢先自己一步赢得了市场，这样的决策是没有用处的，组织事事落后于别人，缺乏自己的判断力。所以在保证质量的前提下，迅速做出决策是关键。

4.决策失误的代价更大

现代管理的各个职能之间已经形成了有机的结合，计划方案的制定往往和组织流程的安排同时进行，企业当中的采购、生产、销售、服务变得越来越密切，某一环节出现问题会带来连锁反应，迅速波及其他环节。而且由于各方面执行的速度都很快，一旦决策命令下达之后，整个组织可能都运作起来了，如果这个时候发现决策失误，那么修正决策就意味着改变整个组织的行为，所造成的损失可能是以前的几倍，所以决策失误所带来的代价是非常大的。

（二）数字化对管理决策的影响

管理决策的做出是依赖所搜集到的信息，搜集信息的速度快慢以及信息质量的高低将直接决定所做出的决策的水平。一个搜集信息迟缓，信息质量良莠不齐的组织，是很难做出高质量决策的，要想保证信息的有效性和质量必须借助于数字化的工具。同时，借助于数字化来做出管理决策，改变了以往的那种决策做出的方式，管理者更多地依靠科学的、民主的方式，通过数字化的管理系统帮助做好决策，数字化对管理决策的影响主要表现为以下几方面。

1.数字化对管理决策的预测导向作用

数字化对管理的预测导向作用主要体现为电子计算机能够汇聚大量的信息，通过对这些信息进行有针对性的筛选、整理、综合，找出那些对企业做出决策有帮助的信息，在进行决策时通过综合筛选的信息对决策的结果进行预测，提前预知达到的目标是否符合既定的要求，在决策中遇到难以选择的问题时，还可以把信息转换为数字、图表等直观性的内容，可以对决策起到引导和促进的作用，尽量做到胸中有数，避免盲目性和主观性造成决策失误。

2.数字化对管理决策的验证改进作用

组织不可能一开始就能够做出所有的决策，也不可能保证所有的决策都是正确无误的，那么就需要在组织运行中随时检查决策的正确性，确保组织按照最初的意愿运行。数字化所带来的庞大信息群，不仅可以持续不断的搜集、监测市场和组织运行的情况，还可以快速准确地将信息反馈给组织，为组织提供许多有指导意义和参考价值的信息，决策者通过将这些反馈信息与之前预测的情况进行对比，来验证当初的决策是否正确，对决策中存在的问题和模糊的地方进行改进，完善管理决策，然后再实施改进后的决策，投入到下一轮的验证、改进当中，这是在数字化背景下对管理决策质量的重大提升。

3.数字化对管理决策的稳定、连续作用

数字化时代相对于传统时代来说在提供信息方面更加完整、全面，一般不会因为信息的缺失而导致决策的不稳定性。虽然数字化导致管理决策所考虑的因素变多，但是同样也使做出的决策更具有针对性，这样的决策一经做出，就会转入到对决策的信息跟踪阶段，特别是对于影响决策的关键因素，通过及时的反馈，避免组织运行出现大的动荡，确保了管理决策的稳定性和长期连续性。

4.数字化使管理决策低成本、高效率

数据和信息将在企业的发展中起到越来越重要的作用，数字化时代、大数据时代的到来使企业能够把足够多有用的信息和数据保存起来，对它们进行归纳整理、分门别类的存储，而且强大的搜索功能能够迅速精确地找到所需要的信息，为管理决策的做出节省了大量的人力成本、时间成本。同时，对于一些程序化决策，通过计算机程序的运行可以完美实现，减少了决策者在一些不必要的事情上分散精力、浪费时间，还可以提高决策的效率，这样就可以集中精力应对更多的不确定性决策。另外，决策的方式应该更加民主，因为数字化下组织成员的眼界更加开阔，可以为组织提供众多有价值的信息供决策者参考，在一定程度上提高了员工的参与度也提高了决策的效率。

综合来说，数字化使得管理决策可供选择的方案增多，检查评价和反馈处理的效果也更加明显；决策的过程更加科学化和客观性，可执行性也更强；数字化下的决策更多的是群体决策、理性决策、非程序化决策、非确定型决策以及满意化决策。决策更多的借助于决策支持系统的帮助来实现，所谓决策支持系统是建立在数据库信息流上的智能决策系统。它可以提供给决策者所需要的信息、数据、资料，协助决策者发现并界定问题以确定组织的目标，同时帮助拟定备选方案，按照决策者的要求进行智能筛选、判断，计算出每种方案所需的各种成本以及可能达到的效果，最后确定方案。在决策实施之后进入信息跟踪反馈阶段，通过人机对话的沟通检验决策者的假设和要求是否正确，从而实现支持决策的目的。可以说数字化不仅使决策的质量和效率提高，而且提高了决策的艺术性。

二、数字化与管理组织

组织是管理的第二项职能，发挥着重要的作用。组织内人员的安排、部门的协调、组织目标的达成等都需要在组织的带领下才能够完成。而组织结构之于组织就如同人的骨骼系统之于身体，对于企业的发展是必不可少的条件，为了建立一个完整的、健全的、运行流畅的组织，管理者就要有效地开始组织工作，充分利用数字化的背景，使之与组织完美的结合，发挥出更大的能量。数字化对于组织的影响是多方面，主要表现在对组织任务环境、组织战略、组织规模的改变上，进而影响组织结构，使组织发生重大变化。

（一）数字化对组织环境的影响

组织是一个开放的系统，要想完成组织目标，组织就需要与组织环境进行信息和物质的交换，没有一个组织是完全封闭的，也没有一个组织是不受环境影响的。一个能快速适应环境、对环境变化能够及时做出反应的组织，必然是一个成功的组织，然而面对复杂多变的环境，组织也不是无能为力的，至少组织可以通过特定的条件加快与组织环境的联系，提升它们之间的信息和物质交换的速度，而数字化就是其中一种特定的条件。本章开篇就已经讲过波特的五力模型，它使行业之间的竞争结构发生了变化。在这里用波特的五力模型分析数字化对于组织环境的影响仍然是非常有必要的。因为这五种因素作为企业接触最多、联系最多的因素，企业数字化的发展必然会对他们产生较为重要的影响，改变这五种因素的作用力大小。具体表现在，一方面，随着现代科技的高速发展和信息传播的加快，使行业内的进入壁垒越来越少，一旦出现利润较高的行业，就会迅速招来进入者，而且他们借助信息科学技术，能够迅速追赶上现有者，抢占一定的市场份额。再加上先进技术的应用，特别是计算机辅助设计系统（CAD）、计算机集成制造系统（CIMS）、全能制造（HM）、全球制造（GM）等技术的引入，企业可以轻松的模仿竞争对手的产品，并且还能增加新功能，这导致替代品层出不穷，使企业所处的环境更加复杂。随着数字化的发展，顾客对各种产品的了解更加深入，不断出新的产品也使顾客眼花缭乱，他们在挑选产品的时候不仅提出了更高要求而且个性化的需求越来越多，对同类产品的对比和判断致使他们议价的能力不断提高。另一方面，供应商的议价能力在逐渐下降，这是因为数字化带来的低转换成本，使企业可以在可控成本之内任意挑选供应商，减少了对他们的依赖，同时，市场上专业化的生产越来越多，供应商之间竞争严重，使他们的竞争能力降低了。

数字化使各方面的信息更加的透明，信息的不对称性越来越小，这在一定程度上增加了组织环境的复杂性和不稳定性。企业应该充分利用数字化带来的有利一面，加强与其他企业和客户之间的信息共享，提高自己与组织环境的交换能力，以谋求相对稳定的组织环境。

（二）数字化对组织战略的影响

数字化的发展不仅影响了组织所处的环境，而且影响的范围已经扩展到组织战略的制定。一方面，组织良好战略的制定是数字化得以顺利展开的前提条件，没有战略方面的支持数字化得不到快速发展。另一方面，数字化已经成为组织战略制定的有力工具，没有数字化的帮助，组织很难制定出正确的战略。

早期数字化的应用主要是日常的业务处理、数据分析、存储资料等，随着不断地发展，这已经远远达不到组织对数字化的要求了。企业已经进入知识管理阶段，数字化也走进组织战略制定的层面。组织战略的制定要综合 SWOT 分析中的几个因素，透彻地分析组织外部的机会、威胁与组织自身的优势、劣势，充分掌握必要的信息，以减少战略制定过程中的不确定性，数字化是减少这种不确定性的主要手段。数字化对战略的影响按照战略分类的不同表现在两个方面。首先，是对一般战略的影响，纵向一体化战略和相关多元化战略是两种经常使用的战略。纵向一体化战略是指企业在原有生产的基础上，向上游原料供应扩展与向下游销售服务扩展的战略，相关多元化战略是指企业进入到与现在业务相关联的行业，能够共用生产资料和设备等，以谋求更多的利润。然而这两种战略的实施给管理带来了极大困难。数字化的实施解决了这个难题，它带来的扁平化组织能够加大管理幅度，减少管理层级，将组织冗杂的机构去掉，不专业的工作外包，促进了一体化战略的实施，而相关多元化战略则更多地转变为集中化战略。其次，是对竞争战略的影响，主要论述对总成本领先战略和差异化战略的作用。总成本领先战略的核心就是以低于竞争对手的成本来抢占竞争优势，数字化对成本的影响主要是先进技术的应用带来的高效率以及为避免企业搜集资料而浪费的时间成本、管理成本等，从采购到销售一系列的自动化，为总成本战略的实施奠定了基础。差异化战略是数字化的必然结果，数字化之下的竞争更加激烈，企业可以反过来应用数字化，实现市场的精确细分、产品附加功能的设计、个性化产品等。

（三）数字化对组织规模的影响

数字化对组织规模的影响可以从对实体组织规模和虚拟组织规模两方面来分析。在传统的实体组织规模中，一方面，企业会因为组织规模的扩大而实现规模经济，企业的产出和利润随着生产要素投入的递增而增加，企业的成本随着投入要素的递增而减少。但是产出的增长并不是无限的，达到一定平衡点之后再投入生产要素就会形成规模不经济，成本逐渐上升。另一方面，组织规模变大之后，组织应对环境变化的能力急剧降低，可能会因为新产品的更新换代而浪费原有的设备、技术等，这大大增加了企业承担成本的风险。在数字化的环境下，这些问题得到不同程度的解决。随着高科技在企业的应用，企业的生产设备、制造设备等都采用柔性技术，控制操作采用可安装的程序执行，缓解了企业因规模扩大而承担成本的压力。从组织内部运行来看，数字化采用的网络以及科技使组织内的协调和沟通更加便利，生产和服务更加规范，成本也相应降低。但是数字化所面临的环境多变，竞争加剧，企业规模的大小还要综合考虑转换成本、外部交易费用、管理费用等。

虚拟组织是伴随数字化而来的，是实体组织的延续。虚拟组织有两个含义，第一个含义是形式上的虚拟，是指企业员工打破了空间地域的限制，利用互联网来沟通合作，为组织工作，他们可能分布在不同地域，但是都有一个共同的组织目标。数字化能够促使这种虚拟组织规模不断变大。第二个含义是内容上的虚拟，是指多家相互独立的企业之间通过信息技术联系起来的临时性组织，他们之间相互信任、合作，发挥自己的核心优势，共享技术、信息，分摊成本，共同研发产品并推向市场。一旦项目完成，该组织就自然解体，这样的虚拟组织可能比实体组织大几倍，他们形成的战略联盟，实现了资源的最佳配置，使每个企业都能提高竞争力。

（四）数字化对组织结构的影响

数字化对组织结构的影响是多方面的，可以从数字化对组织环境、组织战略、组织规模三个方面的影响探讨对组织结构造成的变化。一方面，数字化使组织环境变得更加复杂，面临的不确定性增多，组织要想提高自己的反应速度和应变能力，就必须增加组织结构的柔性，使之能适应不同的状况。另一方面，数字化带来整合性和共享性，改变了以往部门之间的合作方式，组织结构更加趋向于一种扁平化、网络化的发展方向，极大减少了一些没有必要的部门和职位，使组织的反应速度得到很大提高。组织战略的正确制定需要准确的、快速的信息支持，而扁平化组织对于信息的保真性更好，组织自然就会减少一些机构和部门，以求获得更加准确的信息。但是扁平化组织的工作效率和信息传输速度没有高耸型组织结构快，随着数字化水平的提高，逐步走向网络型组织结构，具有多个信息传输中心，既提高了信息传输的准确性又提高了传输速度。数字化导致的组织规模的扩大，必然会导致组织结构权力的重新划分，数字化下管理幅度增大，信息流动速度也加快，就要求赋予下级管理者更多的职权，降低上级对组织的控制，以往那种直线制、职能制的组织结构已经不能应对复杂的工作了。

数字化下组织结构的重组、再造对组织的发展起到至关重要的作用。比如数字化所带来的业务流程重组，它可以利用数字化减少或替代流程中的人力，将流程双方直接联系起来，减少中间过程，能够快速的跨地区传输和分享信息，密切监控流程的状态、输入和输出，随时精简不必要的环节和机构，将非结构化的流程转变为结构化流程，实现内外部资源的有效整合。

三、数字化与人力资源管理

有位企业家说过："现代社会中，企业的竞争就是产品的竞争，产品的竞争就是技术的竞争，技术的竞争就是人才的竞争。"在市场竞争日趋激烈的情况下，要想拥有长久的、别人赶超不上的核心竞争力，只有靠人才。因为数字化的环境下，"高科技"已经不是某一企业的代名词，拥有高科技先进生产技术的壁垒越来越少，而且信息流通的速度更快，此时的高科技可能转眼间就跟不上行业潮流了，如果企业只是盲目的追求数字化，而忽视了创造数字化的人，不仅会带来巨大的成本，而且会使企业人才流失。因此企业必须做好人力资源管理，特别是数字化对人力资源管理带来较大的影响，企业应该结合数字化规划好人力资源管理的工作，实现以人才取胜的战略。

数字化首先导致了人力资源管理模式的变化，传统的人力资源管理对于组织的分析、设计已经不能应对现在的挑战，基于数字化、网络化的人力资源管理模式应运而生，比如以全面人力资源管理、面向顾客为导向等观点的数字化新型人力资源管理模式，他们应用先进的硬件和软件设施，对信息处理加工，利用集中式信息库自动化处理，使数字化与人力资源管理的过程融为一体，对人力资源管理中的绩效管理、薪酬管理、培训产生了较大影响。

（一）数字化对绩效管理的影响

一般来说，人力资源管理中最困难的就是对于绩效的考核，一方面，绩效考核所涉及的因素非常多，对于一些细节和规则的制定非常烦琐，既要考虑组织的实际情况，又要参考组织成员的个人状况，有哪一条没有涉及或者设计得不合理，都会导致考核的不完整，引来员工的不满。另一方面，绩效考核主要是对人的考核，每个人都十分关注，对自己的考核结果非常敏感，常常根据自己的主观判断与组织做出的评判进行比较，稍有不合意就会引来怨言。而通过数字化建设，特别是建立绩效管理子系统，可以显著提高绩效考核的可信性和正确性。在该系统中应该包含所有绩效管理的内容、详细的绩效考核细则和参数标准、员工任务记录、6P标准管理、绩效考核评估等。比如企业中常用的平衡计分卡，它将传统的财务评价与非财务的经营性评价综合起来考核，以企业经营成功的关键因素为标准，建立的一种包含财务绩效、顾客服务、内部业务流程、组织学习和成长能力的考核方法，在没有数字化的时候，要想搜集到这些信息并做出正确的分析是非常困难的，但是应用数字化，只需让各个部门把该类信息上传到绩效管理子系统当中，系统按照设定好的程序对数据进行分析，按照不同的权重进行自动化加权计算得到每个人的绩效考核结果。每个人可以用自己的账号登录内部网络查看自己的评价结果，针对不同方面进行相应改进。数字化使考核更加的公平、公正，既能节省时间又能提高员工满意度。

（二）数字化对薪酬管理的影响

经过合理的绩效考核之后，薪酬管理便有了评判的基础和标准，通过将绩效考核得出的结果输入到薪酬计算公式中，系统便能快速得出员工在绩效中该得的报酬，相比以前人工计算的方式，既节省了时间又保证了准确性。同时数字化带给薪酬管理的不仅是绩效结果的便利性，也非常容易的就实现了薪酬管理的多样化。现在企业中的薪酬应该力求多样化，丰富化，可以充分利用数字化设定薪酬预测公式、员工福利测算模块等，让员工参与到自己薪酬的管理中，比如企业可以设定多种福利，员工根据自己现在的需求情况合理选择自己的福利，制订自己在一定时期内的薪酬计划，按照传统做法，人力资源部门的工作量是非常大的，很难实现。但是通过数字化，员工可通过薪酬管理子系统设定好的项目进行选取。

（三）数字化对组织培训的影响

数字化对组织培训的影响主要体现在培训的方式和培训的内容上。计算机和网络的发展使人们之间的沟通方式发生了极大变化，网络社交、媒体教学、在线授课等培训方式比比皆是，极大方便了员工的学习和培训。企业可以摆脱以往开会式的培训方式，利用网上视频教学和在线培训的方式开展培训，不仅使培训更加有趣，容易被人们接受，而且不再受地域的限制，给了员工很大的自由空间和思维想象空间。在培训的内容上，企业不仅可以把自己的企业文化、理念、经营方式以计算机虚拟的形式表现出来，还可以参考同行业不同企业的优秀文化，给员工全方面的了解，提高他们的应变能力。企业可以利用数字化建立培训资源管理，包括培训的图书、视频、音像，每次培训的主题、内容以及培训的讲师和培训考核题库等，这样既可以有利于员工查询资料，也为组织节省了培训的费用。同时，新员工入职培训的时候，可以参考这些信息，为新的培训奠定基础。

数字化的人力资源管理应该通过一定的技术手段帮助员工制订他们个性化的职业发展规划，企业可以预先设定职业发展预测系统，从招聘员工开始就帮助他们规划。在招聘阶段，企业不能只是为了招人而招人，而是要招到合适的人，运用网络，加大企业的文化和理念宣传，增加网络笔试的步骤，可以是技能方面的考试也可以是素质方面的考试，这样既可以省掉以后的部分培训也可以筛选出合适的人。在工作中员工要定时在系统里输入工作感受和满意度，企业要根据这些变化来合理安排他们的职位，减少令员工不满意的因素。这样员工一步步认识自己，最终制订出自己的职业发展计划，提高他们的工作激情和满意度。

四、数字化与企业文化

数字化对企业文化的作用主要表现在推动企业文化的变革上。企业文化是组织成员共有的一种认知与行为规范，他们拥有某种共同的价值观，而且这种价值观是根深蒂固不易改变的，对组织成员的思想和行为产生深远影响。一般来说，组织文化在企业开始建立时就慢慢形成，要想变革企业文化是非常困难的，会有来自组织内部和外部的各种阻力。但是数字化的建设可以大大推动组织文化的变革，因为企业实现数字化本身就是在建立一种新文化，数字化推动企业文化的变革主要表现在促进物质文化、行为文化、制度文化、精神文化的变革上。

（一）数字化对企业物质文化的影响

所谓企业物质文化主要是指企业生产制造、产品设计、管理沟通等所使用的设备和设施，它是一个企业最表层的文化，也是相对来说最容易变革的文化。企业数字化的实施首先作用的就是物质文化。第一，数字化的建设必然会革陈除旧、更换企业的设备，如一些主要靠人工控制的生产设备和产品开发工具等，以网络和软件程序为主的设备成为主流。第二，通过数字化设备企业之间的沟通不再局限于面对面的形式，即时通信工具、远程视频、在线指导等工具的应用，丰富了企业沟通的渠道；另外，网络技术的发展，促使许多企业转向电子商务以及手机移动端的服务，为企业带来了新的营销渠道和利润增长点。第三，企业通过计算机和网络技术可以随时监测市场和顾客的变化，应用各种预测软件数据作为参考，及时对变化情况做出反应，在必要的时候还可以和其他企业形成虚拟组织。第四，实施数字化的企业在基础设施上进行了革新，那么必然要求企业中具有应用这些设备的优秀人才。数字化加强了内部组织人员学习新知识的能力和应变的能力，促进了他们自我上进，自我发展。

（二）数字化对企业行为文化的变革

企业的行为文化是企业组织人员各种行为所形成的文化，不是指一个组织成员的个别行为，而是组织之内一种共同的行为，其他个别不同的行为也会因为这种共同的行为习惯而受到不同程度的影响。这种行为习惯主要包括日常行为和工作行为两方面。数字化使员工的日常行为发生了很大变化，他们可以利用互联网进行聊天娱乐，增加员工之间互动的机会，邀请志同道合的朋友讨论问题，在下班之后可以上网浏览企业的动态信息和市场行情的变化，可以关注各大新闻媒体的报道，及时了解行业内外以及国家政策发生的变化等，利用数字化员工既能娱乐又能学习到有用的东西。当企业推行新技术或者新模式的时候，企业内员工的工作方式、工作行为便要相应做出调整和改变。数字化的建设是一项系统和全面的工程，每个人都要认真对待，及时转变自己的思考方式和行为习惯，推动数字化的建设。比如，企业推行实施 ERP 系统，这是与传统企业经营方式完全不同的，企业的人力资源管理、采购、库存管理、生产计划、财务管理等都需要由计算机来操控，只有很少的人工进行参与，员工不得不改变以前熟悉的工作行为，由原来工作的随意性、主观性过渡到数字化环境下的规范性、科学性，开始学习新的工作方法。

（三）数字化对企业制度文化的变革

企业制度文化包含三个方面，企业组织机构、企业领导体制、企业管理制度。企业组织机构的设定是达成组织目标完成组织任务的保证，没有各个组织机构之间的良好配合与合作，企业是无法正常运行的。传统企业中组织机构的设置一般比较多，导致组织效率的低下，通过数字化，企业的组织机构越来越少，去除了一些功能类似的部门，逐渐向着扁平化、网络化发展，加快了组织运行的速度。在处理紧急情况时企业还可以成立基于网络的虚拟组织，减少单设机构的费用和麻烦。企业领导体制是随着组织机构的变化而变化的，数字化下的领导者应该更多的授权给下属，让他们充分利用数字化所带来的便利性和科学性进行工作事物的决策、计划和控制等。企业最下层的员工可能离最高管理者只有两个层级的间隔，增加了他们直接对话的机会。领导者可以利用网络联系组织内的成员，分派任务下达命令。企业管理制度是为了确保企业良好运行所制定的各种规章条例和奖惩措施等。数字化环境下员工的行为方式和思维习惯都发生了变化，企业要重新制定管理制度适应这种变化。管理制度一般是对人的一种行为约束，所以管理者首先要引导组织成员的行为，减少他们对新制度的不适感。

（四）数字化对企业精神文化的变革

企业的精神文化包括的内容非常广泛，像企业价值观、企业精神、企业使命、企业经营理念、企业道德观念等。精神文化是其他三种文化的升华也对它们形成指导，它受到文化背景、社会环境的影响比较大，处于企业文化的核心地位。在数字化时代，要想彻底对企业文化实施变革就必须要引领精神文化变革，推动其他文化的进一步变革。数字化时代各种新的经营理念相继出现，企业要想不被市场淘汰，就要努力更新自己的经营方式，引进先进的生产技术和设备，形成数字化的经营新理念。企业的价值观也要随之调整，数字化环境下的企业不再是一个只想着营利的组织，要时刻关注市场和顾客的需求，以满足他们的需求为主，以顾客为主导，以服务社会为目标。企业要打破以往单打独斗的方式，增加与其他企业间的合作和交流，在企业内部创造一种学习型组织，实现自我学习、自我赶超。数字化营造了一种奋发向上的精神氛围，加速了企业精神文化的变革。

数字化的实施促进了组织文化的变革，同时组织文化的变革又会反过来加快企业数字化的建设，两者是相互促进的。企业要协调好它们的关系，才能最终促进企业的长久发展。

（五）数字化对组织内部的影响

研究数字化对组织外部的影响是为了更好的实现组织内部的管理，然而数字化对于组织内部的影响可能会更加细微、更加广泛。

1.管理思想的更新

数字化所带来的不仅是技术和生产方式的变化，也改变了人们的思考方式和行为观念。在一个组织当中则主要体现在管理思想的变化，可以想象从以前的工业社会到现在的数字化社会，有过多少管理理念是应运而生的，虽然有些管理理念现在仍然在使用，但是我们要结合数字化社会的特点加以创新和改革，使它们更好地为我们服务，成为行动的指导方针。比如数字化下所产生的虚拟组织、学习型组织等管理思想，都是时代的产物，是以现代计算机和网络的发展为前提。

2.组织结构的变革

传统的组织结构随着组织规模的扩大已经不能够适应组织的发展，在传统方式下，组织人员增加就要相应的扩充机构，或者因为管理幅度的限制而导致组织层级过多，这些都桎梏了组织的成长。数字化下使传统的等级组织逐步向全员参与、水平组织、模块组织等新型组织方式转变，管理幅度也冲破了传统管理模式的限制，垂直的层级中所存在的众多中间层也可以适当取消，因为上级可以通过数字化下所建立的新型组织直接向下属宣布决策、分派任务，组织朝向扁平化方向发展。

3.增强管理功能

运用信息技术进行管理已经成为现代管理的重要途径。通过数字化可以把各种管理职能进行结合，最大限度地发挥出每种职能的作用，促进组织业务的良性重组，而不是把每个职能都孤立开来。通过数字化还可以增强每种职能的作用，在原有功能的基础上进行扩展，比如网络营销，不仅包括销售产品，还要包括维护品牌、客户反馈、售后服务等方面。

4.管理方式的改变

管理方式本身就是随外部环境和内部状况的变化而变化的，在领导职能中讲过没有一种最佳的领导方式，最好的领导方式是权变的领导方式，是因情境不同而变化的。管理方式虽然不完全等同于领导方式，但是和领导方式一样，都必须随情境的不同而变化。数字化下的管理方式要更加多变更加具有艺术性，管理者和下属的距离变得越来越近，组织内部的沟通和协调已经不再受地域和时间的限制。

（六）数字化对组织发展的作用

通过以上的分析可以知道，数字化对组织内外的影响都是巨大的，它与管理相融合，使组织具有更强的运营力，提升了组织的竞争力，对组织的发展起到推动作用。

1.降低企业成本，提高竞争力

数字化与组织各方面的活动相结合，不仅优化了组织的结构，而且显著降低了组织的经济成本。组织运用计算机辅助设计和制造技术可以大大减少在新产品研发和设计上的费用，同时在后续产品更新和换代时，大幅度降低了对现有产品进行修改和增添新性能的成本；在生产制造上，新技术下的柔性生产线可以适应多种产品的生产，库存控制的数控化，可以实现最优的存货量，不仅减少了存货量而且降低了管理费用；在组织计划的制订、决策的选择、激励措施、沟通渠道、反馈方式以及人员、财务控制上，采用计算机和网络技术既可以提高质量又能够提高效率，降低了管理成本；在组织之间的合作上，通过电子商务可以迅速准确地找到自己的合作伙伴，打破了地域上的限制，降低了组织的机会成本和交易成本。组织成本的下降实质上是新技术的广泛应用和对信息的开发、整合所导致的，它将随组织规模的扩大产生管理规模效应，提高组织的持久竞争力。

2.加快产品和技术创新，提高差异化

由于信息传递的广泛性和快速性，使全球的知识、技术得到跨国别、跨地域的流动，一个国家或者组织研发出了某种新科技、新事物，其他国家或组织可以迅速跟上他们的步伐进行革新创造。在企业层面，因为数字化导致企业与供应商和客户的联系加深，沟通形式的多样化可以更完整、更准确的表达双方的要求，组织与他们建立了高效、快速的联系，从而对市场和消费者动态有了更快、更深的把握。通过将这些动态变化迅速准确的提交给决策者，针对他们的要求及时对产品进行再设计和创新，生产出能够满足消费者需求的产品，并且提高产品的差异化特点，防止竞争对手模仿。

3.提高组织的服务水平

组织的服务水平体现在两个方面，一是为组织内部人员服务的水平，二是为组织外部人员服务的水平。现代管理强调人是一种宝贵的资源而非实现组织目标的工具，把员工看作是合作伙伴而非发号施令的对象。那么要想提高组织的服务水平，必须先提高为组织成员服务的水平，只有他们满意了才能提供令别人满意的工作。数字化下使对组织成员的关怀和激励更加多样化，领导者可能仅仅通过一封电子邮件就可以调动起员工的工作激情，一场视频会议也可以给员工很大的自由空间，这些都会令员工感到满意。在为组织外部人员服务上，传统的面对面方式、电话咨询、服务网点等已经不能满足人们的需求，而互联网的应用使企业可以应用更多的即时通信工具对客户的反馈进行回应，还有电子邮件问询以及网络的自助式在线服务等，都提高了组织的服务水平。

很明显，数字化对组织发展的作用远不止这些，可以说，它将发挥越来越重要的作用，对管理工作的影响也将越来越大，必将成为提升组织竞争力的主要来源。

第三节　数字化企业外部管理

企业内部管理和外部管理是按照管理模式的不同划分的，以上论述了数字化对于企业内部管理带来的影响，接下来主要讲述数字化对于企业外部管理的作用，主要研究供应链管理和客户关系管理两方面。

一、数字化与供应链管理

（一）供应链的含义和特征

供应链是围绕核心企业，通过对信息流、物流、资金流的控制，从采购原材料开始，制成中间产品以及最终产品，最后由销售网络把产品送到消费者手中的将供应商、制造商、分销商、零售商直到最终用户连成一个整体的功能网络结构模式。它是一个范围更广的企业结构模式，包含所有加盟的节点企业，从原材料的供应开始，经过供应链中不同企业的制造加工、组装、分销等过程直到最终用户。它不仅是一条连接供应商到用户的物料链、信息链、资金链，而且是一条增值链，物料在供应链上因为加工、包装、运输等过程而增加其价值，给相关企业都带来利益。供应链是从产品的原材料开始到制成品销售完毕结束，其间要经过供应商、生产商、销售商等多个过程，每一个过程当中的企业都是一个节点，正是这些节点导致了供应链的鲜明特征。

1.复杂性

供应链所涉及的不是一个企业，它是由不同行业、不同种类的企业构成的，从这种构成方式上就能显现出供应链的复杂性，另外，构成元素的多样性必然会带来管理的难度，增加管理的复杂性，特别是要围绕一个核心企业展开活动，要协调上下游企业的各种相关工作，相比协调一个企业内部的关系要复杂得多。

2.动态性

动态性一方面，表现在供应链中的各个企业并不是固定不变，核心企业可能会根据市场的变化和需求随时选择新的合作伙伴，即使是非核心企业也可能因为自己业务发展的要求，而退出供应链，导致了供应链是在不断变化和更新的动态中。另一方面，供应链中的某一个企业内部可能会发生变化、改革，不仅改变了该企业的组织结构、业务经营方式，而且也影响了供应链中其他企业的业务，使之适应该企业的变化，这种动态性变化是经常发生的。

3.用户需求为主导

供应链中的企业与企业、企业与顾客之间的关系实际上就是供应与需求的关系。制造商对于原料供应商来说就是用户，经销商对于制造商来说就是用户，顾客对于经销商来说就是用户，用户具有何种需求就决定了企业要生产什么产品。同时，用户需求是促使供应链正常运行的保证，供应链中的信息流、物流、资金流等都是在用户需求下发生的。

4.交叉重叠性

交叉重叠性主要是因为企业经营业务的多样性和需求的复杂性决定的。一个企业经营的业务往往有多种，可能一种业务处在一条供应链上，而另一种业务处在另一条供应链上，或者企业经营一种业务，而这种业务处在多条供应链上。需求的复杂性致使企业要与多个不同的组织进行合作，在同一条供应链当中可能也会发生交叉的现象。

供应链管理的基本理念是符合企业发展要求的，它倡导一种面向顾客、以需求为主导、运用现代化技术和手段实现企业之间的双赢甚至是多赢的理念。

（二）数字化对供应链管理的影响

供应链管理本身就需要数字化作为支持，数字化是供应链管理的基础。首先，供应链管理的产生和发展是与数字化密不可分的，可以说如果没有数字化，要实现真正意义上的供应链管理是非常困难的，供应链所涉及的范围广、企业多，没有网络作为他们之间沟通和联络的手段，是无法快速应对环境变化的。其次，供应链中的各种数据、资料非常多，如果只靠人工来进行分析、整理，那么即使协调再好，沟通再流畅也是不能正确做出决策的。所以供应链管理对数字化的需求是显而易见的，反过来数字化的建设又对供应链管理产生了许多影响。

1.供应链各环节的变化

数字化的实施对供应链流动的各个环节产生了重大变化，在供应链战略的实施上，通过对企业内外环境信息的广泛收集，与各个企业充分商讨，确定每个企业应该如何在恰当的时间以恰当的方式为整个供应链做出贡献，实现资源的充分利用；在分销渠道上，数字化带来了高效率的营销渠道，供应链企业之间可以共享客户资源，营销的方式也逐渐由线下转到线上；利用数字化带来的先进技术，可以实现对库存和物流的跟踪管理，企业不需要备留更多的产品，根据网络传来的及时信息合理控制库存，争取实现零库存管理，最大限度地减少企业的成本；良好的信息传输，使制造商也能够对市场的需求和产品的动态有了更多的把握，他们不仅可以利用互联网直接寻找经销商，而且可以直接寻找最终客户，以前制造商的这种交易成本太大，难以实现与消费者的直接沟通，数字化拉近了他们之间的距离，改变了产品和服务的流通方式。在一定程度上冲击着传统供应链的构成，经销商可能面临着越来越大的挑战，不仅要与其他经销商之间展开竞争，而且要与制造商展开竞争，将使整个供应链的供需产生变化；数字化对于供应链的输出端即顾客来说，不管是对产品的质量还是产品的附加功能都有了更高的要求，顾客不仅关注于产品本身，而且对产品的制造流程、如何配送等必要的信息也更加关注。

2.实现信息共享

这里的信息共享主要是指供应链内部信息的共享。网络虽然方便了人们搜集信息和传递信息，但是在庞大的信息数据库中找到真正对企业有价值的信息还是很困难的，特别是网络上充斥着虚假信息，让企业难辨真伪。所以在供应链内部便形成了信息共享，这些信息都是每个企业经过认真整理、分析之后的数据，解决了信息不确定性的问题。比如，在供应链系统中可以应用 XML 技术，建立私有网络系统，集成各个企业内部的信息和它们搜集到的信息。供应链中的各个企业利用这些信息进行协作，可以把供应商、制造商、经销商、设计师、营销人员等利用网络技术集结起来，共同设计产品，这种网络协作设计极大地节省了成本也降低了设计的复杂性，保证在最短的时间内设计出具有个性化、能够满足顾客的产品。

3.供应链特征发生变化

供应链是在数字化的支持下才建立起来的，随着数字化的发展，供应链的特征也发生了变化。数字化使各个企业的信息更加透明，每个企业与顾客的距离也更加接近，一个企业具有的供应商和客户都比以前增多。供应链的动态性和交叉重叠性都更大，以顾客需求为主导的方式不断得到加强。在线合作中已经形成了虚拟供应链，这是充分利用数字化在网上进行合作，参与这种虚拟供应链的企业能够以最快的速度共享产品、库存、物流等情况，然后根据所得到的信息调整自己的计划，不断提高自己的竞争力。

数字化环境下，供应链将以满足客户个性化需求为主，可伸缩性和弹性将越来越大，注重企业间和跨行业的价值链建设，建立起新型的供应链系统。

二、数字化与客户关系

（一）客户关系管理的含义以及流程

客户关系管理（CRM）是现代管理思想的新发展与数字化技术相结合而出现的，它注重企业与客户之间长期关系的建立，把客户作为企业经营的中心。传统的企业经营往往只注重企业利益的多少，即使注意到了客户关系的重要性，也没有把这种理念贯彻到整个企业。客户关系管理的核心思想是把客户作为企业发展的基础，是企业的一种宝贵财产，通过提供给顾客满意的产品和服务，分析每一位顾客的个性化需求，给予他们属于自己的个性化定制，提高他们的客户忠诚度和满意度，保证顾客具有终身价值从而促进企业长期稳定的发展。企业应该把客户关系管理作为组织的一种管理机制，应用于企业的采购、生产、制造、人事、营销、售后等各个方面，协助他们及时了解客户的需求与他们建立良好的合作伙伴关系。可以说客户关系管理既是企业组织管理客户的手段和方法，也是一套完整的系统的实现管理、销售、客户关怀、客户服务流程自动化的软件和硬件系统。客户关系管理的流程通常包括四个阶段。一是信息管理阶段，客户关系管理系统从企业所从事的业务、ERP 系统、MIS 系统以及在供应链中共享的信息中提取有关的客户信息，对这些信息分门别类进行整理、归纳，这个阶段也可以称为信息挖掘阶段。二是客户价值衡量阶段，对搜集来的信息用数据挖掘工具进行处理，更精确地找到对企业有价值的信息，然后给这些信息建一个独立的档案进行保存。三是活动管理阶段，也是客户信息利用阶段，比如企业要推出新产品和新服务，那么就需要仔细分析这些信息，针对不同年龄段、不同消费水平等有目的地做出营销策略。四是实施管理阶段，针对第三阶段所做出的分析和制定的策略，对特定人群实施具体的活动，如电话通知、短信提醒、邮件通知、网站信息等方式。这四个阶段是相互联系的，通过活动之后搜集到的信息又回到了第一阶段，为下一次管理做好准备。

（二）数字化对客户关系管理的作用

1.提升客户服务质量

数字化能够及时了解客户的动态和需求，分析他们对现有产品的态度和新产品的反应，对于有意见或者反应异常的客户要细致分析，通过计算机图表、数据的帮助，找出原因所在，并且及时与顾客进行沟通，让他们真正了解产品和服务。然后进一步观测顾客的变化，根据顾客行为在图表上的反应和走势，预测出他们以后的行为，也为企业下一步为他们制订合理的销售计划做好基础和准备。另外，企业要以拥有的客户信息为主，用计算机软件设定程序和参数，实现客户群体的细分。这种群体细分要比以往客户细分的更深入，借助计算机可以邀请客户进行网上模拟购物测试以及个性、需求等测试，更加透彻地了解顾客，切实满足他们真正的需求，提高个性化服务，培养顾客的忠诚度。

2.引导顾客消费

传统的消费方式是买方主导，或者是卖方主导，商家把制造的产品拿到市场上，顾客如果有需求就去买。数字化时代的市场竞争越来越激烈，如果企业不能先发制人，引导顾客进行消费，那么很难实现大的发展。引导顾客进行消费，并不是强迫顾客进行消费，而是激发起顾客的潜在需求，满足他们的这些潜在需求。客户关系管理是能够激发顾客潜在需求的方法之一，通过客户关系的良好建立，企业对顾客越来越了解，知道他们需要什么样的产品和服务，而顾客在接受企业良好的产品和服务的过程中越来越信任企业，愿意和企业合作，企业每推出新的产品和服务顾客都会关注。这样就会慢慢激发顾客的潜在需求，增加企业的销售额，同时也提高顾客对企业的满意度。

3.实现虚拟客户关系

数字化时代人们之间的交往方式和沟通方式都发生了很大改变，特别是网络购物、电子商务的崛起，彻底改变了人们传统的消费观念和习惯，这对于企业来说既是机遇又是挑战。企业必须充分认识到这种必然的趋势，在市场中快速抢占份额。企业主要涉及 B2B 和 B2C 两种模式，它们是企业经营的主要方式。在进入电子商务之后，企业不需要与客户进行面对面的交流，他们的需求也主要是靠网络搜索来实现，所以在电子商务中如何进行客户关系管理是非常重要的，这在一定程度上决定了企业是否能长久的生存下去。在电子商务中，企业与顾客的交流方式主要是在线聊天工具或者邮件传递等，企业一定要掌握网络沟通技巧，比如适当地掌握网络用语等，这是有利于双方建立关系的。在顾客网上下完订单之后，就等于把自己的个人信息都交给了企业，这时候就是企业搜集信息的阶段，对信息的分析和整理大致上和传统的客户关系管理流程一样，所不同的是最后一个阶段是具体活动的实施阶段。网络客户遍布不同的地区，企业很难把他们全都召集在一起参加具体的活动，但是数字化可以实现在线为顾客一对一的个性化设计和服务，以及新产品免费邮寄试用等，通过这种网络联络的手段建立起虚拟的客户关系，是数字化主导下客户关系管理的新发展。

客户关系管理将成为一个企业增加销售额、扩大生产、持久发展的保障，利用数字化以及客户关系管理系统，将会使企业科学有效地对客户做出分析，采取有针对性的措施，提供更加满意、更加周到的服务，真正实现以客户为主导的经营理念。

三、我国银行数字化发展战略

如何从一个传统银行成功过渡到网络时代的具备国际竞争力的现代银行，需要一个科学的前瞻性的战略规划。现代化的银行体系需要现代化技术、管理科学和当代金融工程理论三者的结合，信息技术已经成为当代银行优化内部管理、业务创新、吸引顾客、获取竞争优势的基础和主要手段。在此基础上，银行还需要充分应用现代管理科学的理论和方法来改善内外部各方面的管理与运作，以及运用当代金融工程理论进行各种业务创新。此外，银行要打造自身的核心竞争力，就必须专注于自己的核心业务，充分利用内外部各种资源，将非核心业务外包给外部集成商和软件商，以及同外界咨询公司展开广泛合作，这样可以将公司的规模优势放在投资和开发产品方面，还可以聘请资深的咨询公司对核心业务定制策略规划、技术方向分析、内外技能整合、人员培训等工作。

四、我国银行数字化管理体系

基于银行发展战略，可以知道我国的银行数字化建设进入了重塑管理模式和业务流程的时期，数字化建设的任务尤为艰巨。

1.我国银行业数字化的顺利开展需要一个良好的外部环境。应当建立和健全各项相关法规和制度，以保证数字化过程健康顺利进行。我国政府在政策上应当对银行的数字化事业给予大力的支持，中央银行应加强我国银行数字化的指导和协调。

2.数据和业务的集中是当前我国银行数字化的发展趋势。

3.在数字化过程中，银行需要制定合理的数字化管理战略，主要包括对银行数字化管理目标的设定、数字化管理范围和内容的界定以及对不同内容的基本管理战略。在数字化管理战略指导下，银行需要制定和选择一套行之有效的数字化管理模式。银行数字化不是简单的 IT 项目，其在时间维度上是一个长期的过程，在空间维度上涉及总行以及下属的分支机构，因此银行数字化的管理模式有其复杂性和特殊性。银行的数字化是一个动态的、不断深入的过程。

在既定的管理模式下，银行数字化过程需要做好如下的基本工作：信息系统的正确运行，包括系统安全、系统的可用性和可成长性保障，信息资源的收集整理，以及在此基础上的对信息资源的分析及决策支持、基于信息技术的创新管理、数字化项目的管理等。也就是说，银行需要制定一套合理、高效、系统性强的运行机制，作为数字化的运行保障。此外，在银行的整个数字化运行过程中，人力资源是一切行为的主题，无论是在管理模式还是运行机制方面，都需要可靠的人才保障。人力资源管理贯穿整个银行数字化管理框架，同时也是我国银行当前面临的一个严峻挑战。外资银行随着在中国业务的扩展，将大量吸纳国内银行的优秀人才，随之而来的是我国银行的部分客户、人才、市场资源的流失，因此，如何从战略高度审视我国人才流失隐患，已成为一个十分紧迫的、关系到我国商业银行生死存亡的重要问题。

五、银行数字化管理的战略目标

目前我国银行的数字化建设已进入业务集中和重塑管理模式的新阶段，在这一阶段，数字化建设的任务尤为艰巨。对银行数字化建设的管理，需要从战略制定、管理模式和运行机制三个层面来进行，从而保证我国银行业平稳高速的发展，提升我国金融业国际竞争力，保障我国金融体系安全、稳定地运行。

（一）数字化管理与银行管理

1.信息技术与银行管理的关系。与传统金融业相比，现代金融业作为知识密集型产业，在组织结构、运行方式和业务开拓等方面，日益体现出以知识和技术为基础的经营管理特征。金融业的这种行业属性，决定了必须以飞速发展的信息技术为支撑，不断进行创新，实现自身的数字化。

在组织结构方面，现代信息技术不仅为金融业提供着新的管理工具和技术设施，而且不断改变着金融企业的管理方式。通过数字化，提高了管理效率，扩大了管理范围，减少了管理层次，促进了金融机构的管理模式向扁平化方向转变。

在运行方式方面，现代信息技术的发展，引发了金融服务内涵和方式的根本性改变，同时也带动了对金融信息服务需求的强劲增长。随着消费者的需求日益个性化、多样化，金融业过去的服务种类、服务方式已经越来越跟不上市场需求的快速变化。金融机构若想扩大自己市场份额，必须转变经营观念，由面向账户的经营转向面向客户的经营，向客户提供定向的个性化服务，赢得客户的信任，并建立开放型、全方位、全天候的现代化运营体系，为客户提供方便、快捷、高质量的金融服务。

在业务开拓方面，数字化的发展已经成为金融业增长的源泉因素，信息系统的服务已经涵盖了金融业所有核心业务流程。新的金融工具和服务方式的推行，往往是金融性质的市场行为同信息技术相互耦合的结果。金融市场的决策行为，则更多的依赖充足的信息获取和基于知识的量化评价。与此同时，新的业务与运作方式也带来很多亟须解决的问题。其中包括金融风险识别与规避、电子业务的安全性等。

2.商业银行数字化运作的模式。我国银行经过数字化的发展已经基本完成了业务电子化过程，各商业银行都已经建立了以数据集中为目标的信息体系构架，并在不同的平台上开展了大量的金融服务业务。

3.银行业价值链分析。按照波特的价值链分析方法，对银行的价值链做简化分析，目的是找出各商业银行间的竞争与合作模式。总结起来，在数字化社会，我国银行业传统的价值链存在以下几个方面的问题。

第一，业务特色不突出。现在几乎所有的商业银行所开展的业务都是类似的，即使有些商业银行推出了新业务，其他银行也都会很快跟进。这使得我国的商业银行缺乏自身的竞争力。

第二，重复投资，社会资源浪费。由于每个银行都要建立自己的系统，就不可避免地会造成重复投资，这对整个社会资源来说，是一种浪费，同时也降低了银行的运作效率。

第三，无法实现以客户为中心的管理策略。在传统的价值链中，客户所面对的是一家家孤立的银行，因此客户所享受的服务也是有限的，这种状况难以实现以客户为核心的银行经营战略。

银行数字化是重组传统价值链的一个重要手段，在银行数字化过程中，各商业银行都注意到了自身价值链的优化。而这种优化只能是局部最优，要想突出各商业银行的特色，就必须完成对不同银行之间的价值链重组，从而实现真正的以客户为中心，也就是说，各商业银行在竞争的同时，必须要适当地联合。

（二）银行数字化管理的目标与内容

1.银行数字化管理的目标层次可以分为以下三个方面。

（1）业务数字化。建立业务系统的管理模式和运行机制，维持现有业务系统的高效、稳定、安全运行。同时进行业务系统的持续更新，不断塑造银行的核心竞争力。

（2）管理数字化。实现银行管理系统的自动化，优化管理流程，并进行持续的管理创新。

（3）决策智能化。实现对银行信息资源的资深利用，包括建立对客户数据的深度挖掘体系等。

2.数字化管理的内容和范围。在一般意义上主要是针对商业银行自身的数字化管理的内容，事实上，从更广泛的角度，银行数字化管理包括了银行数字化环境的管理和商业银行自身的数字化管理两大部分。对我国的现状，也就是包括中国人民银行的数字化管理以及其他商业银行的数字化管理。其中中国人民银行的数字化管理主要从规范、协调的角度入手，其他商业银行的数字化管理主要从业务、管理创新和价值链的增值入手。

（三）银行数字化管理的战略

1.我国银行数字化管理的"三阶段"模型。为了对银行实行全面的数字化管理，必须明确数字化管理的不同阶段以及相应的策略。根据我国商业银行数字化管理中面临的问题，以及发达国家对 IT 的吸收过程和发展趋势，从银行管理的角度可以把我国银行数字化过程分为三个阶段。

第一阶段：银行核心业务价值链的管理。利用信息技术建立银行的核心业务价值链，建立保证价值链运行的管理体系。该阶段数字化管理的重点是建立正确的银行数字化框架，理顺业务、管理、创新等各种流程，打造银行自身的核心业务。

第二阶段：客户关系管理。在银行核心业务的平台上，开展对信息资源的深度利用，尤其是客户资源。该阶段的重点是完善客户关系管理系统，获取并保持目标客户群，提高目标客户的满意度和忠诚度。

第三阶段：网络资源配置与管理。通过前两个阶段，银行已经基本建立了以客户为中心的价值链体系，在此基础上，需要整合、协调银行的内外部资源，完成对银行价值链的重新认识，优化价值链结构，调整管理与业务流程，进一步增强银行的核心竞争力。该阶段的重点是流程的优化，也就是银行新的价值链特点，优化业务、管理。

2.银行不同组织层次在数字化管理中的战略定位。根据银行不同人员在银行管理中的不同角色，可以把他们划分为三个层次：决策层、管理层、操作层。决策层主要指银行的高层领导，他们负责银行总体发展战略的制定和重大问题的决策；管理层是指银行的中层管理者，他们负责贯彻银行的战略，并保证银行各流程正常运行；操作层是指具体的执行部门，主要涉及具体业务的执行与开发工作。

（1）决策层。决策层在数字化管理工作中扮演战略制定的角色。虽然决策层未必需要决策专家，但在数字化管理中，决策者至少要从观念、组织架构等方面做好如下几方面工作。

一是淡化数字化的技术情结，加强数字化的变革意识。在银行业虽然很多人都承认不应该以纯技术的眼光来看待数字化，但是不可否认的是几乎所有银行数字化的工作都是科技部门来抓。这使得我国银行业数字化的技术情结严重，在很多人眼中都有意无意的把数字化工作看作创建网络平台和数据平台。没有变革意识的数字化只能是低水平的重复，无法实现真正意义上的数字化。

管理数字化工作应该是一个变革的契机，是银行自身价值链调整的开始。例如，我国许多银行都开始实施客户关系管理，大家对此谈论最多的就是客户关系管理的应用了，客户关系管理可以进行客户细分、识别大客户、做到以客户为中心。这是一种纯技术的观点，事实上，客户关系管理的重要意义在于管理思想的变革，是希望借助客户数据的分析来改变管理流程，增强竞争力。客户关系管理的应用不仅限于对客户数据的分析，更本质的是它可以用作金融风险的识别，可以辅助新产品的开发，制定目标销售策略、辅助决策等。所有这些应用归根结底是通过流程的变革来实现的。

二是淡化传统的银行组织观念，加强银行首席信息官的作用。数字化的作用之一就是组织构架的变革，传统的银行组织构架对完成我国银行的转型具有重要的意义，但是并不一定是最适合未来竞争的组织构架。决策者必须认识到传统组织观念的问题，利用数字化工作在进行流程变革的同时进行组织变革，逐步建立基于信息技术的现代银行组织构架。对决策层来说，虽然并不要求决策层个个都是信息技术专家，但是至少要有懂得现代信息资源开发和利用技术的人参与到决策中来。也就是说既要有人懂得银行的经营管理，又要懂得如何充分利用银行的信息资源，在国外往往被称为"首席信息官"。虽然未必非要设立这样一个职位，我国银行的行长和副行长都可以充当这一角色，但是无论谁充当这一角色，都必须清楚他自身的作用。他不同于传统的行长或副行长，也不是传统的科技部经理，他是银行发展战略的直接参与者，能够洞悉信息技术和现代管理技术的发展，并不断地应用于银行的发展实践中。

三是淡化局部最优的思想，加强金融资源的规划。数字化是银行的一场革命，是银行管理和业务流程的一次根本性的再思考与设计过程，实现这个过程需要从全局的观点来思考问题，尽量避免局部最优的思想。为此，就要求银行的管理数字化能够进行银行全面的资源规划，也就是实现所谓的金融资源规划（FRP），金融资源规划的核心就是要像经营企业一样经营银行，对银行内外的各种资源，包括资金、客户、财力、物资等统一进行系统的思考，建立一套能够顺畅运行的管理体系。对这个体系，国外的一些企业资源规划（ERP）软件商给出了解决方案，但是他们的体系还是西方银行的体系，我国银行有一定的特殊性，在具体的运作中不能生搬硬套西方体系，而是要借鉴他们的思想，具体的规划方法还要认真仔细研究，做到从实际出发、注重实效。

四是淡化"大而全"的思想，加强对独立业务运营商的支持。专业化的独立业务运营商一旦出现，不仅有利于商业银行降低运营成本，而且更重要的是有利于商业银行核心能力的塑造。但是，我国商业银行"大而全"的思想依然严重，让他们做IT的外包还可以，可是设计银行的服务外包，这个思想的转变还需要一个过程。因此，对于独立业务运营商，各商业银行要努力创造并充分利用这一新生事物，把标准化的非核心业务外包，不断创新，形成各商业银行自身各具特色的核心业务，从而保证中国的商业银行即使在外资银行大规模进入的情况下依然具有足够的竞争力。

（2）管理层。银行的中层管理者既是数字化总体战略的执行者，同时也是决策素材的提供者。该组织层次是整个数字化管理中的中间环节，管理者既可能是信息技术需求的提供者，也可能是信息技术需求的开发者。因此对管理层，数字化管理战略的关键就是不要求设立独立的信息技术部门管理者，所有管理者都会在需要的时候承担传统的信息部门管理者的工作。实现这一点就需要强有力的信息技术队伍作保障。

（3）操作层。操作层是数字化工作的实践者，对这一层次，强调专业分工的管理战略，一方面，通过服务外包商等新的银行运作模式实现银行非核心业务的专业化经营，减少数字化工作操作层面的管理工作；另一方面，还要从银行创新出发，做好信息项目的管理工作。

从银行的三个组织层次来看，从操作层到决策层，是一个组织职能逐渐模糊化的过程。从底层的专业化分工管理到中层的矩阵职责管理，再到决策层的战略管理，其组织职能的专业化越来越模糊。相应地，各个层次的数字化管理工作是一个从下到上逐渐集中的过程，操作层的数字化管理工作，尽量借助专业化力量，到管理层，数字化管理工作就要逐渐集中到银行内部，主要针对银行的业务运行与创新展开，到决策层，数字化管理的重点就集中到战略决策。

（四）我国银行数字化管理的"三面向"原则

根据世界银行业的发展趋势，这里给出了银行数字化管理的"三面向"原则。所谓"三面向"，就是"面向客户、面向流程、面向决策"。

1.面向客户。以客户为中心是现代管理的重要理念，作为服务性行业，银行业要尤其重视客户的作用。在数字化管理中也要时刻坚持面向客户的战略。面向客户，包括三个层面：操作层面的面向客户、分析层面的面向客户和协同优化层面的面向客户。

（1）操作层面的面向客户，主要针对银行的业务而言。要确保服务水平，实现对客户交互的各种渠道的有效集成。可以通过呼叫中心、网上银行等手段来实现该层面的面向客户。

（2）分析层面的面向客户，包括建立销售计划预测、分析客户价值和行为、识别新业务进入市场的合适时间、通过虚拟渠道的稳定来加强客户服务经验等。分析层面是面向客户的重要层面，主要通过对客户数据的深入分析来获得服务客户的更为深入的信息。

（3）协同优化层面的面向客户，主要是为了更好地满足客户需求，并按需求进行银行价值链和市场的整合。其核心就是实现整个系统的面向客户的集成。

2.面向流程。数字化管理是一种流程化的管理，因此在实施数字化过程中要始终坚持面向流程的战略。围绕数字化管理的组织流程、管理流程、运作流程来开展工作，实现数字化管理从面向职能到面向流程的转变。

现在的银行管理还主要是面向职能部门的，所形成的组织结构还不是客户驱动的，而是刚性的，强调形式上的组织。通过数字化，要实现银行管理的流程化，强调以客户为中心的柔性的组织结构。

在数字化管理的过程中，要始终贯彻流程化的战略，就是要围绕以流程为核心的新的流程再造来进行数字化管理工作。这种流程再造，是围绕信息技术的引入而展开的，既不是一般意义上所说的通过咨询顾问来进行业务流程再造（BRP），也不是单纯的信息系统建设，而是采用以信息系统为导向的方法。

3.面向决策。数字化管理要面向银行的决策层，一方面，要求数字化管理必须由银行的决策层直接来抓；另一方面，要求数字化管理工作要把为决策服务放在比较重要的地位。

七、我国商业银行数字化管理体制

银行数字化管理体制是指银行为了有效地进行数字化管理而进行的机构设置，以及有关各组织单元职能划分的制度。可以说银行数字化管理的组织模式是银行数字化管理的基石。数字化管理组织模式确定了银行在数字化过程中各部门的职能划分以及协调方式，是银行系统正常、有序、高效运行的基础和保障。

（一）我国商业银行的数字化管理环境

商业银行在数字化过程中，需要一个良好的外部环境。我国商业银行的数字化管理环境主要体现在五个方面：第一，我国应当建立和健全相关法规和制度，以保证银行的数字化过程健康、顺利进行；第二，我国政府在政策上应当对银行的数字化建设给予大力支持；第三，我国商业银行数字化的顺利进行离不开中央银行的指导；第四，证监会将在银行数字化过程中发挥重要的监管和协调作用；第五，银行数字化建设过程中，还受到国家数字化管理机构制定的有关标准的约束。

（二）确定我国银行数字化管理体制的基本原则

1.集中与分散相结合。"集中"是指后台数据和后台数据处理的集中，以提供安全、可靠的数据处理；"分散"是指银行在各种服务渠道上，给用户提供多样化的、方便的、快捷的界面。只有将集中与分散结合起来，才能在给客户提供多样化便捷服务的同时，又能保证后台数据处理高效、安全、可靠进行，从而真正做到提高客户服务质量。

2.业务与管理相结合。在信息统计管理方面，需要改变银行在手工操作时代延续下来的"自下而上"、层层上报汇总的旧方式，形成由计算机集中生成"自上而下"的报表新模式。同时，通过集约化的数据来源渠道，对大量的管理信息、客户信息、产业信息进行集中分析和处理，实现业务数据和管理数据的集成、分析和利用。银行管理体系的改革是解决银行数字化过程中各种问题和困难的根本途径。例如，通过信贷台账管理系统，实现科学严密的风险控制；通过财务管理系统，实现对全行财务状况的及时监控。

3.流程重组与风险管理相结合。我国金融机构原有的管理机构和流程，是按手工或者部分计算机处理的模式建立的，要实现金融数字化，必须充分利用计算机网络易于共享数据资源、流程自动化控制与处理、信息快速传递与跨地域存取等特性，重新设计金融机构的管理机构与流程。与企业流程重组相似，银行在流程重组中也会有大量的风险，为此银行必须在进行流程重组的过程中对风险进行系统化的科学管理，以保证流程的重组能够顺利完成，银行的日常经营及管理在此过程中也能够顺利进行。

4.自身发展与外部联盟相结合。银行在数字化过程中，在充分利用自身科技、业务资源的基础上，还可以借助银行外部的资源。在银行数字化项目的开发过程中，银行可以采取自主开发、合作开发、外包等形式进行。对于涉及银行核心业务的系统，银行可以通过自主开发的方式来建设。而对于其他一些系统的开发任务，银行可以将其适当外包，把信息技术部门从"数据处理车间"转变为符合业务流程的高价值的服务部门。

（三）我国商业银行的理想数字化管理组织模式

1.我国商业银行数字化管理的组织模式。

参考国外银行数字化管理的组织结构，结合我国银行的实际情况，我国商业银行数字化管理组织模式应该以客户为中心，以创新为龙头，以流程管理为手段，采用首席信息官领导的灵活组织体系。具体来说，需要强调的主要是建立"一个委员会、三个部门、三个中心"。

"一个委员会"即数字化决策委员会，由银行高层领导组成，负责银行数字化项目的决策、规划、审批等工作。

"三个部门"即产品部，负责银行新产品的研发工作，在利用信息支持业务开发过程中，通过首席信息官与其他副行长的协调，来实现科技部门与业务部门的密切配合；信息资源管理部负责信息本身传递的顺利进行，以及信息挖掘、知识化和综合利用，不负责项目建设和系统运行，但是参与新产品的研发工作；信息科技部属于技术部门，负责信息项目的实施、信息系统的日常运行等，同时也参与新产品的研发工作。

"三个中心"即信息科技部下设的三个中心。软件开发中心负责银行的软件升级、开发等工作，采用矩阵式的科技项目管理体系；产品测试中心则负责系统投产以前的全方位测试，包括功能测试、压力测试等；运营中心负责银行系统内所有业务系统的运行与维护，保障银行系统安全、高效、无间断地运行。

此外，各省级分行均设立科技处主要负责科技管理和运行维护工作，同时承担总行委托的开发任务及数字化的本地化开发工作，省级分行也设立信息资源管理处，负责分行的信息资源管理，以及与总行的信息交换和信息发布等工作。

2.组织中各层次的作用和地位。

（1）数字化决策委员会的作用与地位。数字化决策委员会是全行数字化建设的最高领导机构，由银行高层领导组成，银行行长担任组长，成员主要是副行长，其中首席信息官是非常重要的成员。

数字化决策委员会从战略的高度来把握银行的数字化建设，负责全行数字化建设的总体战略制定，进行全行信息技术资源的总体规划和部署。它是银行数字化建设中协调各部门关系的最高机构，并且负责审批银行的重大信息项目，任命重大项目的项目经理。

（2）首席信息官在银行的地位和职能。在银行中，首席信息官是全面负责数字化工作的主管，但又不同于以往只是负责信息系统开发与运行的单纯技术型的信息部门经理。作为高级管理决策阶层的一员，首席信息官直接向最高管理决策者负责。概言之，首席信息官是既懂信息技术又懂业务和管理，且身居高级行政管理职位的复合型人才。他的主要职能是：参与银行高层管理决策；制定银行的信息政策与信息活动规划；管理银行的信息流程，规范银行信息管理的基础标准；负责银行的数字化建设规划与宏观管理；为银行的经营管理提供有效的信息技术支持；评估信息技术的投资回报；宣传、咨询与培训；信息沟通与组织协调。

总之，首席信息官作为一个跨技术、跨部门的高层决策者，应充分利用银行内外可加以控制的信息资源来不断完善银行的信息基础结构，并注意协调好银行管理与信息技术的关系。

（3）产品部的作用与地位。产品部主要负责的是金融产品创新的规划、组织和管理工作，而各个新产品的研发工作，是通过临时组成的跨部门的创新小组来完成的。这是因为新产品的研发绝不是单个部门能够实现的，必须聚集各相关部门的成员共同完成。特别是在大多数金融产品都是以信息技术为基础的前提下，信息技术部门的人员将在新产品研发中发挥越来越重要的作用。

由于新产品研发跨部门的特性，在新产品创新中，只能采用一种矩阵式的组织结构，即来自各相关部门的成员或者代表组成一个临时的项目小组，共同研发某个或者某种新产品。创新小组在完成自己的使命以后将被解散，成员重新返回自己的工作岗位。

创新小组内部的协调和管理工作由产品部来完成，当涉及人员调动、部门协作等问题时，部门之间的关系由主管产品部门的副行长和其他副行长（如首席信息官）进行协调。在我国各商业银行中，目前都没有设立独立的产品部。产品部的设立，也将标志着我国商业银行真正将新产品和新服务创新提升到一个更高的高度。

（4）信息资源管理部的地位和职责。在数字化组织架构中，信息资源管理部被升格为与其他职能部门并列的独立职能部门，对银行内部的全部信息资源进行协调统一的管理。这是知识经济时代的一种必然，充分体现了信息这种重要资源对于银行的战略意义，以及信息资源管理的重要性和必要性。

信息资源管理部门的设立，标志着传统的"分散式"信息资源管理模式向着"集中式"信息资源管理模式的转变。我国传统银行、信息资源管理在很大程度上采用的是"分散式"的管理，即将信息资源分别置于银行各部门的直接管理和控制之下，可以按照自己的意愿配置所辖的信息资源。这种方式所需的成本较低，能够较准确、快速地满足部门内部的信息资源需求，信息资源的控制和使用十分方便，但是存在一个较大缺陷就是信息资源不能得到有效的共享，容易出现信息不一致、信息过时等现象。而集中式的信息资源管理将所有信息资源的配置、协调、控制和管理集中在一个统一的信息管理机构中，任何部门的信息资源需求都由这个集中的信息管理机构提供，有利于组织内全部信息资源的协调与平衡，形成统一的信息资源标准和操作规范，实现信息资源的完整性约束与安全性控制。

信息资源管理部是银行的全行信息资源统筹规划、统一管理并深度开发利用的部门。具体来说，其职能包括信息资源的规划，信息的采集、存储、加工、发布、分析等。重点需要加强信息资源的深度开发和综合应用，从而将信息资源提升到银行战略的层次上。在某个意义上，信息资源管理部下设的信息开发处相当于是银行高层决策者的"智囊团"，通过利用决策支持系统，使用数据挖掘、联机分析处理等工具，从大量数据中发掘出可供高层领导决策参考的重要信息。

（5）信息科技部的职能划分。信息科技部是银行科技业务管理部门，是负责全行信息技术应用、产品开发、项目管理等政策标准制定、规划编制、计划审核、任务下达、质量控制的综合管理部门。

根据具体职能的不同，可以考虑在信息科技部下设三大职能中心。

软件开发中心，主要负责全行应用软件系统的分析、设计、开发、安装以及软件的升级工作，其中包括各种规范、文档的编写和维护，培训材料的准备，培训课程的实施等，负责引进软件及自行开发软件的产权管理。在软件投入使用的一段时间内，软件开发中心的部分员工将参与软件系统的初期维护，从而实现交接过程中的平稳过渡。

产品测试中心，负责产品投产以前的全方位测试，包括功能测试、压力测试等。营运中心，负责全行数字化软件、硬件系统日常运行、维护和管理方方面面的工作。主要包括计算机网络建设规划的实施和网络的运行、维护和管理，应用软件系统的维护，银行系统内所有业务系统的运行与维护，保障银行系统安全、高效、无间断地运行，其他部门员工技术问题的指导和服务等。

信息科技部的三大职能中心需要彼此密切配合，以实现系统开发、系统切换和系统运营的无缝连接。信息科技部总经理是三大职能部门的总指挥，三大职能中心要服从信息科技部的管理。

（6）总行与分行的协调。从组织管理模式中可以看出，在总行的信息资源管理部下设立了各分行的信息管理处，在总行的信息科技部下设立了各分行的信息科技处，反映了集中与分散相结合的指导思想。各省级分行设立的信息科技处，主要是在总行信息科技部的指导和指挥下负责分行的科技管理和运行维护工作，同时承担总行委托的开发任务，开展软件的本地化开发工作。各省级分行设立的信息资源管理处，全面负责分行的信息资源管理工作，同时也是分行和总行进行信息交换的窗口，一方面按照总行信息资源管理部的要求收集、整理、加工并上报信息；另一方面接受和执行信息资源管理部下达的各项通知和指令，并在分行进行信息发布。

第六章　经济增长统计分析

第一节　经济增长理论

一、新增长理论的贡献

以卢卡斯、罗默为代表的新增长理论抛弃了新古典增长模型中关于技术外生和规模收益不变的假设，采用收益递增的假设建立模型。由于产品多样化（新知识）或产品质量提高可以导致收益递增，一些国家可能增长更快。卢卡斯强调人力资本在经济增长中的关键作用，并引入人力资本的外部效应。这种外部效应的存在意味着一个工人的生产率越高，他周围的人将越聪明，这是一个很有吸引力的解释。卢卡斯和罗默等人在经济增长理论方面的研究使经济增长理论在经过 20 年的沉寂后得以复兴。由于他们采用的新分析框架引入了技术创新的因素，得出了更加合理的结论，并使增长理论更好地与发展经济学融合起来。因而瑞典皇家科学院将"2018 年诺贝尔经济学奖"授予罗默，以表彰其在经济增长研究中的贡献。

二、新增长理论存在的问题

新增长理论也存在一些问题：（1）各自所采用的生产函数的形式结构需要更充分的理论论证；（2）把中间投入的数量、种类、质量引入生产函数，而假设资本或劳动力等因素不变，虽然是一种新的思维，但是事实上资本或劳动力等因素始终在变化；（3）制度的因素没有纳入定量分析中；（4）已有的实证研究表明，新增长理论虽在思想上有重要创新，但由于假设过多，引入了不容易测算的变量（如中间投入的种类、质量等），因而研究结论不能很好地贴合经济实际。

三、共协理论的贡献

为了解决这些问题，刘建华和姜照华所著的《经济增长的国际比较：共协理论方法》一书，从以下几个方面对经济增长理论进行了研究和发展。

1.提出了经济增长的共协理论框架及建模方法

从科技、人力资本与投资共协的角度研究经济增长，把国内生产总值分解为劳动报酬、资本收益、共协利益，建立新的经济增长模型和建模方法。并在新的经济增长模型基础上推导出内生经济增长的充分条件，给出均衡时的基本特点。

2.在模型中包容了决定经济增长的各个直接因素

新的经济增长模型和数据包络分析方法，不仅解决了劳动力、人力资本、固定资本（固定资本存量和固定资产投资）、科技、制度对经济增长的贡献率测算问题，而且可以测算出经济环境外部性对经济增长的影响。而以往的增长理论大多偏重于某个或少数直接因素。

3.测算生产要素资源的配置效率，由此建立起制度创新对经济增长的贡献率测算公式

基于"制度创新对经济增长的最基本、最本质的作用是提高生产要素资源的配置效率"的新制度经济学理论，采用数据包络分析方法测算制度创新在经济增长中的贡献率，是一项国际上的重要突破，目前国际上尚没有实用的制度创新测算方法。

4.若干国家经济增长模型构建与动态随机一般均衡（dynamic stochasticgeneral equilibrium，DSGE）分析

在共协理论框架内，构建了中国、美国、英国、韩国、法国、德国、加拿大、日本、澳大利亚、新加坡、新西兰、意大利、爱尔兰、瑞典、芬兰15个国家数十年的经济增长实证模型，并对这些国家的经济增长因素进行分析。定量分析的结果符合这些国家的经济增长实际，从而验证了此书所建构的共协理论与方法的正确性。

学者们以新凯恩斯主义为基础的DSGE研究已经取得了很大成效，但是依旧存在如经济增长模型落后，模型组中缺乏创新驱动因素和结构转变因素等问题。此书把经济增长的共协理论、创新驱动理论、结构改革理论和有关的金融财政理论、收入分配理论、人口资源环境经济理论等结合起来，构建经济增长的DSGE模型体系，构建整体的预期目标函数（效用函数），并把贝叶斯方法（后验均值）和计量经济学方法（先验均值）等结合起来估计参数，进行模拟仿真和政策实验，把DSGE研究推向了新阶段。

5.对中国经济高质量发展，创新驱动与结构改革的优化分析

改革开放40多年，中国创造了经济高速增长的奇迹，对此，此书从结构性改革—创新驱动的视角进行DSGE解释和分析，并归纳出中国双轨制的渐进的结构改革和不断增强的创新驱动能力的分析框架。分析表明：1953—1976年，中国经济属于依靠劳动者—积累物质资本型的增长方式；1977—2000年，固定资本存量增长的贡献率达到50.4%，固定资产投资增长的贡献率为15.9%，两项合计为66.3%，资本的增长成为第一推动力；2001—2017年固定资本存量和固定资产投资增长的贡献率合计为58.2%，科技进步、人力资本、

制度创新三者的贡献率合计为 33.3%，为投资驱动模式。

此书对中国高质量发展中的降低杠杆率（负债/GDP）、抑制产能过剩、建设科技强国、加快发展新兴产业等问题进行了较为深入地研究，有很多新的见解。从此书理论基础、建立的经济增长模型和对 15 个国家的实证测算结果来看，共协理论既不倾向于资本决定论也不倾向于创新决定论，而是倾向于物质资本、人力资本、科技、制度、劳动力及经济环境外部性共同决定经济增长。当然，不同时期、不同国家，这些因素在经济增长中的贡献率是不同的。

例如，自 1982 年以来，美国技术创新（科技进步）、人力资本创新（人均受教育年限的提高）及制度创新三者的贡献率之和超过 60%，因而属于创新驱动。

中国特色社会主义进入新时代，如何以新发展理念为引领，以供给侧结构性改革为主线，以高质量发展为根本方向，充分发挥物质资本、人力资本、劳动力、科技、制度以及经济环境外部性在经济增长中的协同作用，提高制度创新、结构转变、创新驱动和新的营商环境的推动作用。

第二节　经济增长均衡统计分析

一、经济增长均衡概念

经济增长均衡，通常是指国民经济保持长期的均衡或协调，包括总供给与总需求的均衡、投资增长与劳动力增长的均衡、劳动生产率提高与技术进步的均衡等方面。经济增长均衡的目标是实际经济增长率、有保证的经济增长率和自然增长率的统一。

二、经济增长均衡目标的测算

经济增长均衡分析主要任务是研究均衡的实现条件。其基本假定是：社会生产的产品既可用于满足个人消费，也可作为生产要素投入生产，即投资；生产要素有两种，即劳动和资本。经济增长的均衡目标就是要实现：

实际经济增长率（G）=有保证的经济增长率（Gw）=自然经济增长率（Gn）

经济增长要实现总供给与总需求的均衡，要求消费需求应等于消费品供给，投资需求应等于储蓄。其中，储蓄全部转化为投资，储蓄率等于投资率是实现经济增长均衡的首要条件。

对于经济增长的均衡目标的测算在西方宏观经济分析中有三种分析结论。

1.哈罗德–多马模型的经济增长均衡分析是沿着凯恩斯的静态分析的动态化进行的，认为实现均衡增长的决定性因素在需求方面。

2.新古典综合派认为，生产的方法可以通过市场机制进行必要的调整变化，实现均衡增长的关键因素在供给方面。

3.新剑桥学派认为收入分配是阻碍均衡增长的关键。

三、我国经济增长的均衡分析

1978—2010 年我国的投资率如图 6-1 所示。

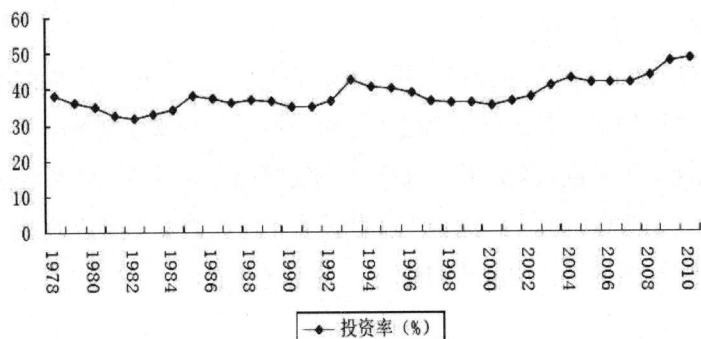

图 6-1 1978—2010 年我国的投资率

从我国的情况来看，实际经济增长率与有保证的经济增长率的不均衡主要是由于投资规模不能有效的控制和投资，不能形成有效供给造成的。因此，控制投资规模、调整投资结构、提高投资的利用效率、提高投资的技术含量是实现经济增长均衡的主要途径，而进一步完善市场机制则是实现这一均衡的根本出路。

第三节　经济增长因素统计分析

一、经济增长综合因素分析的缘起

（一）现代经济增长理论的发展

在经济增长理论的研究领域，早期的研究思路都集中在如何处理单要素投入与经济增长的关系上。现代经济增长理论的起点就是前述的哈罗德—多马模型。哈罗德—多马模型尽管得出了一国的经济增长率等于储蓄率除以资本—产出率的结论，但该结论的决定因素储蓄率和资本—产出比率均是独立于经济体系之外的外生变量，而且增长均衡状态的实现要以长期保持充分就业为条件，这些与现实明显不符。另外，从经济生产机制来看，经济产出并不是仅由单一生产投入要素生产出来的，而是各种投入要素共同作用的结果，因此之前的单要素生产率体现的其实是投入要素组合的共同结果。为解决这些问题，新古典经济增长理论和内生增长理论依次产生。

1.新古典经济增长理论

20 世纪 50 年代，美国经济学家索洛和斯旺等人对哈罗德-多马模型进行了修正，进而提出了一种新的经济增长分析模型。由于它的基本假设和分析方法沿用了新古典经济学的思路，故被称为"新古典增长模型"。

新古典经济增长模型主要有以下的假定。

（1）生产过程中只有资本和劳动力两种投入要素，且能够互相替代，即能够以可变的比例组合。这与哈罗德-多马模型中资本和劳动力按固定比例组合不同。

（2）在不考虑技术进步的情形下，生产函数 $F(K, L)$ 具有如下性质：每一种投入都有正在递减的边际产品；规模报酬不变，即函数一次齐性；随着资本（或劳动）投入趋于零，资本（或劳动）的边际产品趋于无穷大；若资本（或劳动）投入趋于无穷大，则资本（或劳动）的边际产品趋于零。

（3）为克服收益递减约束，引入希克斯中性技术进步，即边际产出的比率保持不变，技术进步使产出水平向外移动。

根据上面的基本假设，生产函数可以用柯布-道格拉斯（Cobb–Douglas，C–D）形式表述为

$$Y=AF(K, L) \approx AK\alpha L\beta$$

式中，A 代表技术水平参数，即技术进步，α、β 分别表示资本要素和劳动要素的产出弹性系数，具体指在其他要素的投入量保持不变的条件下资本投入 K 或劳动投入 L 每增加 1% 能够带来产出 Y 增加的百分比。在完全竞争市场假设下，α，β 分别对应资本要素收入和劳动要素收入在国民收入中所占的份额。一般地，$0<\alpha<1$，$0<\beta<1$。根据 α、β 的组合，C–D 生产函数有三种不同类型：①当 $\alpha+\beta=1$ 时，代表生产效率不会随着生产规模的扩大而提高，即为规模报酬不变型；②当 $\alpha+\beta>1$ 时，代表以当前技术用扩大规模的方式来提高产量是有利的，即规模报酬递增型；③ $\alpha+\beta<1$ 时，则表示以当前技术用扩大规模的方式来提高产出是得不偿失的，即规模报酬递减型。

不妨设人均资本为 $k=K/L$，人均产出为 $y=Y/L$，n 为（人口）劳动力增长率，结合式可以得到

$$y=Ak\alpha$$

假设产出在消费 C 和投资 K 之间分配，在不变的资本折旧率 δ 下，可以推导得到资本积累的动态方程

$$k=sAk\alpha-(n+\delta)k$$

进一步可得到新古典模型的平衡增长条件

$$sAk\,\alpha = (n + \delta)\,k$$

在最上面公式中，k 作为一个可变变量而存在，突破了哈罗德–多马模型中有条件的均衡增长特征，平衡增长得以实现。

新古典模型在将技术进步作为促进经济增长的外生变量的条件下，通过改变资本—产量比率来解决哈罗德–多马模型均衡增长状态的实现问题，并且突破了在经济增长理论中长期占统治地位的"资本积累是经济增长的决定性因素"的观点，第一次提出了"技术进步对经济增长具有最重要的贡献"的观点，使人们认识到了技术进步对经济发展的重要性和关键性。需要指出的是，新古典经济增长模型认为技术进步是经济增长的决定因素，却又假定技术进步是外生变量，结果使新古典模型对一些重要的增长事实无法解释。

2.内生增长理论

20 世纪 80 年代后，经济学家在新古典经济增长模型的基础上观察到储蓄率和技术进步都不是孤立于经济体的外生变量，由此发展出了内生增长理论。内生增长理论在索洛模型的基础上进行了两个方向的拓展：一个方向是考虑一个专门的知识生产部门，增加对该部门的投入会增加知识产出，最终导致物质生产部门产出的增加，从而把技术进步内生化。这个方向的工作主要是由罗默（Romer，1986）开创的。

罗默模型把知识作为一个独立的生产要素，并强调知识作为生产要素的重要性。知识具有很强的正外部性。一个企业的知识资本的增加不仅会使本企业产量增加，也会使别的企业产量增加。知识具有非竞争性，一个人使用某种知识并不影响别人对该知识的使用，知识一经发现，提供的边际成本几乎为零。罗默模型认为，一些国家之所以长期处于低水平的增长路径上，就是由于对知识生产部门的投资不够，技术进步率太低。因此，一个自然的结论就是，应该鼓励对知识生产的投资。

其中一个方向是对资本概念的拓展，即引入人力资本的因素，这样即使不考虑外生知识增长率的不同，也可以很好地解释经济的长期增长和国与国之间的差异，这一方向的工作首先是由卢卡斯（Lucas，1988）进行的。卢卡斯在索洛模型的基础上加入人力资本的内部效应和外部效应，其中，内部效应是指人力资本可以提高人力资本拥有者生产率的效应，外部效应是指人力资本存量的平均水平可以影响所有生产要素的生产效率。

内生增长理论通过上述处理手段把技术进步内生化，拓展了新古典经济增长模型，更加贴近了实际，能够很好地解释不同国家间的经济增长差异。

（二）经济增长因素分析的发展脉络

现代经济增长的源泉分析不光关注资本和劳动要素投入，还要关注这些因素组合起来的效率状况。根据考虑投入要素的多少，经济增长效率测算可以分为单要素生产率测算和多要素生产率测算。乔治·斯蒂格勒（George Stigler）于 1947 年将多要素生产率综合起来提出"全要素生产率"的概念，并由此成为美国国家经济研究局一个主要研究项目的出发点。

1957 年美国经济学家索洛基于 C-D 形式的生产函数提出全要素生产率的测算方法。他将技术进步纳入生产函数中，在把资本增长和劳动增长对经济增长的贡献剥离以后，剩余部分归结为技术进步，他认为美国几乎所有的经济增长均归于生产率的残差增长，这便是有名的"索洛余值"，使人们能分析出生产率的增长源泉。"索洛余值"的分析方法开创了经济增长源泉分析的先河，是新古典增长理论的一个重要贡献。

在这之后又先后经历了肯德里克（1961）、丹尼森（1962）、乔根森（1967）等不断在该领域做出的贡献：肯德里克进一步完善了全要素生产率的概念；丹尼森细分了投入要素的划分，并且在沿用肯德里克全要素生产率概念的基础上进行了进一步的定量分析；乔根森等人则是通过把要素投入增长分解为数量增长和质量增长，并将 R&D 投入纳入要素投入进一步把生产率理论和测算方法提升了一个水平。

基于上述学者在生产率测算方面做出的贡献，逐渐形成了生产核算法测算全要素经济增长率的成熟理论框架。该方法主要利用生产函数将经济增长分解为各生产要素对经济增长的影响，进而分析资本、劳动等生产要素的投入和全要素生产率对经济增长的贡献程度。

下面是依次对索洛的增长核算模型、若干学者的经济增长因素分析以及相关分析方法的新发展等进行的归纳总结和评述分析。

二、索洛的增长核算模型

1957 年，索洛发表了一篇名为《技术变化和总量生产函数》的经典文章。该文章将总产出看作是资本、劳动两个投入要素的函数，从总产出增长中扣除资本、劳动力带来的产出增长，将所得到的"余值"作为技术进步对产出的贡献。结果表明，1909—1949 年美国经济增长的 80% 以上要归功于技术进步。索洛的增长核算模型搭建了用增长核算来测算全要素生产率及分解经济增长的基本框架。

（一）索洛增长核算模型的参数确定

索洛增长核算模型无疑为测算生产率奠定了一个良好的基础。在实际应用中，我们可以借助索洛增长核算模型从纵向的角度研究生产率增长，测算生产率增长水平及其对经济增长的贡献。当基本条件差异不大时，也可以从横向的角度，通过测算不同企业、部门、地区的生产率增长，进行比较研究。

在实际测算中，索洛增长核算模型的应用难点在于资本产出弹性系数 α 和劳动产出弹性系数 β 的确定，常见的方法主要有三种。

1.回归法。首先将约束 $\alpha + \beta = 1$ 代入形如生产函数模型方程得到精简形式的方程，然后收集的数据采用最小二乘法等计量方法估计得到弹性系数 α 或 β。

2.收入法 GDP 测算法。由于在完全竞争市场假设下 α 和 β 分别对应资本要素收入和劳动要素收入在国民收入中所占的份额。因此，可以采用收入法对 GDP 数据进行测算。

3.经验比值法。结合各国要素收入份额的卡尔多经验事实，采取经验比值法确定。比如，有美国学者研究认为，美国 1850~1952 年劳动收入份额长期稳定在 65% 左右，进而将 β 确定为 2/3；也有学者借鉴类似思想将中国的 α 或 β 确定为 0.5 和 0.5 或 0.4 和 0.6 等。20 世纪 70 年代以来欧美多数国家及 20 世纪 90 年代以来中国的劳动收入份额都在不断下降，采用经验比值法失去其应有的前提。

（二）索洛增长核算模型的局限性

采用索洛增长核算模型测算的全要素生产率存在着如下局限性。

首先，采用索洛增长核算模型测算的全要素生产率结果的精确性有待提高。索洛增长核算模型核算的索洛余值是总产出增长率与要素投入增长加权总和的差额，显然，"余值"不仅包括狭义技术进步，还包括其他因素的影响，如资源配置方式的改善、规模经济、劳动质量的提高等，甚至包括模型形式的设置误差，直接导致技术进步贡献率的高估。正如 Abramovitz 所指出的，索洛增长核算只是一种大致的核算，得到的索洛余值是我们所忽略的东西的一个较低的边界。

其次，技术进步外生性、非体现性、希克斯中性假定的质疑。Felipe 曾对此进行了批判，他认为技术进步的外部性意味着技术进步被叠加在系统上，即假定随着时间的推移而增长，并且由所考虑的经济系统以外的因素决定。非体现型的技术进步是一种外部性技术进步，这种技术进步不需要新投入，生产函数形式并不随时间改变而改变。希克斯中性意味着增长路径上的点，技术替代率独立于时间，即对于给定的一个要素价格比率，技术进步不会影响资本投入和劳动力投入之间的比值。在上述假设条件下，技术进步被认为是公共物品，获得知识被假定是没有成本的和瞬时的，技术进步不依赖劳动投入和投资。现实经济中几乎所有国家都不满足这些假设条件。

三、肯德里克的因素分析

从 20 世纪 50 年代开始，肯德里克就对美国的国民收入统计资料进行整理分析，以确定生产率提高和要素投入量增加对经济增长的贡献各占多大的比例。在 1961 年编著出版的《美国生产率趋势》一书中，肯德里克进一步明确和完善了全要素生产率概念。全要素生产率是指产量与全部生产要素投入量之比，即所有投入要素的生产率之和，全部生产要素包括生产中使用的资本、劳动和土地。

肯德里克认为，全要素生产率可以根据 $C-D$ 生产函数来计算。在计算时将生产中的投入要素区分为劳动和资本（把土地归为资本）两项，再把劳动和资本的生产性服务的报酬分为土地和资本收益（包括利润、利息和地租），然后将产量与投入要素量之比定义为要素生产率，其中，产量与全部投入量之比称为全要素生产率。

他将实际总产出增长分解为有形要素投入增长和全要素是生产率增长两部分。其中有形要素投入增长就是劳动和资本要素投入的增长；全要素生产率的增长被分解为三部分：

1.与要素质量有关的因素，包括知识进步、劳动力素质变化、土地质量变化和资源重新分配；

2.产权有关的因素，包括规模经济、需求强度以及非常规因素；

3.剩余因素部分，包括纯政府部门因素以及其他剩余因素。

四、丹尼森的因素分析

丹尼森是另外一位对全要素生产率研究做出贡献的经济学家。丹尼森的主要著作《美国经济增长的因素和我们面临的选择》《增长率为何不同：九个西方国家战后的经验》低速经济增长的原因：20世纪70年代的美国经济》以及和相关争论论文都对全要素生产率研究做出了卓越的贡献。

丹尼森对生产率的测算也是在总量层次上进行的。从方法上讲，他沿用了索洛的方法，即通过测算总产出增长率和各种投入要素增长率加权和，求出二者之差以得出全要素生产率的增长率。但与索洛不同的是，丹尼森对投入要素的分类要比索洛的分类细的多。在1962年出版的《美国经济增长的因素和我们面临的抉择》一书中，丹尼森计算了总投入量增加和全要素生产率提高对经济增长的贡献，并把总投入量和全要素生产率重新分为若干因素。

丹尼森发展了索洛余值的测算方法，主要是把投入要素进行更加细化的分析，把资本投入分类为：住宅建筑和住宅土地、非住宅建筑和设备、非住宅土地及存货。在劳动投入分类中考虑了就业工作时效、劳动者教育水平、就业状况、性别和年龄构成等因素，最后利用权数合成总投入指数。

丹尼森的另一个贡献在于提出了一套分解"索洛余值"的方法。他将"索洛余值"中包含的因素分为规模经济效率、资源配置的改进和组织管理改善、知识进步以及资本和劳动力质量本身的提高等。

丹尼森因素分解与肯德里克因素分解的主要区别在于对投入要素及全要素生产率的分解存在差异。肯德里克仅将投入要素的数量纳入要素投入部分，投入要素质量的变化被归入全要素生产率的"黑箱"；而丹尼森将要素投入分解为数量变化和质量变化两部分，其全要素生产率则主要承载与投入要素无关的因素。例如，"劳动者素质的变化"因素在肯德里克分解模型中会被归入全要素生产率，而在丹尼森分解模型中则会被归入要素投入部分。

五、乔根森的因素分析

乔根森等人对 1948—1979 年美国的经济增长进行了估算，得出 TFP 增长率对美国经济增长的贡献率为 23.6%位居资本与劳动之后，把生产率理论和测算方法提高到了一个新的水平。乔根森在生产率测算研究问题上主要有两个方面的贡献：一是采用超越对数生产函数的形式，在部门和总量两个层次上进行全要素生产率的测算；二是把总量产出、资本投入与劳动投入进行了比丹尼森更加细致的分解，以保证"产出和投入的数量是精确地测量的"。

首先，乔根森等的生产函数采用超越对数生产函数的形式。1973 年乔根森等人提出"共轭对偶和超越对数生产函数"的计量方法，并用于生产率的度量。他们所使用的基础模型仍是索洛总量生产函数 $Y=F(K, L, A)$，且具有规模报酬不变的特征。

其次，乔根森等把资本投入和劳动投入的增长分解为数量增长和质量增长，并且对质量的分解因素考虑得更加细致。他在 1967 年发表的论文《生产率变化的解释》中，对产量与投入要素思想进行了较好的阐述。如将劳动力按行业、性别、年龄、教育、背景和职业等六个特征进行交叉分类，假设分类得到几个不同效率的劳动力组别 $L=L(L_1, L_2, \cdots, L_{1-1}, L_1)$，对劳动力投入函数进行处理后，可将其变化率分解为劳动力的数量变化与劳动力由于内部重组而引起的质量的变化，即当投入中效率高的组在投入中所占比例或份额提高时，表现为劳动力投入的增长是工时数和劳动质量两者变动的综合。

这是乔根森测算投入指数时与别人所使用的方法的不同之处，也是增长核算在 20 世纪下半叶的重要发展之一，迄今该方法论仍代表着生产率研究的世界先进水平，并且在美国、澳大利亚、加拿大、日本、韩国等国家的经济研究中被广泛运用。

最后，乔根森等提出资本和劳动的投入应包括用于技术创新的投入。他们认为如果包括在投入中的支出部分的社会收益率等于私人收益率，创新的影响应该能够核算出来，那么"余值"中创新的部分就不存在了；如果社会收益率与私人收益率不同，"余值"中创新的部分则反映了外部效应。

六、经济增长因素和生产率分析的新发展

近年来，在索洛增长核算模型及几位学者的因素分析基础上，经济增长因素和生产率分析取得了进一步发展，具体表现在如下几个方面。

（一）投入要素分解的方法扩展

在生产率因素分解方面，还有不少其他方面的发展，其中一类思路是将新的影响因素

纳入模型，将其内生化。比如，卢卡斯的人力资本模型在生产函数中引入人力资本要素，或者有的方法直接将生产率分解为重要影响因素，如青木昌彦将经济增长率分解为产业转移（库兹涅茨效应）、人口红利等要素。

索洛增长核算模型基于新古典经济增长模型框架，以资本和劳动力作为投入要素进行分析，并认为技术进步是一种外生因素。然而技术进步是可以影响投入要素的生产效率的，因而内生理论将技术进步等投入要素内生化，扩展了新古典经济增长模型。

（二）边界生产函数角度的方法扩展

以索洛为代表的生产函数法测度全要素生产率时，假定所有生产者在技术上是充分有效的，从而将产出增长扣除要素投入贡献后的剩余全部归结为技术进步。但 Frrell（1957）等指出，并不是每一个生产者都处在生产函数的前沿，能够达到技术前沿的只是少数生产者，大部分生产者的效率与最优的生产效率存在着一定的差距，这种差距被定义为技术无效率。在生产函数测算中，直接使用实际要素投入和产出数据进行生产函数的常规拟合，得到的生产函数反映的只是一定投入要素组合与平均产出量之间的关系。在生产函数分析过程中，应当将生产者的全要素生产率分解为前沿技术和技术效率两个部分，从而能够进一步研究生产率变化和经济增长的根源，比索洛余值方法更接近生产和经济增长的实际情况。当今有许多新兴方法如 DEA 方法、随机前沿法等可以有效估计生产边界。

确定前沿法采用线性规划模型求解出所观测投入空间的凸边界，从而测算生产前沿函数和技术效率。通过模型求解，就可以得到全部生产前沿面上的参数，从而确定生产前沿面。在确定性前沿模型基础上引入随机扰动项，发展出了随机前沿方法。该模型的基本含义是：每个厂商生产的产量受到生产函数以及随机扰动和技术非效率的综合影响，个别厂商因为受到随机扰动和技术非效率的影响而不能达到最优状态。尽管随机扰动和非技术效率无法直接观测，但在假定随机扰动为白噪声的情况下多次观测的均值应当为零，因此个别生产者的技术效率可以用样本中该生产者产出的期望与随机前沿的期望的比值来确定。

数据包络分析（Data Envelopment Analysis，DEA）方法用一组输入输出数据来估计相对有效的生产前沿面，其本质是利用统计数据确定相对有效的生产前沿面，运用生产前沿面的理论和方法建立非参数的最优化模型，研究相同类型生产单位间的效率差异。DEA 方法是评价具有多个"输入"和"输出"的决策单元（DMU）相对有效性的模型。其本质是先利用统计数据来确定 DEA 有效生产前沿面，再把非 DEA 有效的决策单元影射到 DEA 有效的生产前沿面上。通过比较非 DEA 有效的决策单元"偏离"DEA 有效生产前沿面的程度来评价各决策单元的相对效率。随机前沿法所估计的随机边界函数实际上是生产函数的一种。随机边界生产函数利用随机边界生产函数方法测算生产率增长。边界生产函数根据已知的一组投入、产出观察值定义出投入产出的一切可能组合的外部边界，使所有投入产出观察值组成的坐标都位于这个边界的"下方",而且与其尽可能地靠近。利用随机边界生产函数理论可以建立模型,并据之以测算一定生产单位的技术效率研究其生产率增长。

上述几种方法均可以测算技术效率。DEA方法可以得到相对效率,不能够测算出绝对生产率水平及其增长;随机边界分析法可以通过对误差项进行分解,对技术效率进行测算;还有一种基于DEA和指数法发展出的Malmquist生产率指数法,可以进一步把生产率变化分解为技术进步变化指数、技术效率变化指数和规模效率变化指数。

第四节　经济增长质量统计分析

经济增长既有量的要求,又有质的规定性,是数量和质量的统一。数量型经济增长主要关注经济增长的速度、规模、动力和源泉。从古典经济学到新古典经济学,乃至现代经济学,经济学家们对经济增长理论的研究主要是基于数量型经济增长的研究。自20世纪美国经济学家库兹涅茨建立现代国民收入核算体系以来,以GDP和GDP增长率为代表的总量指标只是经济增长的评判准则。

然而,由于人们过度地追求经济增长的数量,自20世纪后半期以来,世界经济增长过程中出现了各种经济问题、社会问题,贫富差距不断扩大、环境恶化、生态破坏、道德滑坡等,这些恰恰是经济增长的质量方面。质量型经济增长主要关注经济增长的质量方面,反映经济增长的优劣程度或品相属性。质量型经济增长把经济增长的系统从经济系统扩展到了自然生态系统和社会系统,拓宽了经济增长的内涵和外延。目前对经济增长质量的分析主要是集中于经济增长质量内涵的界定和经济增长质量的测度。

一、经济增长质量内涵的界定

在文献资料中对经济增长质量内涵的界定主要存在两种观点:一种是从狭义上来界定经济增长质量的内涵,将经济增长质量理解为经济增长的效率;另一种是从广义上来界定经济增长质量的内涵,认为经济增长质量是相对于经济增长的数量而言的,属于一种规范性的价值判断,具有丰富的内涵。

(一)狭义经济增长质量内涵

狭义的经济增长质量内涵,是指资源要素投入比例、经济增长效果或经济增长的效率,即经济活动的要素投入与经济产出成果之间的比较,体现为经济增长方式的转变。对于一定时期的全部或某项经济活动,如果给定投入下产出越多,或一定产出目标下投入越少,则表明经济增长效率越高,经济增长质量也越高。这也是从投入产出效率层面来界定经济增长质量的内涵。

从产出角度去界定，经济增长质量反映等量投入带来的产出变化。等量投入带来的产出增加，则经济增长质量提高，反之亦然。如果由于要素质量或要素资源配置质量的变化导致产出变动，经济增长质量就体现为全要素生产率变化。如果仅用单要素投入的产出来衡量，经济增长质量就是指劳动生产率或资本生产率的变化。

从投入角度去界定，经济增长质量反映单位产出的各种资源消耗的变化。对于劳动力、物质资本和能源等资源的投入，经济增长质量可以界定为单位产出的劳动力消耗变化、资金消耗变化和能耗变化。单位产出的各种资源的消耗越低，则经济增长质量越高。反之，经济增长质量越低。

可见，无论从产出角度还是从投入角度界定，经济增长质量内涵都是同一的。从另一侧面来说，根据投入产出效率界定的经济增长质量也意味着经济增长方式不同，即经济增长方式根据投入产出效率的不同可分为粗放型经济增长和集约型经济增长。粗放型经济增长是指依靠大量投入资金、大量使用劳动力、大量消耗原材料能源等资源来支撑，其特点是高投入、高消耗低质量、低效益，这种增长方式只片面追求生产要素的投入数量。与之对应的是集约型经济增长，集约型经济增长更加注重提高要素效率，其特点是低消耗、高质量、高效益。

（二）广义经济增长质量内涵

1.基本概念界定

广义的经济增长质量，属于一种规范性的价值判断，具有丰富的内涵。由于学者们研究角度的不同，广义经济增长质量的基本概念因人而异，不同的基本概念所阐述的经济增长质量的内涵也有所差别。大体而言，广义经济增长质量的系统外延由狭义的经济系统扩展到了自然生态系统、社会系统，其内涵除了狭义的经济增长效率外，包含的内容也更加宽泛。因此，可以从经济系统、自然生态系统和社会系统三个方面来定义经济增长质量的概念。

从经济系统来看，经济增长质量不仅包括经济增长效率的提升，还包括经济效益的提高，经济结构的优化，经济运行的稳定性等方面。意味着在经济系统中不仅要实现国民财富的不断增加，还要使经济效益、经济结构、经济运行等保持一个健康稳定的状态，保证经济系统良好运转，实现经济行为活动最优，并且经济发展可持续。

从自然生态系统来看，经济增长质量应该是在经济快速发展的同时要保持自然生态系统的稳定、自然环境的优良、自然资源的合理开发利用，从而实现人与自然和谐相处。

从社会系统来看，经济增长质量的终极价值判断应该是人的生存与发展，其内容应该包括社会安全稳定、国民福利的改善、国民素质和社会文明的提高、社会制度的成熟等。从而在保持社会高效可持续运转的情况下，实现人的自由和全面发展。

广义经济增长质量的概念可以看作是从经济、自然生态、社会三个系统定义的综合。广义经济增长质量是把除增长数量以外的各种因素都纳入经济增长质量的范围之中，这就使经济增长质量的外延更加宽泛，内涵更加丰富。

2.基本内涵界定

广义经济增长质量的内涵十分丰富，文献资料中，不同学者研究角度不同，所界定的广义经济增长质量的内涵也存在差别，但总体来说基本都涉及经济系统、自然生态系统和社会系统的协同发展方面。在2014年9月，国家统计局正式印发《基于需求的反映提质增效转型升级统计指标体系》（以下简称《指标体系》）标志着中国政府统计从长期偏重反映经济总量及增速，朝着更注重反映经济发展质量和效益迈出重要一步。《指标体系》从经济稳定、经济安全、结构优化、产业升级、质量效益、创新驱动、资源环境、民生改善八个方面，在官方口径上界定了中国广义经济增长质量的内涵。

（1）经济稳定

经济稳定是指在经济发展过程中经济增长率稳定、物价水平稳定、就业稳定和国际收支平衡，亦即实现宏观经济政策管理的四大目标状态下的稳定。经济增长的稳定性是指经济增长的波动幅度及对潜在产出的偏离程度。稳定性高则意味着经济增长在一个较长的时期中保持平稳的态势，经济增长率在潜在经济增长率附近窄幅波动。经济稳定是经济增长质量的重要体现。

如果经济增长不稳定，波动剧烈，会引起一系列严重后果，如经济停滞、通货膨胀、大量失业等经济危机的出现，不仅会影响人民的正常生活，还会造成社会财富的巨大浪费以及对社会生产力的严重破坏。美国20世纪30年代的"大萧条"、70年代的"滞涨"，中国80年代末的商品抢购潮、严重通货膨胀，1997年亚洲金融危机，2008年国际金融危机等，都是由于经济不稳定给经济社会发展带来了重大影响。

（2）经济安全

经济安全是指经济全球化时代一国保持其经济存在和发展所需资源有效供给、经济体系独立稳定运行、整体经济福利不受恶意侵害和非可抗力损害的状态和能力，亦即一国的国民经济发展和经济实力处于不受根本威胁的状态。经济安全包括两个方面，一是指国内经济安全，即一国经济处于稳定、均衡和持续发展的正常状态；二是指国际经济安全，即一国经济发展所依赖的国外资源和市场的稳定与持续。

对于经济安全的内涵，一般认为，它主要包括金融安全、资源（如石油粮食和人才）安全、产业安全、财政安全、信息安全等。在经济全球化对国家经济安全的具体影响方面，经济全球化提高了国家经济安全的地位，扩展了其内涵与外延，并使经济安全环境、经济安全态势更加复杂多变。经济全球化尽管有助于发展中国家维护国家经济安全，但也加大了外部冲击，加剧了其经济、金融体系的脆弱。

经济安全是经济增长质量不断提高的前提和保证。如果经济安全受到威胁，就不可避免造成经济的动荡，如自然灾害、重大公共事件、全球性金融危机等威胁经济安全的因素都会对经济社会产生重大影响。

（3）结构优化

结构优化即经济结构优化，经济结构是指国民经济的组成和构造，由许多系统构成的多层次、多因素的复合体。经济结构包括需求结构、产业结构、区域结构、城乡结构和贸易结构等。世界各国经济增长的经验告诉我们，在不同的经济增长阶段，一个国家的结构是不同的。一定的经济总量总是一定结构下的总量，经济总量的变化总是与经济结构的变化结合在一起。经济增长质量本身含有对经济结构优化升级的要求，经济结构优化是经济增长质量的重要内容。

经济结构失衡对经济增长会产生重要影响，如供求结构失衡会引起生产相对过剩和经济衰退；城乡两元结构失衡的不协调会引起需求不足和社会的不稳定；产业结构不合理会造成资源要素配置缺乏效率，造成大量资源浪费，引起经济波动。当前，中国经济煤炭钢铁等领域的产能过剩，就是经济结构严重失衡的具体表现。合理的经济结构是实现经济增长且获得较高经济效益的基础，是高质量经济增长的重要内容。

（4）产业升级

产业升级主要指产业素质与效率的提高。产业素质与效率的提高表现为生产要素的优化组合、技术水平和管理水平以及产品质量的提高。在人类经济发展中，每一次科技革命都会促成传统产业的升级换代，新的技术是传统产业升级的关键和主要推动力量。传统产业主要以劳动密集型、资源密集型产业为主，属于粗放式发展模式，会造成资源浪费、环境污染等，严重影响经济增长的质量。传统产业可以依靠技术进步来实现产业升级，新技术的应用不仅可以为传统产业的发展提供新的契机，还可以带动经济社会不断向前进步。就中国而言，目前传统的粗放式经营的企业逐渐举步维艰，而依靠资本、技术、知识发展的高新技术企业充满着活力和竞争力。

（5）质量效益

经济效益是一切经济工作的中心，也是经济增长质量诸多内涵的中心。从根本上说，经济增长的优劣本质上就是经济效益的优劣，经济增长的质量高低就集中体现在经济效益水平的高低上。在既定的要素投入中，如土地、劳动、技术等，生产出来的产品质量越好，产品越多，则经济效益就越好，经济增长的质量也就越高。经济质量效益的好坏体现的是经济资源各要素或各要素综合的生产效率的好坏。

经济资源要素的生产率包括单要素生产率和全要素生产率。单要素生产率指的是产出对于投入之比，其中劳动生产率和资本生产率是常用的两种。全要素生产率是产出对所有生产要素投入量的比率，是生产要素使用效率的综合体现，较之单要素生产率更为全面，具有较强的综合性，是评价经济增长质量一个非常重要的指标。因此，经济资源的生产率越高，经济效率越高，则经济效益越好，经济增长的质量越高。

（6）创新驱动

创新驱动指从个人的创造力、技能和天分中获取发展动力的企业，以及通过对知识产权的开发可创造潜在财富和就业机会的活动。也就是说经济增长主要依靠科学技术创新带来的效益来实现集约的增长方式，用技术变革提高生产要素的产出率。创新驱动的本质是指依靠自主创新，充分发挥科技对经济社会的支撑和引领作用，大幅提高科技进步对经济的贡献率，实现经济社会全面协调可持续发展和综合国力不断提升。无论从国家层面来讲，还是从科技组织层面来讲，实施创新驱动发展战略都意义深远。

中国长期依靠物质要素投入推动经济增长，经济发展方式以粗放型为主，而这种依靠资源等要素投入推动经济增长和规模扩张的粗放型发展方式是不可持续的。当前中国经济已进入"新常态"，前期的发展模式难以为继，在国际发展竞争日趋激烈和中国发展动力转换的形势下，必须把发展基点放在创新上，形成促进创新的体制架构，塑造更多依靠创新驱动，更多发挥先发优势的引领型发展，必须坚持创新发展，着力提高发展质量和效益。

（7）资源环境

经济系统和自然生态系统密不可分，经济增长是经济要素与自然资源以及生态环境有机整合的过程，是对自然资源的开发利用、对生态环境的耗费占用以及物质生产的废弃物排放的综合过程。自工业革命以来，人类在创造了前所未有的巨大物质财富的同时也付出了沉重的环境代价。生态破坏、环境污染对人类生存和发展构成的严重威胁触目惊心，解决环境问题已成为全球共同面临的刻不容缓的重大任务。

资源环境承载着经济的长期增长，要提高经济增长的质量，就不能以自然资源的损耗和生态环境质量的恶化为代价。只有在自然资源被有效利用和生态环境得到有效保护的前提下，经济增长才是可持续的。如果自然资源遭到毁灭性的破坏，即使耗费巨大的人力、技术和资金资源去拯救，也难以在短时期内恢复，不仅经济增长受阻，而且人类生存也将受到威胁。

（8）民生改善

经济增长的最终成果要被人民所分享，人民福利水平的改善是我们追求经济增长的最终目的，是经济增长质量的核心内容。经济增长的成果会带来整体居民福利水平的改善，它可以提高人们的收入水平、提高人们的衣食住行等物质条件，改善居民的健康状况，提高居民的受教育程度以及自身的素质。只有整体居民的福利水平都获得了改善与提高，才能实现我们追求经济增长的意义。

同时，居民福利水平的改善不仅仅是指整体层面的，还应当看到经济增长成果在居民间的分配状况。如果经济总量不断扩大，但城乡差距、地区差距、贫富差距、收入差距并没有缩小，经济发展的成果并没有更多、更公平、更实在地惠及广大人民群众，那么这样的经济增长是低水平的，低质量的，不全面的，不平衡的。只有当经济增长的成果能够被绝大多数的人所享受时，经济增长才是一种高质量的增长。

二、经济增长质量的测度

根据经济增长质量的不同内涵，经济增长质量的测度可分为狭义内涵方面的测度和广义内涵方面的测度，狭义内涵方面经济增长质量的测度为全要素生产率，广义内涵方面经济增长质量的测度为综合评价指标体系。

（一）全要素生产率

全要素生产率是产出对所有生产要素投入量的比率，是指除了资本要素和劳动要素之外的（广义）技术进步变化对经济增长的贡献，包括劳动效率和资金效率的提高，规模经济、资源再配置及管理水平的提高等，是生产要素使用效率的综合体现。

全要素生产率提高表示以较少要素投入可获得同量产出，或以同量要素投入资源可获得较多产出。狭义的经济增长质量的优劣可以通过测度经济增长的全要素生产率来进行评价。有关全要素生产率的测度方法在本章第一节中已经有详细的介绍，这里不再赘述。

（二）综合评价指标体系

根据上文介绍，广义的经济增长质量，属于一种规范性的价值判断，具有丰富的内涵。在实践中，对经济增长质量的评价通常都采用规范分析和实证分析相结合来进行，由于其包含的内容非常广泛，大多数研究都通过构建综合评价指标体系，即综合经济、社会和自然生态系统中多层次的指标来分析经济增长质量的优劣。

1.基本指标体系构建

基本指标体系从经济稳定、经济安全、结构优化、产业升级、质量效益、创新驱动、资源环境、民生改善八个方面，综合考虑数据的可获得性和数据质量，选取 GDP 增长率、债务余额占财政总收入比重、服务业增加值占 GDP 比重、居民消费率、城镇化率 R&D 经费与 GDP 之比、每万名就业人员 R&D 人员全时当量、单位 GDP 能源消耗降低率、主要污染物排放总量削减率、居民人均可支配收入与人均 GDP 之比等共 46 个核心综合指标。

国家统计局制定发布的《指标体系》虽然从 8 个方面 46 个核心指标来对经济提质增效转型升级进行评价，可以在理论上构成一个官方的综合评价指标体系，但在实践中，国家统计局并没有公布相关综合指数方面的信息，在实证分析中，对这些基础指标进行加总合成有一定的困难。

西北大学任保平教授在其经济增长质量测度评价中经常用到综合指标体系。该经济增长质量综合指标体系从国民经济素质、经济增长效率，经济增长结构、经济增长的稳定性福利变化与成果分项、生态环境代价六个维度构建了中国经济增长质量的测度指数。这六个维度中选择具有较高代表性和可比性的核心指标作为基础指标，最终由 37 个基础指标构成中国经济增长质量指数。

（1）经济增长的效率

经济增长的效率是各投入转化为产出有效性的高低。高生产率是高质量增长的根本保证，生产率的长期增长取决于技术进步和经济制度的效率。从经济增长效率测度指标的选择来看，生产率揭示了各种生产要素转化为产出的有效性，因此选择全要素生产率、技术变动、技术效率变动、资本生产率及劳动生产率作为经济增长效率的测度指标。

（2）经济增长的结构

经济增长的结构是指经济系统内各要素之间的连接关系及要素数量之间的比例关系。合理的经济结构是经济高质量增长的前提，经济结构转化可以有效改变经济增长的动力机制，因此分别从产业结构、投资消费结构、金融结构、国际收支结构和城乡二元结构五个分项进行测度。产业结构选择工业化比率、三次产业比较劳动生产率；投资消费结构选择投资率和消费率；金融结构选择存、贷款余额占 GDP 的比例作为衡量指标；外贸依存度选择国际收支结构测度指标；由于中国还具有二元经济结构，因此中国经济结构的度量中还需要考虑二元结构的转化问题，因此选择二元对比系数和二元反差指数来衡量城乡二元结构。

（3）经济增长的稳定性

经济增长的稳定性是指经济运行是否平稳。从经济增长稳定性测度指标的选择来看，经济增长过程中的周期波动主要是从产出波动、价格波动和就业波动三个方面来考察，因此可以从这三个层次来测度经济增长的稳定性，分别选择经济波动率、消费者价格指数、生产者价格指数和失业率作为测度指标。

（4）经济增长的福利变化和成果改善

经济增长的福利变化是指居民人均拥有财富的增加，不仅包括物质财富还包括人力及自然社会财富等方面的内容。经济增长的最终目标是增加社会的福利水平和幸福程度。对于福利变化主要从总体上来考察，分别选择人均 GDP、城市人均住宅面积、农村人均住房面积、城市和农村居民家庭恩格尔系数作为基础测度指标。成果分配主要涉及收入分配问题，分别用测度城乡收入差距的泰尔指数和劳动者报酬占比作为基础指标。

（5）生态环境代价

生态环境代价是从成本视角考察经济增长是否可以以可持续的方式使用资源，降低资源环境和生态成本。从经济增长的生态环境代价这一维度看，选择单位国内生产总值能耗、单位国内生产总值电耗、单位产出大气污染程度、单位产出污水排放数、单位产出固体废弃物排放数作为基础测度指标。

（6）国民经济素质

国民经济素质表现为一个国家长期有效地开发和利用各种资源创造国民财富的基本条件和能力，是经济增长质量的综合体现。国民经济素质包括：基础素质、能力素质和协调素质三个方面。用人均公里里程、人均铁路里程来代表国民经济基础素质。用科学技术占财政支出比重代表国民经济能力素质。用行政费用占财政支出比重、公共安全支出占财政支出比重代表国民经济能力素质。

此外，从国家统计局公布的《指标体系》和任保平教授研究给出的《中国经济增长质量构成指数》来看。国家统计局《指标体系》的维度划分、基础指标选取更为全面新颖，涵盖了中国经济新常态时期提质增效转型升级的经济增长理念的内容，如产业升级维度不仅有传统的工业、农业指标，还有新型工业、生产性服务业及近年来发展迅速的电商指标，以及质量效益维度关注企业综合产出、土地产出等，创新驱动方面主要关注 R&D 相关指标。随着中国经济与世界经济联系日趋密切，世界性或区域性的经济危机对中国影响越来越大，经济安全不可忽视，国家统计局的《指标体系》还包含经济安全这一维度，主要从粮食安全、能源安全以及不良债务和债务余额方面考察。

2.基础指标合成

经济增长质量指数基础指标的合成方法，在文献资料中主要有相对指数法、熵值法、主成分分析等方法。

（1）相对指数法

相对指数法是将一系列指标变成可比的指数形式，然后进行简单加总或加权加总来评价的一种方法。但各指标对经济增长质量的作用程度各不相同，等权重或主观赋权有很大的随意性。权重主要研究者对各指标重要性程度的认识赋值，依赖于研究者的经验，主观影响也很大。

（2）熵值法

熵值法属于一种客观赋权的方法，利用信息熵的工具根据各项指标值的变异程度来确定各分类指标的权重。一般来说，若某个指标的信息熵 E，越小，表明指标值的变异程度越大，提供的信息量越多，在综合评价中所能起到的作用也越大，其权重也就越大；相反，若某个指标的信息熵 E，越大，表明指标值的变异程度越小，提供的信息量越少，在综合评价中所能起到的作用也就越小，其权重也就越小。

（3）主成分分析法

主成分分析法也属于客观赋权的方法，是通过降维的方式把具有相关性的多个指标约化为少数几个综合指标的方法，可以在尽可能保留原有数据所含信息的前提下实现对统计数据的简化。主成分分析法通过提取的主成分可以获得构成经济增长质量各个维度的量化结果，所形成的权重结构可以充分反映经济增长质量各维度的基础指标对形成总指数的贡献大小。因此，采用主成分分析法来确定单项指数在各方面指数中的权重以合成各方面指数，进而采用同样的方法合成总指数，对中国经济增长质量状态进行量化是非常合适的。

第七章　国民收入分配统计分析

收入分配是经济学的永恒主题。经济学家非常关心收入的分配，即产出怎样在其生产参与者之间进行划分，解释决定收入分配的主要因素本身就很有意义，同时这种分配又会影响经济的长期增长。人们在进行生产活动试图增加财富时，首先面对的不是生产问题而是分配问题，即如何分配过去的成果以便更大限度地满足自己。正是从这个意义上讲，财富或收入的分配不仅是人类生存发展的基本问题，也是宏观经济统计分析的核心内容。

第一节　国民收入分配统计分析一般理论

一、收入分配分析中的基本概念

（一）收入分配

收入分配指生产过程创造的价值在参与生产活动的要素之间进行直接分配的活动以及要素收入在不同部门和单位之间转移收支形成的间接分配的活动。

了解收入分配需要注意三方面的问题，首先，收入分配的对象是什么？收入分配的对象是以价值形态体现的当期生产成果，在宏观层面即为国内生产总值，而在微观层面则指各单位创造的增加值。其次，参与分配的主体是谁？参与分配的主体应该是各种生产要素及其所有者。最后，如何分配？取决于各生产要素在产品生产过程中做出的贡献大小。

（二）国民收入分配和个人收入分配

从研究的层次来看，收入分配可以分为国民收入分配和个人收入分配。

国民收入分配是国民收入在各生产要素之间、分配主体之间、各分配主体内部各单位之间的分配比例关系，主要体现收入分配中的总量关系。

个人收入分配，也称居民收入分配，是表示在一定时期和一定的社会经济体制下社会各类成员收入水平以及社会成员之间的收入比例关系，主要体现收入分配中的个量关系。

个人收入分配主要反映各类社会成员的个人所得在个人收入总额中所占比重的一种结构关系。

国民收入分配和个人收入分配更多的是从统计意义上的分类，二者的关系为：国民收入分配属于社会再生产总过程，而个人收入分配属于社会生产的单个经济过程；个人收入分配是分配环节的基础，国民收入分配是分配环节的总和；个人收入分配制约着国民收入分配状况，国民收入分配影响个人收入分配的实现。

（三）功能性收入分配与规模性收入分配

按照分配主体的不同，收入分配又可以分为功能性收入分配和规模性收入分配。这种分类方式更多的是从经济学意义上进行的。

功能性收入分配，也称为要素收入分配，它探讨各种生产要素与其收入所得的关系，是从收入来源的角度研究收入分配活动，关注的是资本、劳动等要素收入的相对份额。研究功能性收入分配的主要目的在于分析各种生产要素对生产的贡献与其所得之间的关系是否合理。对功能性收入分配的研究起源于古典经济学家大卫·李嘉图。李嘉图认为，经济产出在土地、资本和劳动三大要素间进行分配，其分配理论基于"边际"和"剩余"两大原理，以"边际"原理解释地租份额，以"剩余"原理解释扣除地租后剩余部分的工资和利润分割。马克思则是从资本积累的角度来分析收入分配问题的。马克思认为，资本家为了获得超额利润而提高生产技术，这就导致了资本家把大量资本作为不变资本用来购买机器设备，而用于给工人发工资的可变资本所占的部分就越来越小，所以工资性收入与国民收入的比例会越来越低，工人阶级陷入了相对贫困，甚至绝对贫困。正因为如此，马克思把资本积累过程称为两极的积累：资本家在积累财富，而工人阶级在积累贫困。

在李嘉图和马克思之后，关于工资性收入在国民收入中所占比例的研究便成了经济学家们研究的热点。以边际革命为标志的新古典经济学认为，资本和劳动力价格是由边际生产力所决定的。因此，生产要素的边际生产力是决定这种要素在国民收入中所占份额的关键。与新古典学派针锋相对的凯恩斯主义新剑桥学派代表人罗宾逊夫人则摒弃了新古典经济学的研究方法，把有效需求理论用于经济系统的长期分析。罗宾逊夫人认为，消费品与投资品之间的比例决定了工资性收入和利润性收入之间的比例：投资率越高，利润占国民收入的比例越大，工资性收入所占比例就越小。

与功能性收入分配相对应的是规模收入分配，是以居民个人或家庭为主体的角度研究收入分配活动，关注的是不同个体或群体最终得到的收入水平和收入差异。规模性收入分配关心的是个人收入的多少，而不考虑获得收入的途径。研究规模性收入分配主要在于分析特定个体或群体的比重与其所得收入份额之间的关系是否合理。

规模性收入分配分析起源于帕累托（1897）提出的帕累托最优分配问题。20世纪70

年代以后，随着调查方法的发展、微观数据和计量工具的丰富，规模性收入分配研究大规模兴起。除了迅速发展的不平等度量指标以外，经济学家开始通过微观视角寻求收入差距的决定因素，包括人力资本中的教育、技能以及劳动力市场制度因素，如性别种族和地区。将收入差距进行分解也是规模收入分配的重要内容之一，包括按收入来源进行的分解以及按收入群体进行的分解。

二、国民收入分配流程理论

国民收入分配是一个永续不断的过程，而国民收入初次分配和再分配是既相互联系又相互区别的两个侧面，二者是连续进行并交织在一起，没有时间上的先后区分。在理论上对收入分配的阶段进行区分是因为在每个阶段发生的收入分配的交易性质存在差异。初次分配以交换性的分配活动为主，而再分配则以非交换性分配活动为主。具体来看，初次收入分配分为两个环节：第一个环节，立足于生产者进行分配的收入形成过程，即增加值的直接分配，这是初次分配和再分配的前提；第二个环节，在收入形成基础上加入财产收入的分配。因此，完整的收入分配流程包含了初次分配和再分配两个阶段。

初次分配和再分配叠加在一起形成国民收入分配的最终格局。

（一）收入初次分配

收入初次分配是与国民收入的来源、生产或创造相联系的一个分配层次，是指因参与生产过程或因拥有生产活动所需资产的所有权而获得的收入在机构单位之间进行的分配。在收入初次分配阶段发生的主要是交换性分配活动，分配的主体是生产活动的直接或间接参与者，客体是生产性收入。

在初次分配阶段具体包括两个环节的分配活动：生产经营成果的直接分配和财产收入的分配。

1.收入形成环节

收入形成环节主要指以增加值为起点的生产经营成果的直接分配，主要表现为企业、居民和政府部门的增加值形成额。从生产者角度出发，生产经营成果的直接分配反映了机构部门的增加值要素构成，从而反映出劳动者、企业和政府之间最初的分配关系，其中包括劳动者报酬、生产税净额、固定资产折旧和营业盈余。政府主要得到生产税净额，企业主要得到固定资产折旧和营业盈余，居民主要得到劳动者报酬。

劳动者报酬指劳动者因从事生产活动所获得的全部报酬。包括劳动者获得的各种形式的工资、奖金和津贴，既包括货币形式的，也包括实物形式的，还包括劳动者所享受的公费医疗和医药卫生费、上下班交通补贴、单位支付的社会保险费、住房公积金等。

生产税净额指生产税减去生产补贴后的余额。生产税指政府对生产单位从事生产、销售和经营活动以及因从事生产活动使用某些生产要素（如固定资产、土地、劳动力）所征收的各种税、附加费和规费。生产补贴与生产税相反，指政府对生产单位的单方面转移支出，因此视为负生产税，包括政策亏损补贴、价格补贴等。

固定资产折旧指一定时期内为弥补固定资产损耗按照规定的固定资产折旧率提取的固定资产折旧，或按国民经济核算统一规定的折旧率虚拟计算的固定资产折旧，固定资产折旧反映了固定资产在当期生产中的转移价值。

营业盈余指常住单位创造的增加值扣除劳动者报酬、生产税净额和固定资产折旧后的余额。相当于企业的营业利润加上生产补贴，但要扣除从利润中开支的工资和福利等。收入形成环节反映的是各收入主体对国民收入的贡献份额，对主体分配格局和形成起基础性作用和决定性作用。

2.财产收入分配环节

财产收入的分配是初次分配的第二个环节，经过财产收入分配后形成初次分配格局。财产收入是指由于资产的所有者将其所拥有资产的使用权让渡给其他单位使用而从对方获得的回报，具体包括使用金融资产而产生的投资收入以及使用自然资源产生的地租两大类，其中，投资收入包括利息、公司已分配收入、外国直接投资的再投资收益、其他投资收入；地租主要形式有土地地租和地下资产地租，投资收入与地租之和即为财产收入。需要注意的是，并非所有资产都能为其所有者带来财产收入，只有当金融资产或自然资源的所有者将其交由其他机构单位支配时，才会产生财产收入。

需要指出的是，中国财产收入的定义与SNA2008版有所差别。SNA2008版对财产收入的界定为：财产收入是初始收入的一部分，它是贷出金融资产或出租包括土地在内的自然资源给其他单位在生产中使用所获得的回报。中国财产收入数据有两类，《中国统计年鉴》中的资金流量表（实物交易），中国的财产收入分为利息、红利、地租及其他；一体化住户调查中放宽了有关的财产收入范围，出租房屋的收入、专利所得收入、收藏品所得等也属于调查中的财产净收入。可以看出，中国财产收入分类与SNA2008版分类标准具有一定程度的差异，而且即使在相同的分类中，核算口径也存在着明显的偏差。另外，中国资金流量表中的财产收入分类较为简单、笼统，同时存在一定程度的漏算。

在经过收入初次分配的两个环节后，各个部门获得的各自的原始收入、所有原始收入之和，即为国民总收入，包括了全部的生产性收入和财产收入。

（二）收入再分配

收入再分配是记录以经常转移方式在机构单位以及国外之间进行的分配，是在初次分配基础上进一步完成的、以间接分配手段实现的分配过程。为了更好地理解收入再分配流程，需要辨析一个基本概念——转移，转移是指在交易中，一个机构单位向另一个机构单位提供货物、服务或资产，但又不向后者索取任何货物、服务或资产作为与之直接对应的回报的一种交易，也就是说这是一种单方面的交易活动，具体包括资本转移和经常转移两种类型。资本转移是指以资产所有权被转让造成转移双方资产增减为前提而不涉及现期收入的转移支付。一般而言，资产转移的数额较大，通常是一次性的、不规则地发生。这种转移会增加接收方的资产、减少转出方的资产进而直接影响转移双方投资或财富水平。

经常转移的对象与资产或资产形成无关，而是会经常性的、有规律地发生，并且会影响转移双方的现期收入水平和消费水平的转移方式。经常转移主要包括三类形式：所得税、财产税等经常税、社会缴款和社会福利以及其他经常转移收支（包括非寿险的净保费和索赔，政府内不同部门或单位间的经常转移，本国政府和外国政府以及国际组织间的捐助、会费缴纳等经常转移，非营利机构和住户之间的经常转移以及常住住户和非常住住户直接的经常转移）。经常转移与资本转移的区别在于经常转移与现期收入以及消费相关，会在收入分配和使用账户中予以反映；资本转移与投资和积累有关，直接影响接受者的资产负债水平，会在资本形成账户中予以反映。

在国民总收入基础上，通过经常转移收支形成可支配总收入，成为国民收入使用的前提。

（三）初次分配和再分配的关系

1.初次分配和再分配的差异

收入的初次分配主要是根据要素主体对产出直接做出贡献大小给予货币补偿，强调市场机制的作用，对微观要素价格的形成起着基础性作用。再分配是在初次分配的基础上，政府综合运用财税、法律等政策对国民收入进行再次调节，再分配由政府调控机制发挥宏观分配作用。初次分配效率的高低取决于市场经济的发展程度，而再分配运行效率则受制于政府可动用经济资源所决定的权力大小。初次分配形成的原始收入分配格局在很大程度上决定一个社会最终收入分配的基本格局，是更为基础性的分配关系。将国民收入分配区分为初次分配和再分配的理论依据是分配应兼顾公平和效率。在初次分配阶段，市场机制发挥着重要作用，主要体现效率原则；在再分配阶段，主要考虑的是社会公平和社会发展，由政府通过经常转移缩小初次分配阶段造成的收入差距以提高全社会整体的福利水平。

2.收入分配流程中主要指标的内在联系

国民收入分配以国内生产总值为开端，经过初次分配和再分配形成可支配收入，其中原始收入总和即为国民总收入，在分配过程中各主要指标存在以下联系

$$国内生产总值=劳动者报酬+生产税净额+营业盈余总额+固定资产折旧$$

$$国民总收入=国内生产总值+本国居民来自国外的初始收入净额$$

$$国民可支配总收入=国民总收入+来自国外的经常转移净额$$

三、国民收入分配格局理论

如果说收入分配流程从纵向上刻画了国民收入运转的动态过程与数量关系的演变状况，那么收入分配格局则是从横向上刻画国民收入的静态分配状况和结果。一般而言，研究中常用的收入分配格局有如下两类。

（一）主体分配格局

一般而言，居民、政府和企业（包括金融部门和非金融部门）是国民收入分配的三大主体，三者之间的收入分配关系是否合理对经济增长起着推动或阻碍的作用，因此有必要分析收入分配主体格局。主体分配格局是指政府、企业和居民等主体部门收入在国民收入分配中所占的比例关系。

按照分配环节不同，国民收入主体分配格局可分为初次分配前、初次分配后、再分配后三种。

初次分配前的主体分配格局是初次分配环节收入形成之后的结果，其结果即增加值的直接分配，主要表现为企业、居民和政府部门的增加值形成额。企业主要得到固定资产折旧和营业盈余，居民主要得到劳动者报酬，政府主要得到生产税净额。收入形成环节反映的是各收入主体对国民收入的贡献份额，因此初次分配前主体格局即收入形成环节产生的各收入主体对国民收入的相对贡献份额比例。

初次分配后的主体分配格局体现得是经过财产收入分配之后形成的各主体原始收入的相对比例。财产收入是基于财产利得、财产收益核算的收入来源，它指金融或有形非生产资产所有者向另一机构单位提供资金或有形非生产资产的使用权而得到的收入，即出让使用权而产生的收入，属于间接生产要素收入。财产收入分配环节，各主体各自得到因转让资金或有形生产资产的使用权而获得的间接生产要素收入，从而形成初次分配后国民收入的主体格局。

再分配后的主体分配格局是在初次分配获得的各部门原始收入基础上进行国民收入的再分配而形成的各部门可支配收入相对比例格局。该主体格局是在各部门形成相应的原始收入之后通过非交易性的转移收支分配而形成的。经常性转移收支主要包括财政税收收支、社会缴款与社会福利以及其他经常性转移。

在某些情况下，我们还可以忽略政府经济主体，单纯分析居民和企业在国民收入分配中的格局，这就是国民收入的两主体分配格局。

（二）要素分配格局

要素分配格局是指国民收入在投入生产的各个要素之间的分配比例关系。投入生产的要素有很多，既有传统的劳动、资本和土地，也有现代化的技术、信息和知识。按劳分配是传统计划经济条件下的唯一分配方式，但在社会主义市场经济条件下，按生产要素分配成为客观现实。1992年，党的十四大确立了建立社会主义市场经济体制的改革方向，多种所有制结构决定了生产要素的多种所有制，在分配上也必须把按劳分配与按生产要素分配结合起来。党的十四大提出收入分配要"以按劳分配为主体，其他分配方式为补充"的基础，党的十四届三中全会进一步明确"允许属于个人的资本等生产要素参与收益分配"；党的十五大提出"允许和鼓励资本技术等生产要素参与收益分配"；党的十六大强调要"确立劳动、资本、技术和管理等生产要素按贡献参与分配的原则，完善按劳分配为主体、多种分配方式并存的分配制度"；党的十七大报告提出"健全劳动、资本、技术、管理等生产要素按贡献参与分配的制度"；党的十八大报告提出"完善劳动、资本、技术、管理等要素按贡献参与分配的初次分配机制"；党的十八届三中全会报告提出"让一切劳动、知识、技术、管理、资本的活力竞相迸发，让一切创造社会财富的源泉充分涌流，让发展成果更多更公平惠及全体人民"。在社会主义市场经济条件下，要素分配格局是人们极为关心的一种国民收入分配格局。从国民收入分配流程来看，要素分配属于初次分配的范畴，因而考察要素分配格局应该着眼于国民收入初次分配环节的收支流量。

在初次分配阶段，要素分配和主体分配是同一过程中的两个不同方面：一方面是国民收入的要素分配；另一方面体现为要素所有者的收入。所以要素分配格局即各机构部门的原始收入，即初次分配后的主体格局。由于在要素收入分配中，住户主体因提供劳动要素而获得劳动者报酬，企业主体因提供资本要素而获得营业盈余，而政府主体不提供任何要素，其收入来源是政府对生产单位从事生产、销售和经营活动以及因从事这些活动使用某些生产要素所征收的各种税、附加费和规费。因此，忽略政府主体情形下的资本和劳动两要素分配格局与居民和企业两主体分配格局实质上完全等价。

归纳以上分析，国民收入分配流程与国民收入分配格局二者互为条件，相互影响。期末收入分配格局的形成是本期收入分配流程的结果，而期末收入分配格局又是下一期收入分配流程的条件。二者相互配合，从纵横两个方向刻画了国民收入分配的整体过程。

第二节　国民收入分配总体格局分析

党的十八大报告明确提出："实现发展成果由人民共享，必须深化收入分配制度改革，努力实现居民收入增长和经济发展同步，劳动报酬增长和劳动生产率提高同步，提高居民收入在国民收入中的比重，提高劳动报酬在初次分配中的比重。""两个提高"的对象涵盖了国民收入主体分配格局中的居民收入占比，以及要素收入格局中的劳动收入份额，在这一节中主要介绍国民收入分配主体格局与要素格局的统计测算与分析。

一、国民收入主体分配格局的统计分析方法

目前国民核算中对于国民收入主体分配格局分析主要有三种数据来源：全国资金流量表核算数据；省份收入法 GDP 数据；全国投入产出表数据。依据数据来源的不同产生了三种相对应的主体分配格局统计分析方法。

（一）基于全国资金流量表的主体分配格局分析方法

资金流量表是以收入分配和社会资金运动为对象的核算，其实物部分可以用于测算国民收入主体格局。资金流量表较详细地核算了收入分配过程，不仅包含 GDP 核算中的原始分配，还包括各种形式的其他分配。资金流量表各部门某项交易项目资金来源减去运用就是该部门该交易项目下的净所得。

资金流量表横栏是机构部门，包含非金融企业部门、金融机构部门、政府部门、住户部门以及国外部门，其中非金融机构和金融机构可以合并为企业部门。表的纵列为交易项目，它包括从国民收入初次分配到国民收入再分配的前后状况。

中国的资金流量表从 1992 年开始编制并在之后年份的《中国统计年鉴》上公布，《中国资金流量表历史资料：1992—2004》根据第一次全国经济普查资料对 1992—2004 年资金流量表数据进行了调整，《中国统计年鉴 2010》根据第二次全国经济普查资料对 2004—2008 年资金流量表数据进行了调整，之后数据由各年《中国统计年鉴》给出。

中国资金流量表中的劳动者报酬口径历经两次重大调整，分别是 2004 年和 2008 年两次全国经济普查后：2004 年经济普查数据把个体经营户的雇员报酬从混合收入中独立出来计入劳动者报酬，而把剩余部分作为混合收入计入营业盈余；国有和集体农场不再单独计算营业盈余，而将其列入劳动者报酬。2004 年对生产税净额进行了调整，在口径范围上将房产税和土地增值税纳入生产税净额中。对于国民收入的再分配，2004 年对收入税做出了修订，为了与生产税净额衔接，修订后的收入税中剔除了房产税和土地增值税，仅包含企业所得税和个人所得税；2008 年依据第二次经济普查资料计算的每一行业相近规模企业的劳动者报酬和营业盈余的比例，将个体经营户的混合收入分为业主劳动报酬和营业盈余，并将业主劳动报酬计入劳动者报酬。

资金流量表数据可以用来分析所有三个环节的收入分配主体格局。

1.初次分配前收入主体格局分析方法

初次分配前格局是在收入形成环节之后的节点，其结果表现为企业、居民和政府主体的增加值形成额。资金流量表中，生产税净额相当于政府部门收入，劳动者报酬大体相当于劳动要素的收入，归于住户部门，其余部分相当于资本要素的收入，归于企业部门。计

算公式为

初次分配前住户主体收入=劳动者报酬国内合计

初次分配前政府主体收入=生产税净额国内合计

初次分配前企业主体收入=增加值国内合计运用—劳动者报酬国内合计运用—生产税净额国内合计

2.初次分配后收入主体格局分析方法

考虑财产收入后，可用资金流量表得到初次分配后三主体格局。

居民原始收入=劳动者报酬国内合计运用+住户主体财产收入来源—住户主体财产收入运用

政府原始收入=生产税净额国内合计运用+政府主体财产收入来源—政府主体财产收入运用

企业原始收入=增加值国内合计运用—劳动者报酬国内合计运用—生产税净额国内合计运用+企业主体财产收入来源—企业主体财产收入运用

白重恩、钱震杰（2009）认为各主体得到的原始收入中还应包含一部分"经营性存留"，即增加值剔除向其他机构支付的要素成本以及缴纳生产税净额后的余额。

3.国民收入再分配后主体格局分析方法

在收入再分配的过程中，各部门均获得一部分转移收入，并向其他机构转移一部分原始收入，最终形成各部门的可支配收入。住户部门主要向政府缴纳收入税和社会保险缴款，并获得政府的转移收入；政府部门主要获得住户和企业部门缴纳的收入税和社会保险缴款，并向住户和企业部门转移一部分转移收入；企业部门主要向政府缴纳收入税，并得到政府转移的一部分转移收入。具体公式如下

住户主体可支配收入=住户主体原始收入+住户部门经常转移来源的—住户部门经常转移运用

政府主体可支配收入=政府主体原始收入+政府部门经常转移来源中—政府部门经常转移运用

企业主体可支配收入=企业主体原始收入+企业部门经常转移来源—企业部门经常转移运用

（二）基于省份收入法 GDP 的主体分配格局分析方法

基于省份收入法 GDP 的主体分配格局分析方法是指从生产过程创造收入的角度，根据生产要素在生产过程中应得到的收入份额反映最终成果的一种计算方法。按照此方法，增加值由劳动者报酬、生产税净额、固定资产折旧和营业盈余四部分组成，其中劳动者报酬粗略等于劳动要素收入，归于住户部门，营业盈余和固定资产折旧归于企业部门，生产

税净额归于政府部门。

省份收入法 GDP 数据由 31 个省份的收入法生产总值构成项目，表格的横行表示各年份的劳动者报酬、固定资产折旧、生产税净额和营业盈余，纵列表示年份。

省份收入法 GDP 可用于测算相应年份的全国、各省份的国民收入主体分配情况。《中国国内生产总值核算资料：1952—2004》详细给出了经第一次全国经济普查资料调整后的 1993—2004 年各省份收入法 GDP 数据，之后的《中国统计年鉴》又给出后续省份收入法 GDP 数据，其中 2009 年为经第二次全国经济普查资料调整后的数据。数据中的指标口径在 2004 年和 2009 年前后变动较大，导致数据的可比性下降。省份收入法 GDP 核算数据公布修订缓慢，指标口径变动较大，且与其省级加总值与全国 GDP 误差较大。

不考虑数据调整的情况下，各部门原始收入有如下公式

各省住户部门原始收入=劳动者报酬

各省政府部门原始收入=生产税净额

各省企业部门原始收入=固定资产折旧+营业盈余

由于 2004 年和 2009 年省份收入法 GDP 数据中的指标口径进行了调整，故实际操作时还需依照核算口径对数据进行调整。

（三）基于投入产出表的主体分配格局分析方法

投入产出表描述国民经济各部门在一定时期生产活动的投入来源和产出使用去向，是一段时间内经济运行的缩影。投入产出表可以为分析经济结构转型与国民收入分配主体格局关系提供准确的统计数据，该数据准确全面，但是中国目前编制了 1987 年、1990 年、1992 年、1995 年、1997 年、2000 年、2002 年、2005 年、2007 年、2012 年的数据，连续性较差，数据更新较慢，因此在实际应用中并不常用。

投入产出表有中间产品、最终产品、增加值和再分配四大象限，其中增加值象限主要反映增加值的构成和国民收入初次分配情况，该象限以收入法 GDP 核算，分为劳动者报酬、生产税净额、营业盈余和固定资产折旧四部分，三大主体收入分配格局的测算与基于省份收入法 GDP 的计算方法一致。再分配象限由于实际编制较困难一般会省略。

（四）不同数据来源分析方法的比较与评价

对上述基于三种不同数据来源的国民收入分配主体格局分析方法，其特点和应用各有不同，以下从收入分配环节、数据连续性、数据质量三个角度对三种方法做出比较与评价。从适用的收入分配环节来看，按照收入分配环节不同有收入分配前、收入分配后以及再分配后三种不同的主体格局，各种方法适用的环节不同：资金流量表法适用于所有三种主体格局的核算，省份收入法 GDP 法和投入产出表法仅适用于收入分配前主体格局的测算。

从数据来源的连续性来看，中国的资金流量表数据连续性最强，从 1992 年开始编制，随后得到较为及时的修订、调整。国家统计局从 1995 年开始在《中国统计年鉴》中提供省份收入法 GDP 数据，但之后较少进行调整。投入产出表数据每 5 年编制一次（逢 2、逢 7 年份），因此连续性较差且更新速度较慢。从数据连续性角度来看，资金流量表数据和省份收入法 GDP 数据连续性明显优于投入产出表数据。

从数据质量来看，国民核算的数据质量应从准确性、稳定性角度予以评价。从准确性角度出发，资金流量表法倾向于低估劳动者报酬，而省份收入法 GDP 数据质量一般逊于国家层面核算数据。从稳定性角度出发，资金流量表计算的劳动报酬占比在绝对稳定性和相对稳定性上都要显著优于收入法 GDP。收入法 GDP 中产业内部效应和产业结构效应的同方向变化会加大总体劳动报酬占比的波动程度。因此，资金流量表数据的数据质量优于省份收入法 GDP 数据，而投入产出表虽然数据准确、全面却在数据连续性方面处于明显劣势。

二、基于资金流量表的中国国民收入主体分配格局统计分析

鉴于资金流量表数据在分析国民收入主体分配格局时的优势，下面基于资金流量表具体说明在主体分配格局测算中的口径调整问题以及经过口径调整的主体分配格局的统计分析。

（一）劳动报酬口径问题

当前劳动报酬核算口径面临两方面的问题，一方面是横向比较问题，中国的劳动报酬指标核算口径与国际标准的劳动报酬指标核算口径（《2008 年国民账户体系（SNA）》）不一致，为了核算劳动报酬，SNA2008 版本针对雇员设置了雇员报酬指标；另一方面是纵向比较问题，中国劳动者报酬的核算口径发生过两次重大调整。第一次发生是在 2004 年第一次全国经济普查后的数据修订中；第二次发生是在 2008 年第二次全国经济普查后的数据修订中。

（二）统一口径下的三大主体分配格局

1.初次分配前三大主体分配格局

经过口径调整的初次分配前三大主体分配格局，居民部门的收入占比在 1993 年有所下降，之后的 1993—1997 年基本稳定在 54% 左右的水平，再后的 1997—2011 年由 54.87% 下降到 46.81%，下降了 8.06 个百分点，2012 年开始有所回升。由于 2012 年《中国统计年鉴》的资金流量表调整更新了 2000 年后的生产税净额数据，我们将 1992—2012 年分两段来看，相对于 1992 年，企业和政府在 1993 年收入占比分别升高了 3.3 个和 1.1 个百分点，

而在 1993—1999 年企业收入占比下降了 2.1 个百分点, 而政府收入基本稳定; 2000—2011 年间, 企业收入占比上升了 4.8 个百分点, 在随后的 2012 年有所下降, 而政府收入在 2000 —2012 年上升了 1.2 个百分点。

总体来看, 在收入形成环节, 居民收入占比自 1992—2012 年间下降了 8%, 而企业占比增速最快, 政府收入占比变动不大。表明在收入形成环节中, 居民收入占比下降的部分主要被企业拿走。

2.初次分配后三大主体格局

各部门初次分配收入除了劳动者报酬、生产税净额、固定资产折旧、营业盈余外, 还要考虑财产收入净额 (财产收入来源–财产收入运用)。由于国外部门的存在, 国内财产性的来源和运用不能抵消, 因此初次分配后的国内合计部分为总增加值加上国内财产性收入净值, 政府在 2005 年以前 (2002 年除外) 的初次分配收入降低, 2005 年及以后上升; 居民收入显著增加, 国内合计部分仅在 1992 年、2007 年、2008 年有所增加, 其他年份均降低。

在考虑财产性收入后发现, 1993—1999 年居民和企业的收入占比变动不大, 2000— 2011 年, 居民收入占比快速下降了 5.7 个百分点, 企业和政府则分别上升了 3.3 个和 2.4 个百分点, 与初次分配前的主体格局相比, 居民收入占比变动趋势类似, 但企业收入变动幅度变小, 政府收入变动幅度增加; 同时, 与同年份的初次分配前的主体格局相比, 居民收入占比小幅提升, 企业收入占比有所下降, 而政府收入基本保持不变。

3.收入再分配的主体格局

收入再分配是在初次收入分配基础上, 通过经常转移对收入进行重新分配, 经过经常转移后形成各部门的可支配总收入。经常转移包括收入税收、社会补助和其他经常转移。

1992—1993 年, 居民收入占比下降了 4 个百分点, 企业收入上升了 4 个百分点, 而政府收入基本不变, 1993—1999 年, 各部门收入占比基本稳定, 2000—2011 年, 居民收入占比由 55.76% 下降到 49.76%, 企业收入上升了 1 个百分点, 而政府收入则上升了约 5 个百分点; 2011—2012 年, 居民收入占比和政府收入占比得到提升, 企业收入仍在下降。

各部门再分配收入比重与初次收入比重的差值反映了各部门在再次分配中的得益和损失。2003 年以前, 居民在再次分配中处于净得益地位, 但净得益所占比重在持续下降, 直到 2003 年, 居民开始处于净损失地位, 直到 2012 年才扭转; 政府在再次分配中一直为净得益, 并且在 1998 年以后持续上升; 企业依然处于净损失地位, 并在 2000 年左右达到最小, 随后净损失又逐渐扩大。总之, 近年来, 再分配中对居民收入的调节效果不大, 而政府净得益最高。

三、中国要素收入分配格局的统计分析

在市场经济活动中，不同生产要素按照贡献大小获取相应的报酬收入是市场配置资源的有效手段。国民收入在不同生产要素之间的分配状况构成了国民收入的功能分配格局。经济学研究通常假定只存在劳动和资本两个投入要素，资本收入和劳动收入之和构成了国民收入，此时的国民收入中劳动收入份额同样可以反映资本要素的分配情况，进而国民收入的功能分配格局研究也就集中在劳动收入份额的测算上。

第三节　个人收入分配统计分析

个人收入分配统计是收入分配研究的一个重要组成部分。个人收入分配统计分析的一个基本出发点就是测度个人收入分配的分布状况，即采用定量的方法测度居民、家庭之间的收入分配差距。收入不平等的常规测度指标可以分为绝对指标和相对指标两大类，其中绝对指标在于有量纲，即它们的大小与度量单位有关，常见的有方差和极差等。用绝对指标衡量收入差距时，收入不平等总是随着经济增长而上升。相对指标的优势在于排除了量纲的影响，是收入不平等测度中最常用的指标类型，本节的前三个部分对常用的相对不平等指标进行介绍，并给出实际应用中的选择标准，第四部分主要研究收入分配领域的新进展。

一、基尼系数法

（一）洛伦兹曲线（Lorenz Curve）

基尼系数（Gini Coefficient）是国际上测算和比较收入分配不平等程度的常用指标，用来分析测算个人或家庭之间收入的差异性程度，其测算的基础是统计学家洛伦兹于1907年提出的洛伦兹曲线。

洛伦兹曲线横轴表示按收入从低到高排列的累计人口（家庭户数）百分比，纵轴表示对应的累计收入百分比。对角的直线（45度线）称为"绝对平等线"，表明每个人都拥有完全相同的收入份额情况下的结果，对平等的任何偏离都会导致洛伦兹曲线位于平等线下方，对平等线的偏离越大，表明不平等程度越严重。洛伦兹曲线为基尼系数和其他尺度无关的常量不平等测量提供了一个共同的基础。

（二）基尼系数的定义与计算

为了更清晰地用定量方法反映收入分配的平等状况，意大利经济学家基尼（Gini）根

据洛伦兹曲线的经济含义，将实际收入分配曲线与绝对平等线之间的面积（用 A 表示）同下三角形的面积（用 $A+B$ 表示）相除得到基尼系数

$$Gini = \frac{A}{A+B} = 2A = 2 \times (0.5 - B) = 1 - 2B$$

显然，基尼系数的经济含义是：在全部居民收入中，用于进行不平均分配的那部分收入在总收入中的占比。基尼系数有如下性质：在 0 到 1 之间变动，收入分配越是趋向平等，洛伦兹曲线的弧度越小，基尼系数也越小；收入分配越是趋向不平等，洛伦兹曲线的弧度越大，基尼系数也越大。

二、其他常规测度方法

常规的测度收入不平等的相对指标除了已经详细介绍的基尼系数以外，还包括广义熵指数、分位数或分位数比率以及阿特金森指数等。

三、不平等指标的公理性质

我们介绍了众多的不平等测量方法，如何选取一个或若干个满足具体研究需要的测量呢？了解一个不平等测量是否满足具体研究所期望的某些原则是个好的开始。一个良好的不平等指标需要满足一系列性质，具体包括以下几点。

1.匿名性或无名性重复任意对调两个人或多个人的收入值，并不影响指标值，度量结果只和观察数值相关，而与观测对象无关。

2.齐次性（相对收入原则）：当变换度量单位时，指标值的估算结果不受影响。或者每个个体的收入扩大或缩小相同倍数时，指标值不变。

3.转移性原则：将富人的一笔收入转给穷人（但不改变穷人的相对位置），不平等程度应该下降或保持不变。

4.人口无关性（规模大小不变原则）：只要收入分配状况一样，样本量不影响度量结果。如原来有 100 人，将每个人进行复制，样本量增加到 200 人，但 100 人和 200 人的收入不平等值应该一致。

5.加和可分解性原则：一个不平等指标可以在不同人群或根据收入来源进行完全分解。总的来说，相对指标优于绝对指标，但在相对指标中进行选择较为困难，每个不平等指标都对应不同的社会福利函数，因此不同指标可能给出不同的结论，因此在研究中可以同时采用几个指标，此外还要根据研究目的考虑指标的可分解性。

四、个人收入分配测度研究的新进展

在个人收入分配研究中，除常用的收入不平等测度指标外，还有一些当前研究热点和

前沿问题中使用的测度指标，包括贫困的测度、极化的测度、公平的测度以及健康的测度。

第四节　国民收入再分配—财政收支统计分析

一、国际收支不平衡与国际收支失衡

国际收支不平衡是指一国的国际收支因收入持续大于支出而出现较大顺差，或因支出持续大于收入而出现较大逆差，而国际收支平衡表是反映一国国际收支情况最重要的依据。19 世纪以来，人们对于国际收支重要性的认识不断变化。从布雷顿森林体系崩溃一直到 2008 年国际金融危机爆发之前，国际社会的主流思想是逐渐看淡国际收支平衡的重要性。因为这一时期通货膨胀、经济增长的重要性高于国际收支平衡。进入 21 世纪以后，全球不平衡问题日益成为各国宏观经济失衡的主要矛盾。2008 年国际金融危机爆发至今，全球不平衡问题依然是各国决策者面对的主要挑战之一。

根据文献，国际收支不平衡有四个不同定义。

1.贸易不平衡

$$贸易差额=货物与服务贸易出口-货物与服务贸易进口$$

2.经常项不平衡

$$经常项目差额=贸易差额+无形收入-无形支出+无偿转移收入-无偿转移支出$$

3.基本差额

$$基本差额=经常项目差额+长期资本流入-长期资本流出$$

4.官方结算差额

$$官方结算差额=基本差额+私人短期资本差额$$

一般而言，所谓的国际收支不平衡指经常项余额不为零的情况。它的差额就是外汇储备和净误差与遗漏项的变动。如果把短期资本跨境流动也包括进去，国际收支不平衡即经常项目加上资本项目总和不等于零的情况。西方经济学家在 2008 年国际金融危机爆发前所指出的"全球不平衡"主要指的是经常项目的不平衡。

特别地，在中国，2011 年以来由于经常项顺差完全来自贸易账户顺差，收益项与转移项为逆差。因此，中国的国际收支失衡主要表现为贸易账户的不平衡，即贸易余额不等于零。如果将全球经济作为整体，加总各国经常账户在会计核算意义上一定是平衡的。从单个国家来看，在多数情况下，大部分国家的经常账户或多或少都存在一定的顺差或逆差。如果这种收支差额规模不大，且顺差或逆差交替出现，可视为正常情况。而问题是最近十多年来，少数国家的经常账户的顺差或逆差规模越来越大且长期持续，从而给全球经济的长期发展持续带来不稳定冲击，这种情况可被视为全球经济失衡。全球经济失衡是指一国拥有大量贸易赤字，而与该国贸易赤字相对应的贸易盈余则集中在其他一些国家。全球经济失衡的不断加剧是导致中国贸易收支失衡的重要原因。

从定量上来看，通常衡量全球经济失衡的绝对值指标有两个：净国际投资头寸（Net Inter-national Investment Position，NIIP）与经常项目净值（CA）。与此对应，衡量全球经济失衡的比率指标也有两个：$NIIP/GDP$ 与 CA/GDP。前者从存量上衡量失衡，强调的是一国国际收支长期逆差累计形成的外债对该国经济造成的负面影响；后者从流量上衡量，反映经常项目交易对该年该国经济增长的影响，同时也反映该国参与国际资源配置的情况以及外债累计的速度，因而有助于预测该国未来年份中外债的变化情况。

二、国际收支失衡与国民经济收支失衡之间的关联

（一）国民经济收支失衡

从国民经济角度看贸易账户余额具有非常重要的意义。开放宏观经济条件下，贸易账户余额（Trade Balance，TB）可以表示为

$$TB=X-M$$

开放宏观经济条件下，贸易账户余额（TB）同私人消费、私人投资、政府支出一样是国民收支的重要组成部分。在很多国家，特别是新兴市场国家，贸易账户余额占国民收入的比重相当大。反映在经济增长过程中，其对国民收入增长率的贡献亦非常突出。

开放宏观经济条件下，经常项目余额（Current Account Balance，CA）可表示为

$$CA=TB+NFP$$

式中，NFP 来自国外的净要素收入，包括初次分配得到的初次收入和再分配得到的二次收入。经常项目余额（CA）的宏观经济含义可以从不同角度进行分析。经常项目余额表明了一国是向世界其他国家筹资的净借款人，还是对世界其他国家融资的净贷款人。其中，经常项目盈余代表本国向国外提供了融资；经常项目赤字代表外国向本国提供了融资。

由于国民总收入（Gross National Income，GND）等于国内生产总值与要素收益（初次收入）之和，而国内总收入（Gross Domestic Income，GDI）等于国民总收入与再分配转移收入（二次收入）之和。同时，储蓄（S）可视为收入与消费之差。则存在如下关系式

储蓄=国内总收入（GDI）−消费

    =国民总收入（GNI）+二次收入−消费

    =国内生产总值（GDP）+初次收入+二次收入−消费

    =消费+投资+净出口+初次收入+二次收入−消费

    =投资+经常项目余额

因此，经常项目余额（CA）=储蓄（S）-投资（I）

这个等式表明，开放条件下，一国投资（I）与一国储蓄（S）不必相等。当 $S<I$，即本国储蓄不足以支持本国投资时，可以通过产生 $CA<0$，即经常项目赤字方法，以产品的净进口满足投资需求，形成国内资产。然而，这个过程会产生对外债务，实际上就是利用国外资本弥补本国的储蓄缺口。当 $S>I$，即本国储蓄超过国内投资需要时，则可以通过净出口带来的资本流出形成海外资产，此时，$CA>0$。一国的经常项目盈余意味着资本从经常项目盈余国家流入经常项目赤字国家，前者为后者国内资本存量的增加提供融资。从这个角度看，一方面，决定经常项状况的主要因素是各国储蓄、投资状况的差异，而各国商品与服务的进出口情况则是对这一差异的反映。另一方面，私营部门投资储蓄行为比较稳定时，经常项目余额（主要是贸易余额）在一定程度上反映了政府财政收支行为，即经常项目余额与财政政策之间存在密切关系。

由于支出法 GDP 构成可以写成

$$Y=C+I+G+（X-M）$$

即国民收入从支出的角度可以分解为私人消费（C）、私人投资（I）、政府支出（G），从收入角度可以分解为私人消费（C）、私人储蓄（Sp）、政府税收（T），两种衡量方法是等价的，即

$$C+I+G+（X-M）=Y=C+Sp+T$$

将政府储蓄（Sg）定义为税收减政府支出之差：$Sg=T-G$，储蓄又可分为私人部门储蓄（Sp）与公共部门储蓄（Sg）：$S=Sp+Sg$。因此

$$X-M=（Sp-I）+（T-G）$$

上式表明，中国贸易失衡与私人部门储蓄与投资差额及公共部门收支差额相关。

（二）国际收支失衡与中国的"双顺差"

合理的或经济的国际收支结构是平衡的。即经常项与资本和金融项差额（Capital and Financial Account，CFA）之和为零。

如果将资本与金融项余额细分为金融账户净额（Financial Account，FA），即除去储蓄资产的所有金融交易的差额和储备资产交易差额（Reserves Balance，RB），则

$$CA=FA+RB$$

经常项与资本和金融项在一个账户中出现赤字或盈余，必然伴随另一个账户的盈余或赤字。因此，在某种意义上，经常项同资本与金融项的关系表现为利用金融资产的净流入或动用储备资产为经常项赤字融资。相反，若经常项盈余，则表现为金融资产净流出或储备资产的增加。事实上，全球绝大多数国家的国际收支是不平衡的。例如，美国利用美元的国际货币地位，购买外国的实际资源形成本国的生产能力，以维持其国内储蓄水平低于

投资和消费水平的经济结构。美国 S<I，则在国际收支上表现为经常项目逆差，CA<0，这使得美国产生大量的对外债务，实际上就是美国利用外国资本弥补本国储蓄缺口。因此，美国的资本和金融账户表现为顺差，即 CFA>0。经常项同资本与金融项互为融资，以追求国际收支的真实平衡。美国的国际收支结构相对是十分"经济的"。又如，日本通过贸易顺差（经常项顺差）的形式输出资本（资本与金融账户逆差），以获得相对较高的投资回报，日本的国际收支结构也是相对合理的。而中国在相当长时间内表现为经常项同资本与金融项"双顺差"。伴随"双顺差"，中国的净误差与遗漏项借方余额及外汇储备不断增长。

一方面，经常项和资本与金融项的双顺差（贷方余额）在 20 世纪 90 年代至 21 世纪初，有超过 40%被净误差与遗漏项所抵消。其中，大部分成了资本外流。有超过 59%形成了外汇储备增量，成为相对低收益的外国政府证券投资和其他投资。根据美国财政部数据，中国大陆持有超过万亿美元的美国国债，成为美国国债的最大持有人。因此，中国国际收支平衡表中的净误差与遗漏项必须引起重视。国际经验认为，虽然净误差与遗漏项不仅仅是商品交易所引起的，但净误差与遗漏项达到超过商品借贷总额（即贸易进出口总额）的 5%，整个国际收支运行就会出现问题。净误差与遗漏数额的大幅增加表明大量的资金去向不明。一种可能的解释为，在商品贸易中，某些企业为骗取出口退税收入而虚报出口，这样会形成出口数额过高而资本流入数额过低，由此造成国际收支借方余额小于贷方余额，从而相应形成净误差与遗漏。除此，外商投资为获得对外商的税收优惠而扩大其在中国的直接投资；国内资金转移到国外后再调回国内作为外商直接投资的资本及一些资本的外流等没有从统计中反映出来；一国实行资本管制时，为了躲避管制而形成的资本外流也会假借各国合法交易名义流出国外，最终会反映在净误差与遗漏项中。可通过考察净误差与遗漏项，大致了解一国的资本外流情况。

另一方面，外汇储备过多会造成外汇资金的闲置与浪费。外汇储备规模过大造成的宝贵资金资源的浪费表现是多方面的。第一，外汇储备来源于货物贸易收支的顺差，是用出口商品换取的外汇资金，这部分储备资产实际上是国内的物资以资金的形式存放在国外。外汇储备越多，意味着从国内抽出的物资越多，等于把相应的财富限制或让渡给别人使用。因此，过多的外汇储备将减少本国国民经济对其资源、物资的有效利用。第二，一国外汇储备过多，说明物资没有及时转化为现实生产力，影响国内生产的发展。第三，外汇储备过多容易蒙受国际金融市场变动的风险损失。当今全球各国汇率多变，在保有巨额外汇储备的情况下，稍有不慎就会发生汇率变动的风险损失。第四，外汇储备过多，要承受放弃投资高收益率、低利保有储备资产和高利使用国外资金的多重负担。如果一国货币当局能够确定适度的外汇储备规模，将相对过多的外汇储备用于进口生产性的物资或其他有效投资，就会促进国内经济增长，扩大就业机会，或取得其他较为可观的经济收益。反之，就只能获取相对较低的持有储备资产的收益率，还须时刻谨防汇率变动等风险损失。

综上，中国国际收支"双顺差"的格局不是一个"经济"选择。在一定程度上反映了中国宏观经济失衡（储蓄与投资缺口）与资金资源使用的低效。

三、国际收支失衡的成长阶段理论

不同国家经济发展情况不同，国际收支会随之经历不同发展阶段。早在 20 世纪 50 年代，Kindlee berger 和 Lindert，就提出一国国际收支会随本国的经济发展呈现出相应的由低级到高级的发展阶段。后经萨穆尔森等人提炼和发展，总结出国际收支生命周期学说。

国际收支生命周期包括四个阶段。

第一阶段，成长期的债务国。在这个阶段，一国的进口远大于出口，大量贸易逆差或外汇缺口主要靠对外借债支付，即经常项账户处于逆差（$CA<0$），且资本金融账户处于顺差（$KA>0$）。这一阶段对应国家经济的不发达时期，无论国家经济结构还是产品结构都较为单一、落后，产品在国际市场的竞争力较低，出口以生产原材料为主，进口主要为先进的技术、机器设备与工业制成品。

第二阶段，成熟的债务国。在这个阶段，一国的出口大于进口，贸易顺差开始出现，但差额较小。由于该国以往向国外的借债存量较大，股息和利息继续增加，因此，出现的较小贸易顺差不足以抵消所有债务和财务费用。但由于这个阶段经常项账户的收益（收入）子账户通常为逆差或较大逆差，所以该阶段国家国际收支经常账户总体上大体平衡或略有逆差。此时一国的资本净流入不断增加，但增速递减，将资本净流入维持在一个大体平衡状态。总之，成熟的债务国阶段，一国的国际收支结构较为复杂，存在较大不确定性。经常项账户和资本金融账户存在多种组合可能性，但大体上保持一个较为平衡的状态。对应国家经济发展也有了明显提高，出口以劳动密集型工业制成品为主，技术含量较低，出口附加值较低。

第三阶段，新兴的债权国。在这个阶段，一国的出口开始远大于进口，存在大量的贸易顺差导致该国成为净资本输出国。这个阶段，经常项余额出现顺差（$CA>0$），且资本金融账户出现逆差（$KA<0$），即存在对外资本输出。对应国家经济发展水平更加提高，已接近发达国家水平，经济结构、产品结构得到优化，出口产品附加值不断提升，以出口高技术含量的资本密集型产品为主。但服务贸易，尤其是高科技服务贸易仍欠发达，服务贸易占出口比重较小。

第四阶段，成熟的债权国。在这个阶段，一国商品的出口再次少于进口，对外贸易账户重新出现赤字。但由于这个阶段国家对外大规模投资，产生高利润回流，导致经常项账户下的收入账户仍出现较大规模的顺差，从而尽管该国经常项账户总体上存在逆差，但规模较小。即经常项账户存在逆差（$CA<0$），且资本金融账户逆差（$KA<0$）。对应一国经济经过长期发展，达到一个相对成熟的发达阶段。经济结构中第三产业比重远超第一产业、第二产业，出口服务贸易上升了一个高度，尤其是电信、金融、信息技术、产品设计等高端服务业发展到了一个相当大的规模与成熟度。

第八章　消费与投资统计分析

国民经济使用是国民经济循环过程的最后一个环节。就去向而言，国民经济使用包括消费、投资和出口三个方面，其中，前两者共同组成了国内使用（需求）。作为国内需求的重要组成部分，消费与投资在国民经济中发挥着各自不同的作用，有着各自不同的决定机制。与很多国家相比，改革开放以来中国的消费率在不断走低，投资率在持续攀升。因此，有必要开展消费和投资统计分析。

第一节　消费统计分析理论与方法

一直以来，消费尤其是居民消费是主流经济学家和各国政府关注的重要议题。从宏观层面来看，消费是构成一个国家国内需求的主体部分和核心部分，也是经济增长的重要推动力量；从微观层面来看，居民消费水平的高低密切决定着每个家庭的幸福程度，进而决定一个国家民生幸福的实现程度。因此，有必要对消费进行统计分析。

一、消费的基本含义

消费指的是使用货物和服务来满足各住户或全社会物质、文化和精神生活的需要。按照本质内容的不同，SNA2008版将消费区分为两种形式：中间消耗和最终消费。中间消耗是指在核算期内的生产过程中耗尽的货物和服务；最终消费是指核算期内各住户或全社会为满足他们个人或公共需要或需求而使用的货物或服务。二者的差别在于前者是出于生产目的，后者是出于个人或公共需要或需求。

由于最终消费货物服务在发生形式上有支出和获得的差别，因此，SNA中的最终消费有两种记录形式，最终消费支出和实际最终消费。两种核算指标的区别在于：最终消费支出是以货物和服务的应收应付行为发生为标准，反映的是购买者购买货物和服务时向出售者支付或同意支付的价值；实际最终消费是以货物的实际获得和服务的提高完成为标准，指的是实际获得的货物与服务的价值。在大多数情况下，货物和服务消费的支出者也就是获得者，但在某些情况下二者并不一致。例如，住户会自动享受公共管理和安全保障等公共服务，而无须采取任何支付行动，这部分支出是由政府以税收或其他财政收入来支付。因此，最终消费支出与实际最终消费不一定完全相等，两者之差等于实物社会转移。但是，从国民经济整体来看，最终消费支出与实际最终消费在总量上是相等的。

在 SNA 中，国民经济核算中的消费概念指的是进入国民经济最终使用阶段的用于国民生活的最终消费，本章将研究的消费也是如此，中间消耗等其他消费概念不在本章分析范围之列。同时，通过最终消费支出与实际最终消费的区分可以看出，从概念对应上讲，最终消费支出对应的是可支配收入，实际最终消费支出对应的是经实物社会转移调整后的可支配收入。在后续的消费和收入关系统计分析中应该注意。

二、消费函数理论

影响消费尤其是居民消费的因素很多，包括收入、利率、习惯等。经济学家时常把消费和收入联系在一起，通过建立消费与收入之间的函数关系，揭示消费支出与收入之间的相互影响。

消费函数最先由凯恩斯提出，之后消费函数理论大致经历了三个阶段。

第一阶段是从 20 世纪 30 年代中期到 50 年代中期。这一时期消费函数仅是在确定性条件下研究现期消费与收入之间的关系，其代表有绝对收入假说与相对收入假说。

第二阶段是 50 年代中期到 70 年代中期。这一时期的消费函数开始考虑预期情形，研究消费与现期收入和预期收入之间的关系，比较有代表性的理论有持久收入假说与生命周期假说。

第三阶段是 70 年代后期至今。这一时期的消费函数理论既考虑了预期收入，又考虑了不确定性，代表性的理论是理性预期假说、预防性储蓄假说和流动性约束假说。下面将依次介绍这些代表性的消费函数理论。

（一）确定性条件下的消费函数理论

1.绝对收入假说

绝对收入假说由凯恩斯提出，认为决定消费的主要因素是现期收入（可支配收入），首次将消费与收入联系起来，在绝对收入假设基础上提出了消费函数理论。

库兹涅茨对 1869—1938 年的资料进行回归分析后发现，长期内自发性消费为零，边际消费倾向与平均消费倾向相等。这种短期消费函数和长期消费函数表现出来的差异被称为"消费函数之谜"。消费函数之谜直接推动了后续的消费函数理论发展。

2.相对收入假说

杜森贝利对凯恩斯消费函数的消费者行为的假设做出修改，其认为消费者的偏好是相互影响的且消费者的消费行为是不可逆的，在此基础上提出相对收入假说。该假说认为，消费者消费支出的变动不仅受其自身收入的影响，而且也受到周围人的消费行为及收入与消费间关系的影响，不同消费者之间的收入与消费支出会相互作用，从而消费具有示范效应（攀附性）。

该假说还认为，消费支出不仅受到当前收入的影响，还受到过去的消费水平或收入水平的影响，特别是过去"高峰"收入和消费水平的影响，从而消费具有棘轮效应（不可逆性）。

消费相对收入假说中棘轮效应的存在证明了长期平均消费倾向的稳定性，解释了消费函数之谜；示范效应的存在解释了人们消费行为相互影响的事实。但是，因为从短期来看，消费随着收入的变动而变动。而假说强调的消费不对称性却不能令人信服，难以解释短期中消费波动的原因。

（二）预期条件下的消费函数理论

1.持久收入假说

持久收入假说由弗里德曼提出，消费者的消费支出是由消费者的持久收入决定的，而不是由现期收入决定的。而持久收入指的是消费者可以预计到的长期收入，也就是消费者一生中可得到的收入的平均值。

弗里德曼认为，收入分为消费者预料可以得到的持久收入与偶然性的暂时收入两部分。相应的，消费也分为永久性消费与暂时性消费。从长期看，人们的收入水平是稳定的，在某一阶段会出现绝对收入上升的现象，但是，人们的消费并不会急剧上升，他们会考虑未来的收入状况，最终的边际消费倾向会维持在平均水平上。人们的消费是持久收入的稳定函数，暂时收入只有变得持久稳定时，才会影响人们的消费。

弗里德曼认为，根据过去的经验来修正对未来的收入预期一般叫作适应性预期。要估计持久收入假说消费函数，必须先估计预期收入，而预期收入估计的难点在于加权系数的选择难以把握，加权系数选择过大或过小，都会影响预期收入估计的准确性。通常的做法是选择多个加权系数试算，然后选择预期收入误差较小的加权系数来估计预期收入，进而估计持久收入假说的消费函数。

2.生命周期假说

莫迪利安尼的生命周期假说是依据消费行为理论来研究消费是如何被决定的，认为消费者是具有理性的，能以合乎理性的方式使用自己的收入进行消费，并且消费者行为的唯一目标是实现效用最大化。该假说的中心观点认为，每个人都根据自己一生的全部预期收入来安排消费支出，各家庭在每一时点的消费和储蓄决策都反映了该家庭谋求在生命周期内达到消费的理想分布，而各个家庭的消费要受制于该家庭在其整个生命周期内所获的总收入。

生命周期理论能够说明长期消费函数的稳定性和短期消费波动的原因，包括理论分析、经验验证和政策含义，具有较强的说服力。但是构建生命周期假说消费函数有一定的难度，因为财产收入难以取得全面的较为准确的统计数据，而且未来预期收入更是难以准确估计。

（三）不确定性条件下的消费函数理论

1.霍尔的理性预期假说

霍尔的理性预期消费函数采用了二次型效用函数，提出了随机游走假说，一个永久生存的典型消费者，追求的是预期效用最大化消费决策。霍尔认为，根据理性预期，按照寻找效用最大化的消费者的消费轨迹是一个随机游走过程，即除了本期消费，任何变量都对预期下期消费没有帮助。

与持久收入假说和生命周期假说相比，随机游走假说关于消费与储蓄的观点与前两者完全不同，而且该假说与现实现象明显不符。此后，不少学者运用计量模型进行了大量的实证研究，进一步推动了消费函数理论的发展。

2.预防性储蓄假说

预防性储蓄是指风险厌恶的消费者为预防未来的不确定性导致的消费水平的急剧下降而进行的储蓄。许多学者用了不同的方法对预防性储蓄假说进行了研究，但是由于收入不确定性的理解不同，研究与计量的方法也不尽相同，观点也因此有着很大差异。该假说主要研究两个问题：一是收入的不确定性对预防性储蓄行为是否有影响，二是预防性储蓄的程度有多大。其中影响最大的是扎德斯的预防性储蓄模型。

考虑一个具有相对风险厌恶的效用方程的消费者，假设他可以存活多期，并且追求一生中的消费效用最大化。不确定性的来源是外生的未来劳动收入，且分为了两个部分：随机游走的永久性部分和暂时性部分。消费者会在每一个时期选择合适的消费使总预期效用最大化。

3.流动性约束假说

流动性约束又被称为"信贷约束"，是指居民从金融机构以及非金融机构和个人取得贷款以满足消费时所受到的限制。实际上，没有储蓄，消费的未来收入是难以实现的，也就是说，借贷是受到约束的。流动性约束假说的主要观点是：由于信息不完全、不对称，信贷市场不健全，居民难以无成本的自由借贷以满足当期消费，消费者也难以平衡其一生的消费。

流动性约束可能由两个途径降低消费水平：其一，当前的流动性约束会使一个人的消费比他想要的消费要少，因为他难以通过借贷来增加当期消费；当消费者处于低收入阶段时，即便有预期的未来高收入，但是因为借不到钱，所以只能进行低消费，消费者提高消费水平的唯一途径是自己积累财富或者等待高收入时期的到来。其二，预期未来可能发生流动性约束同样会降低现期消费。如果存在流动性约束，那么收入下降必定会引起消费下降，除非有着非常充裕的储蓄。

上述消费函数理论假说均起源于西方国家，在移植到中国及其他发展中国家的过程中可能会出现"水土不服"，市场环境、经济发展水平以及人口特点等方面都与相关理论假设南辕北辙。城乡二元经济结构的格局与区域经济的非均衡发展决定了中国居民消费的多层次板块性特征，社会的快速转型与经济的快速转轨又决定了居民消费水平、结构与行为的持续不稳定性。因此，研究当前的中国消费函数问题，不能采取简单的"拿来主义"，比如把研究城镇居民的模型与方法不加分析地用在农村居民消费函数的研究上；又不能固守传统的研究路径。要坚持实事求是问题意识，坚持分城乡、分阶段、分地区、分类别的原则开展中国消费函数问题研究。

三、消费基本面统计分析

（一）消费规模分析

目前在中国的统计体系中，有两种核算消费总量的指标：最终消费支出与社会消费品零售总额。

最终消费支出是指常住单位为满足物质、文化和精神生活的需要，从本国经济领土和国外购买货物和服务的价值。最终消费支出还可以进一步分为居民消费支出与政府消费支出。其中，居民消费支出是指常住住户在一定时期内对于货物和服务的全部最终消费支出。不仅包括直接以货币形式购买的货物和服务的消费支出，还包括以其他方式获得的货物和服务的消费支出，也就是虚拟消费支出。虚拟消费支出具体包括单位以实物报酬及实物转移的形式提供给居民货物和服务；住户生产并由本住户消费了的货物和服务，其中，服务仅指住户的自有住房服务和付酬的家庭雇员提供的家庭和个人服务；金融机构提供的金融中介服务；保险机构提供的保险服务。居民消费支出又可以分为农村居民消费支出和城镇居民消费支出。政府消费支出是指政府部门为全社会提供的公共服务的消费支出和免费（或以较低的价格）向居民提供的货物和服务支出，前者等于政府服务的产出价值减去政府单位所获得的经营收入的价值，后者等于政府部门免费或以较低价格向居民住户提供的货物和服务的市场价值减去住户收取的价值。政府消费支出主要包括行政管理、卫生文教、国防支出等。

社会消费品零售总额是指企业（单位、个体户）通过交易直接销售给个人、社会集团非生产、非经营用的实物商品金额，以及提供餐饮服务所取得的收入金额。个人包括城乡居民和入境人员，社会集团包括机关、社会团体、部队学校、企事业单位、居委会或村委会等。社会消费品零售总额是国民经济各行业直接出售给城乡居民和社会集团的消费品总额，它反映的是各行业通过多种商品流通渠道向居民和社会集团供应的生活消费品总量，是反映社会消费总需求和国内零售市场变动情况的重要指标。

以上社会消费品零售总额与最终消费支出区别体现在以下几点。

1.社会消费品零售额不是完整意义上的消费指标，包括销售给居民的零售额和销售给社会集团的零售额。销售给居民的零售额指的是销售给城乡居民用于生活消费的商品金额，但是也包括销售给城乡居民建房用的建筑材料。销售给社会集团的零售额指的是公款购买的用作非生产、非经营用的与公共消费的商品金额。其中有一些商品（如电讯、取暖设备、交通工具）可能用于投资。

2.社会消费品零售额不涉及非物质性服务，例如，教育服务、医疗服务、文化艺术服务、娱乐服务，而最终消费包括对这些非物质性服务的消费。

3.社会消费品零售额不涉及农民自产自用的农牧产品，而最终消费则包括对这些产品的消费。所以，虽然社会消费品零售额与最终消费之间具有较强的相关性，但两者之间的确存在明显的区别，利用前者代替后者，必然会产生误差。

最终消费支出更接近于本章所界定的消费概念，社会零售品消费总额则是不完全消费的概念。

（二）消费水平分析

在消费水平分析中常见的分析指标有：消费率、平均消费倾向和边际消费倾向。

1.（最终）消费率

消费率，也称最终消费率，是指国民经济核算中的最终消费支出占支出法 GDP 的比率，是国民的一般消费水平或一般消费需求水平。

$$最终消费率=最终消费支出/支出法 GDP$$

2.平均消费倾向

平均消费倾向是指居民家庭人均消费性支出占人均可支配收入的比率，是与平均储蓄倾向相对应的指标，反映的是消费占居民家庭人均可支配收入比例的高低。一般来说，居民平均消费倾向越高，消费意愿越强，相应的平均储蓄倾向越低，二者成反比。

$$平均消费倾向=人均消费性支出/人均可支配收入=1-平均储蓄倾向$$

3.边际消费倾向

边际消费倾向是指消费的增量和可支配收入增量的比率，反映居民家庭人均可支配收入每增加一个单位，人均消费性支出可增加多少个单位。边际消费倾向与边际储蓄倾向成反比，边际消费倾向越高，边际储蓄倾向越低；反之，边际储蓄倾向越高。

边际消费倾向=人均消费性支出增量/人均可支配收入增量=1-边际储蓄倾向

在一定的时期内，平均消费倾向与边际消费倾向会随着收入的增加呈现出递减的趋势，但是从较长期来看，平均消费倾向与边际消费倾向的变动具有阶段性或周期波动性的特征。

四、消费结构分析

（一）消费结构演化规律

计算各类消费占总消费的比重变化来研究消费的结构变化，不仅可以反映出各类消费分布的特征，还能够通过纵向比较来揭示结构演变的规律，横向比较揭示消费结构的差异性。消费结构的变动主要受到经济发展水平、产业结构、居民收入水平、价格水平、消费观念与习惯等多种因素的影响。随着经济的发展、社会的进步以及收入水平的提高，消费结构大都会呈现出如下的演变规律。

从生存、享受与发展的角度来看，生存型消费所占比重会出现下降趋势，而享受型和发展型消费所占比重会呈现上升的趋势。随着经济的发展与人们生活水平的提高，人们在满足最基本生活需要的生存型消费需求之后，会逐渐向享受型消费与发展型消费发展，以让人们生活更加美好，发展更为全面，素质更加提高，消费结构中生存型消费所占比重下降，享受型与发展型消费比重上升。

从实物消费与服务消费的角度来看，实物消费比重趋于下降，而服务产品所占的比重趋于上升。随着社会科技的进步，实物产品的生产率不断提高，实物产品极大丰富，产品价格下降，实物产品消费的比重会不断下降，服务消费随之上升。

从衣食住行角度来看，食品在消费结构中所占的比重会逐步下降，而其他消费所占的比重会逐步上升，即恩格尔系数下降。食品消费是人类生活最基础的、需要最先得到满足的消费内容，它对于收入和消费总量的变动呈现出明显刚性，且其变动速度随着居民收入水平与消费水平的提高总是慢于收入和消费总量的变动速度。

（二）消费结构分析

消费结构分析有许多视角，这里仅介绍其中的一部分，主要包括：最终消费主体结构分析、居民消费城乡结构分析、居民消费用途结构分析。

1.最终消费主体结构分析

最终消费主体结构分析是从国内生产总值中最终使用的角度出发，分析居民消费与政府消费之间的比例关系与变动趋势，以及居民消费率与政府消费率两个指标。居民消费率是指居民消费占支出法 GDP 的比例，政府消费率是指政府消费在支出法 GDP

中所占的比例。

2.居民消费城乡结构分析

居民消费城乡结构分析关注的是城镇居民消费与农村居民消费之间的比例关系与变动趋势，以及城镇居民消费率与农村居民消费率两个指标，分别等于各自的最终消费支出除以支出法 GDP。

3.居民消费支出结构分析

居民消费支出结构分析是计算居民总消费中各类消费支出的比例，反映各类消费分布的特征以及变动趋势，并通过纵向比较揭示消费结构演变的规律，或通过不同收入的家庭消费结构的比较来揭示消费结构的差异，又称为消费支出用途结构或消费目的结构分析。

恩格尔系数是中国全面建成小康社会进程中的重要监控指标。依据现有的恩格尔系数核算指标，随城乡人均可支配收入的增加，1992—2014 年中国城镇居民食品消费支出份额即恩格尔系数由 52.9%下降至 30.0%，而农村居民恩格尔系数由 1992 年的 57.6%下降到 2014 年的 33.6%。从城乡来看，收入口径、消费习惯、消费结构、福利补贴等情况差异，造成了在相同收入数值的城乡恩格尔系数的不可比；从时间进程来看，中国教育医疗住房体制改革也导致相关支出的变动性较大，从而导致了恩格尔系数的变化产生某些突变现象，影响了恩格尔系数在时间上的可比性。

五、消费宏观效果分析

消费宏观效果分析通常包括消费需求 *GDP* 弹性、消费贡献率、消费拉动率等指标。

（一）消费需求 *GDP* 弹性

消费需求 *GDP* 弹性是指一定时期的消费增长率与 *GDP* 增长率之比，以说明 *GDP* 每增加 1%，相应的消费能增加百分之几，考察的是同一时期消费增长与经济增长之间的数量关系及变动，是分析消费增长与经济增长的比例关系的重要指标。消费的 *GDP* 弹性系数等于 1，消费与 *GDP* 同步增长；小于 1，消费增长慢于 *GDP* 增长；大于 1，消费快于 *GDP* 增长。消费的 *GDP* 弹性系数的计算公式为

$$消费需求 GDP 弹性=消费增长率/GDP 增长率$$

（二）消费贡献率

消费贡献率是指一定时期内消费增量与同期 *GDP* 增量之比，反映同一时期消费增长对经济增长的贡献作用。消费贡献率越大，说明消费对 *GDP* 增长的贡献越大。

$$消费贡献率=消费增量/GDP 增量$$

（三）消费拉动率

消费拉动率是指消费贡献率与 GDP 增长率的乘积，反映某一时期消费增长对 GDP 增长的拉动作用。消费拉动率越大，消费增长对 GDP 增长的拉动作用越大。

$$消费拉动率=消费贡献率 \times GDP增长率=消费增量 \times GDP$$

第二节　投资统计分析理论与方法

与消费类似，投资同样是构成一个国家国内需求的主体部分和核心部分，是经济增长的重要驱动力量，因此，同样需要进行投资统计分析。

一、投资的基本含义和相关理论

（一）投资的基本概念

投资是指经济行为主体为能够形成或增强未来的产出能力和服务能力而获取收益，将一定量的货币或其他经济资源转化为资本的经济活动。

投资有狭义与广义之分。狭义的投资指的是实业投资，也就是非金融投资发生在非金融资产上的积累。广义的投资还包括货币投资。在国民经济核算中，投资特指狭义的投资，金融投资归入金融交易核算中。

投资按照不同的分类原则有着不同的分类结果。

按投资的形式分类，可以分为：固定资本投资、库存投资、住房建设投资。

按投资的性质分类（资本存量增加与否），可以分为：重置投资、净投资。

按投资的用途分类，可以分为：生产性投资、非生产性投资。

按投资主体分类，可以分为：政府投资、企业投资、个人投资，其中政府投资又可以细分为中央政府投资与地方政府投资。

（二）投资的决定因素

影响投资的因素主要有四个方面：国民收入水平、资本预期收益率、资本利息率、市场需求大小。

1.国民收入水平。从宏观经济分析的角度看，一国经济发展的核心问题是资本形成问题，而资本形成的关键是国内储蓄向投资的转化，国民收入越高，储蓄水平越高，对投资也会有更大的推动作用。

2.资本预期收益率。投资者在进行投资决策时，不仅会考虑投资收益的绝对量，也会考虑投资收益的相对量或者说是收益率，当资本预期收益率高于利息率时，投资者才会做出投资决策。

3.资本利息率。投资与资本利息率存在负相关的关系。利息率越高，投资者的投资成本也就越大，投资者的投资意愿也会降低；反之，利息率越低，投资者的投资成本越小，投资者投资的意愿也会上升。

4.市场需求大小。一般来说，具有强大市场需求潜力、较好投资收益的产品与行业，会吸引到较多的投资投向该产品与行业。但是，如果该产品或行业的投资规模持续扩大，就会导致该产品或行业产能过剩，投资的收益下降，投资就会撤出。

（三）投资理论

宏观经济学中的投资理论有很多，凯恩斯的投资理论、新古典投资理论都是著名的投资理论。本节只介绍托宾 Q 理论与乘数—加速数理论。

1.托宾 Q 理论

托宾 Q 理论是由美国经济学家詹姆斯·托宾在 1969 年提出的。如果资本是完全耐用的（资本折旧率为零），厂商的投资水平将取决于新增资本的市场价值与重置成本之间的比率，该比率用 Q 来表示

$$Q=企业股票的市场价值/现有资本的重置成本$$

现有资本的重置成本指的是企业按市场现行价格重新购置资本时所付出的成本。企业股票的市场价值是指由股票市场决定的资本价值。

新增资本的市场价值反映了公众资本获利的预期，$Q>1$ 时，表示意愿资本存量大于实际资本存量，资本在实际调整时是滞后的，企业经营者购置新的资本可以提高企业资本的市场价值，企业就会进行投资；而 $Q<1$ 时，企业就不会购置新的资本。Q 可以用来衡量一项资产的市场价值是否被高估或低估。

Q 理论具有新古典投资理论的色彩。若投资过程存在滞后，企业只能逐步地调整它的资本，企业在进行新资本投资的调整时期意愿资本存量和实际资本存量是不相等的，新增资本的边际收益率大于资本租用价格。在调整期间，意愿资本存量与实际资本存量之间的差额越大，租用价格与资本边际收益之差也就越大，投资也就越大。只有在调整过程全部完成时，实际的资本存量等于意愿的资本存量，资本的边际收益才会与资本的租用价格相等。由此可见，投资是新增资本的边际收益率与资本租用价格间比值的增函数。

2.乘数-加速数理论

乘数—加速数理论由萨缪尔森提出，由两部分组成：投资乘数理论与加速数理论。投资乘数理论说明了投资变动对产量变动的影响，产量变动与投资变动的比率（OY/OK）就是投资乘数。加速数理论说明的是产量变动对投资的影响，净投资与产值增量同方向变动，

表示产量变化引起投资变化的程度被称为加速数。

西方经济学家认为，在社会经济生活中，投资、收入和消费之间相互影响，相互调节。通过加速数，上升的收入和消费会引致新的投资，通过乘数，投资又使收入进步增长，假定政府支出为固定的常量，依靠经济本身的力量自行调节，就会自发形成经济周期，经济周期中的阶段正是乘数与加速数交互作用而形成的。正是由于两种作用的相互影响，才会形成累积性的经济扩张和收缩的局面，只要政府对经济进行干预，就会改变或缓和经济波动。

二、投资基本面分析

（一）常见的投资核算指标

投资核算的指标有很多，常见的主要有投资核算指标：资本形成总额、固定资本形成总额、存货增加。

资本形成总额是指常住单位在一定时期内获得减处置的固定资产与存货的净额，国民经济核算中国内生产总值最终只用其中的一部分，即已实现的总投资。固定资本形成总额与存货增加是它的两个组成部分。

固定资本形成总额是指生产者在一定时期内获得的固定资产减处置的固定资产的价值总额。固定资产是指通过生产活动生产出来的，使用年限在一年以上、单位价值在规定标准以上的资产，不包括自然资产。

存货增加是指常住单位在一定时期内存货实物量变动的市场价值，计算方法是期末价值减去期初价值的差额，再扣除当期由于价格变动而产生的持有损益。其正值表示存货上升，负值表示存货下降。

在实际中，支出法 GDP 与中国投资统计工作中有关投资定义的不同，中国在投资统计时，对固定资产使用的是全社会固定资产投资，而不是 SNA 中的固定资本形成总额。全社会固定资产投资是以货币形式表现的在一定时期内全社会建造和购置固定资产的工作量以及与此相关的费用的总称。该指标是反映固定资产投资规模、结构和发展速度的综合性指标。

全社会固定资产投资与固定资本形成总额主要有以下几点区别。①全社会固定资产投资包括土地购置费、旧设备购置费、旧建筑物构筑费。这些内容并不是生产活动成果，所以不会被纳入 GDP 核算中，固定资本形成总额也就不会包括这些内容。②全社会固定投资不包括城镇与农村非农户 50 万元以下项目的固定资产投资，固定资产形成总额则包括这部分投资。③全社会固定资产投资不包括矿藏勘探、计算机软件等无形生产资产方面的支出，固定资本形成总额则包含这方面的支出。④全社会固定资产投资不包括房地产开发商的房屋销售收入与房屋建造投资成本之间的差额，也就是商品房销售增加增值，固定资本形成则包括这一内容。

（二）投资规模分析

投资率是指在一定时期内资本形成总额占支出法 GDP 的比重，一般按照现行价格计算，在支出法国内生产总值一定的条件下，投资率越高，总投资规模越大。计算公式为

$$总投资率=资本形成总额/支出法\ GDP$$

其反映的是一定时期内生产活动的最终成果用于非生产性非金融资产的比重。

三、投资结构分析

（一）投资产业结构分析

投资的产业结构是指投资在第一产业、第二产业、第三产业之间的分布特征和变动状态。投资是经济的先行指标，投资的产业结构变动将会影响国民经济的产业结构，投资的产业结构合理与否，也会影响国民经济产业结构的合理性。而国民经济产业结构不合理，则可以通过调整投资的产业结构加以优化。投资的产业结构变化通常会存在以下的趋势：随着工业化和城镇化进程加快，第二产业、第三产业投资比重会上升，第一产业投资比重下降，进入工业化后，第二产业、第三产业的投资会占绝大比重，第一产业投资较小。

（二）投资行业结构分析

投资的行业结构是指投资在国民经济各行业之间的分布，是产业结构研究的深化。对投资的行业结构进行研究的目的在于考察投资总量在各行业之间的分布特征和变化趋势，解释行业投资结构变化和规律，考察投资总量形成的行业原因，为调整投资方向和行业投资结构提供依据。一方面，随着经济的发展和人均国民收入的提高，社会最终需求与中间需求结构也会发生变化，而这种变化必然要求行业投资结构与之相适应，进而影响行业投资结构的决策；同时，一个国家或地区经济发展战略的选择和实施，也是影响行业投资结构变动的重要因素。另一方面，行业投资结构的变动将影响国民经济的行业结构，国民经济行业结构如果不合理，可以通过调整投资结构来加以改善。

（三）投资区域结构分析

投资的区域结构是指一国各地区投资量之间的比例关系。评价区域结构合理与否，可根据投资和经济的区位理论、产业地区布局原则，既要有利于本地区的发展，又要符合中国经济发展长远利益。投资在各区域完全平均的分布并不一定是经济的，但是如果出现对一个地区投资过度倾斜，则是违反经济规律的现象，会造成投资结构的扭曲。

（四）民间投资与政府投资结构分析

政府投资是指政府为了实现其管理社会的职能，满足社会公共需要，实现经济和社会发展战略，投入资金用以转化为实物资产的行为和过程。政府投资可以调节地区经济发展的不平衡，保证公共物品的有效供给，基础设施建设。民间投资目前还没有一个统一的经济学定义，相对主流的观点将其定义为根据投资项目资本总额构成中出资人的资金来源性质对投资进行一种分类，是来自民营经济所涵盖的各类主体的投资。虽然政府投资在短时间内可以扩大总需求，拉动经济增长，但这种作用只是暂时的，民间投资才是促进经济持续增长的原动力。

（五）中央投资与地方投资结构分析

政府投资按照投资的主体，还可以细分为中央政府投资与地方政府投资。中央政府投资主要集中在公共事业、基础设施、基础工业、极少数大型骨干企业和国防、航天、高技术等战略产业；地方政府投资主要投向区域性公共事业、基础设施、教育、卫生、社会福利等。地方政府投资与中央政府投资相比，更能根据本地区的发展特点与发展目标，制定适合本地区的投资政策，发展本地区经济。

四、投资效果分析

投资效果指标有两个，一个是在宏观层面分析的投资弹性系数、投资贡献率等指标；另一个是投资效率分析。

（一）投资宏观效果分析

投资弹性系数是指投资增长率与 GDP 增长率之比，说明 GDP 每增长 1%，相应的固定资产投资需求能增长百分之几。投资弹性系数等于 1，说明投资与 GDP 同步增长；小于 1，投资增长慢于 GDP 增长；大于 1，投资增长快于 GDP 增长。计算公式为

$$投资弹性系数=投资增长率/GDP增长率$$

投资贡献率是指一定时期内投资增量与同期 GDP 增量之比，反映 GDP 增量中投资增量所起的贡献作用。投资贡献率越大，对 GDP 增长的贡献越大。其计算公式为

$$投资贡献率=投资增量/GDP增量$$

与投资贡献率相关的另一个指标是投资拉动率，是指一定时期内资本形成总额对当期 GDP 增量的比率，反映经济增长中投资需求增长的拉动作用程度。投资的拉动率越大，对 GDP 的拉动越大。

$$投资拉动率=资本形成总额增量/GDP增量$$

需要说明的是，由于固定资产投资形成产品的生产能力需要一定的时间，因此根据同

期的固定资产投资增量与 GDP 增量计算的投资对 GDP 的弹性系数、投资对 GDP 增长的贡献率和拉动率，只能说明当期固定资产增长对 GDP 增长的贡献作用和拉动作用，却不能反映固定资产投资增长对 GDP 增长的动态推动作用。

（二）宏观投资效率分析：

投资效率研究可以有两个角度：一是总量层面的效率——从"投资总量"的角度分析是否存在过度投资或投资不足的问题；二是从"投资结构"的角度，研究资本在不同地区、不同行业之间的配置是否合理，投资流向是否正确。

就第一个角度而言，最常用的判断方法是新古典经济增长的"动态效率"理论的 AMSZ 准则。根据"动态效率"的定义，判断投资是否有效最直接的标准是看资本的边际收益率是否高于"黄金律"或"修正的黄金律"所规定的水平。但是在实际运用中，由于无法准确估算资本的边际收益率，因此 Abel 提出了 AMSZ 准则，即如果一个国家每年的总资本收益"始终大于"当年总投资，那么这个国家的投资就是有效率的；反之，若一个国家每年的总资本收益"始终小于"当年总投资，则是没有效率的。AMSZ 主要有以下结论。

1.由于在所有经济中，企业的总价值通常都是正的，所以 AMSZ 准则表明，如果经济体中商品从企业到投资者是净流出的，那么均衡是动态有效的；相反，均衡就是动态无效的。在此基础之上，Abel 提出了检验现实经济的动态效率的净现金流准则，即 AMSZ 准则。在所有市场出清的配置满足经济总体的资源约束以及经济中每个代理人满足标准的跨期约束时，对于每个时期而言，如果投资产生的现金流超过总投资，则经济是动态且有效率的。反之，则是无效的。我们发现，AMSZ 准则其实是黄金律规则在不确定性情形下的一般化，因此，AMSZ 准则与传统的判断经济动态效率的标准是一致的；而且由于该准则不严格依赖于对折旧或通货膨胀环境下利润的测量等会计判断，因此运用起来更加方便。另外，由于在均衡稳态时市场投资组合价值的增长率等于经济增长率，可以用资本回报率和经济增长率来判断经济是不是动态有效率的。

2.如果总消费大于总的劳动收入，则超过部分必然是来自资本提供的净收益，也就是来自 AMSZ 准则中利润超过投资的部分。因为只有在利润用于投资之后仍有剩余时，总消费才会大于总的劳动收入，均衡动态有效；反之，则无效。

（三）投资结构效率分析

投资的结构效率评价方法主要有两种。

1.资本边际收益率均一化标准

根据标准的新古典一般均衡理论，当且仅当要素价格等于边际生产率时，资本的配置才会是有效的，经济才会达到帕累托最优。由此可以得到一个判断标准——资本配置的有效性条件是各个生产要素的边际生产率相等,一般来说如果生产要素的边际生产率差异变小就表明资源配置的有效性得到改善。然而在实际中,我们是无法观测资本的边际收益率的,所以在实践中,需要估算资本的边际收益率,主要有两种方法。

一是"调整推算"法,利用各种财务统计数据进行调整推算,得到"平均资本收益率"之类的替代指标。选取的替代指标不同,得到的结论也会有所差别,会造成研究结果的随意性,缺乏可比性。该方法侧重的是描述资本的收益水平以及在不同行业和不同所有制之间的差别等,但是该方法无法解决出现这种结果的原因,其背后的因素。要想解决该问题,需要依靠第二种方法,"函数估计"法。

二是"函数估计"法,即假定总量生产函数,并对其进行估计,利用估计得到的参数值计算资本边际收益率。在一般发展中国家的研究中,并不要求资本收益均一化,而是检验各部门边际收益率的方差是否持续下降,或某项重大的改革是否使资本收益率的方差显著下降,由此判定一国的资源配置是否有效。该方法虽然对数据的要求不高,但是需要假定特定生产函数形式,对于生产函数的性质和结构的假定不同,也会造成结果的差异。一种改进的办法是假定性质非常一般的函数,或者用几种函数分别测算,以增强结论的稳健性。

2.资本流动方向方法

资本流动方向方法是更为直接、更为有效的方法。若一个国家可以做到在相对高成长的行业追加投资,从相对衰退的行业撤走资金,则这个国家的资金配置就是有效率的,否则就是低效或无效的。

第三节 中国消费相关问题统计分析

中国目前的消费率偏低,尤其是居民消费率,远低于世界平均水平。通常认为造成中国居民消费率持续较低的原因主要有:居民消费倾向递减、居民收入份额下降、居民收入差距扩大以及居民收支预期不确定性的增大。除此之外,在计算过程中,因为某种统计口径的原因,造成居民消费率的低估,最具代表性的就是自有住房的虚拟租金。本节首先从横向对比角度引出中国消费率偏低的表现,然后对居民消费率持续较低的原因之一——居民平均消费倾向展开分析,最后通过自有住房的虚拟租金对消费率进行调整估算,分析调整后的消费率水平。

一、消费率的国际比较

与世界其他国家相比,中国的消费率水平偏低。美国作为世界上最发达的国家之一,消费率始终保持在80%以上的水平；另一发达国家澳大利亚的消费率也高于70%；东亚两个重要经济体，日本的消费率近几年达到了80%的水平，韩国也保持在60%以上的水平；而巴西、俄罗斯、印度三个金砖国家也都远远超过50%。根据世界银行公布的中国消费率一直在50%左右徘徊，与上面的这些无论是发达国家还是发展中国家都差距甚远。

在最终消费率保持较低水平的同时，中国的各项消费却屡创新高，消费需求十分旺盛。大到汽车，小到手机，多项消费品的消费率已经跃居世界第一，与中国较低最终消费率不符。由此我们不得不思考中国消费率偏低的形成原因。

二、消费习惯与收入不确定性对居民消费的影响

（一）模型方法说明

习惯形成指的是消费效用在时间上的相关性。消费习惯一旦形成，很难在短时间内改变，因此，消费不仅受到当期收入的影响，还受到上一期消费的影响。

对习惯形成的研究大都是以效用函数为基础，在收入不确定的条件下，最常用的效用函数为常绝对风险厌恶效用函数（Constant Absolute Risk Aversion，CARA）和常相对风险厌恶效用函数（Constant Relative Risk Aversion，CRRA）。其中，CARA一个重要缺陷是不能排除消费水平为负的情况，我们选择以CRRA为基础并通过修订Dynan模型来研究习惯形成对平均消费倾向的影响。

（二）变量数据说明

在实证分析中，采用的数据为1980—2014年中国城镇居民人均实际消费支出（Ct）、平均消费倾向（Ct/Yt）、按7个收入等级分组计算的中国城镇居民人均可支配收入的标准差系数（Zt）。原始数据均来自《中国统计年鉴》，在5%的显著性水平下，均为一阶单整。

三、修订后的虚拟住房支出对居民消费率的影响

（一）虚拟住房租金的估计方法

居民消费中的住房支出是居民消费支出的重要组成部分。居民居住若采用租房的形式，租房的租金就会作为居民享受住房服务而支付的款项，计入国民生产总值核算中的居民最终消费支出。但是居民若居住在自己购买的房屋内，即居民享有的是自有住房服务，这种住房服务并没有提供给其他经济实体，也没有支付或收取租金，不会记录在居民最终消费支出中，从而不包含在国内生产总值的核算中。但是，考虑到中国的城市化进程、住房价格上涨等因素，居民在居住消费上的支出应有很大的提高，但是统计数据显示中国与

相同发展水平国家相比，居住消费率仍旧偏低。而且，从福利的角度看，自有住房给居民提供了休息的场所，居民从自有住房中获得了巨大的隐形租金收入和效用，居民从自有住房中获得服务的价值被称为"虚拟租金"。不仅如此，居民消费支出的准确性不仅会直接影响到居民消费和总消费数据质量，而且还关系到GDP、消费率等宏观经济数据的公信力。自有住房与租用房屋的比率，在不同国家之间，甚至在同一国家，在短期内都可能会产生较大的差异，如果不对自有住房的虚拟租金进行估算，在国家间或不同时期，对住房服务的生产和消费进行比较就会严重失实。因此，需要记录虚拟住房租金，以便真实反映居民消费结构的变化。

SNA2008版给出了两种计算房屋虚拟租金的方法：一种是市场租金法，即按照相同或类似住房的市场租金进行估算，采用该方法的国家和地区需具有发达的房屋租赁市场，市场租金数据容易获得。另一种方法是成本法，用当期持有住房的成本减去收益的估算方法，持有住房的成本主要指资金成本、折旧、维修和房产税等，收益主要指由于持有住房而抵消通胀损失。这种方法适用于那些住房租赁市场不发达，房屋租赁数据不易完整获得的国家和地区。中国目前采用的就是成本估算法。

（二）中国现行核算体系下的虚拟住房租金

在中国现行的核算体系下，居民居住消费支出有两种统计口径：一种是居民住户调查中的口径，主要反映居民日常居住中用于水、电、气、房租、物业等方面的现金支出，但不包括自有住房的虚拟房租；另一种是支出法GDP中计算居民最终消费中"居住支出"的口径，除了上述现金支出外，还包括自有住房的虚拟折旧。本小节选用第二种口径，但是这种虚拟折旧是以住房的建造成本为基础计算的，不仅低于住房的历史价格，也低于当期市场价格，会低估自有住房的规模，并低估居民消费率。运用该方法具体计算时，城镇居民的自有住房比例定为80%，折旧为2%；农村居民自有住房比例为100%，折旧为3%。公式为

城镇自有住房虚拟租金=单位建造成本×80%×2%×人均居住面积×城镇人口
农村自有住房虚拟租金=单位建造成本×100%×3%×人均居住面积×农村人口

（三）"住宅使用者成本法"估算的虚拟租金

美国国民经济研究局Poterba教授在1992年提出一种叫作"住宅使用者成本法"的虚拟租金计算方法，以房价-租金比的均衡方程为基础，计算公式为：单位虚拟租金=住房单价×（资金成本+房产税+折旧-通货膨胀），并利用人均居住面积、人口等数据来推算总虚拟租金，根据该数据对消费、GDP等数据进行修订，计算消费率等指标。在具体计算过程中，城镇的住房单价采用商品房销售价格的80%，农村的住房单价采用住宅房屋造价，

资金成本以当年 5 年以上贷款利息为基础，并考虑到公积金贷款及商业贷款的利率折扣，按 80% 的折扣率计算；房产税考虑到只在国内部分城市试行，故记为零；折旧率统一按 3% 计算；通胀分别以城镇与农村居民消费价格指数 5 年移动平均计算；住房自有率按城镇 80%、农村 100% 计算。具体计算公式如下

城镇单位虚拟租金 = 商品房销售价格 × 0.8 × 0.8 ×（5 年期贷款利率 × 0.8 + 0.3 - CPI）

使用成本法城镇总虚拟租金 = 单位虚拟租金 × 人均居住面积 × 城镇总人口

农村单位虚拟租金 = 单位建造成本 × 1 ×（5 年期贷款利率 × 0.8 + 0.3 - CPD）

使用成本法农村总虚拟租金 = 单位虚拟租金 × 人均居住面积 × 农村总人口

第四节　中国投资相关问题统计分析

投资是消费的另一面，中国消费率下降的同时，投资率正在逐渐上升，并处在较高的水平。本节首先通过横向比较引出中国投资率偏高的问题；其次从资本回报率的角度来探讨高投资率这一问题，近几年资本回报率有所下降，但仍保持在一个较高的水平；最后再来看一下中国总体和分地区资本效果分析。

一、投资率的国际比较

从国际视角观察，中国的投资率水平处于世界较高水平，中国的投资率比美国、澳大利亚等发达国家以及其他两个重要的发展中国家—巴西和印度都高出许多，而且与经济合作与发展组织成员国的平均水平相比也高出很多。中国的投资率水平与其他国家相比至少高出 10 个百分点。亚洲的几个主要国家，韩国和新加坡的投资率水平保持在 30% 左右的水平，日本近几年一直保持在 20% 的水平；美国作为最发达的国家，2010 年以后的投资率始终低于 20%；澳大利亚的投资率略高，但也保持在 28% 上下的水平；作为最主要的金砖国家，巴西和俄罗斯投资率也保持在 20%-30%；而印度的投资率高于 30%。

二、中国投资的资本回报率测算

（一）资本回报率测算方法说明

本小节将从资本回报率的角度出发，探讨中国的投资是否过度，以及经济增长是否具有效率。如果资本回报率高，投资就是合理的，并且潜在投资需求高，潜在总需求也相应高。

本部分将采用 Bai 2006 年提出的"宏观模型化方法"测算中国的资本回报率，进而根据该结果分析中国投资的合理性与经济增长的效率。

（二）资本回报率的测算

首先，计算资本折旧率，因为在计算资本存量时需要资本折旧率。假定资本品采用同时退役模式和几何效率递减模式，法定残值率取值4%，建筑的平均寿命为40年，设备的寿命为20年，其他的投资为25年。根据几何递减的公式，计算出三者的折旧率分别为7.7%、14.9%、12.1%，1978—2014年三类资产在全社会固定资产平均分别占到64.3%、24%、11.7%，这样加权平均可以计算得到中国固定资产投资的年平均折旧率为9.95%。

然后，采用永续盘存法简化公式计算资本存量，在估算时通过价格调整，采用固定资本形成总额，而不是固定资产投资作为估算基础，最后得到从1952年到2014年的资本存量数据。需要说明的是，在调整价格时，由于统计年鉴中的价格数据不完整，因此，1990年之后直接采用固定资产投资价格指数；1978—1990年采用工业品出厂价格指数；1952—1978年采用工业总产值指数。

最后，计算资本收入份额，认为国民收入减去劳动者报酬之后得到资本份额，劳动者报酬份额等于各省劳动者报酬份额以各省生产总值在全国GDP中的比例为权重，加权平均得到。接下来，将整理得到的数据带入公式，计算出中国1996—2013年资本回报率水平。

从结果中可以看出，2009年之前中国的资本回报率水平在17%左右震荡；2009年之后，资本回报率开始下跌，到2013年时已降到12%左右。究其原因，一是2008年国际金融危机的影响；二是2008年中国的四万亿元投资刺激政策，使资本存量激增，资本回报率出现一定程度的下跌，但仍处在较合理的范围内，中国目前较高的投资率有其合理性，中国的经济增长依旧是有效率的。但也要看到投资对经济增长的贡献作用有所下降，在这种情况下，必须注意过度投资这一问题。

三、中国总体和分地区资本效果分析

本小节通过收集国家和省级数据，从资本存量、资本产出比、资本动态效率、基础设施投资效率几个方面分析全国和三大地区的资本利用现状。

（一）资本存量和存量增长率

本文的资本存量采用单豪杰在《数量经济技术经济研究》2008年第10期所提供的方法进行估算，具体以1952年为基期并收集1978—2013年相关数据进行测算。

1.国家层面

自改革开放之后，中国大量引进外资，加强投资，资本存量一直处于较高速度增长。从1992年到1996年，由于国内的投资热，中国资本存量增长率有大幅提高；从2008年到 2009 年，由于美国次贷危机影响，国内国际经济形势恶化，中国政府出台四万亿元投资项目来刺激经济，因此当年中国资本存量增速高达 17%；而从 2009 年到 2013 年，中国的资本存量增速下滑，表明总体投资处于下滑趋势。

2.三大地区

中国的三大地区的资本存量自 1995—2013 年都有较大的增长，其中，东部地区资本存量最大，而且增长最快；中部地区资本存量尽管也有较大增长，不过和东部地区相比有较大差距，增速也不及东部地区；西部地区由于地理、国家经济政策影响，吸引资本能力较弱，增速也较慢。

（二）资本存量产出比和增量产出比

存量资本产出比和增量资本产出比都可以用来描述资本的产出作用。

1.国家层面

自改革开放之后，由于国家经济政策、经济结构改变，引进外国先进生产力等原因，中国的资本存量产出比和资本边际产出比保持在了一个稳定阶段，新增的资本存量极大地促进了中国的经济增长。不过，在近几年，资本存量产出比和资本边际产出比都有大幅度的上升，说明中国整体资本利用效率有大幅度下降。

2.三大地区

中国的东部地区、西部地区、中部地区的资本产出比和增量资本产出在 2010 年之前较为平稳，东部地区资本产出比最低，西部地区最高。但是，到了近几年，三个地区的资本产出比都有较大的增幅，说明随着资本量的快速增加，GDP 增加速度较小，整体资本利用效率有一定的下滑。

（三）资本动态效率

分析资本动态效率有多种方法，本文采用 AMSZ 准则来判断资本总投资是否大于总收益。从而判断资本投资是否是动态有效的。

1.国家层面

从 1994—2007 年，中国的资本动态效率一直大于零，资本投资为有效率阶段。而到了 2008 年之后，由于国际和国内经济环境的恶化，中国的动态经济效率出现了大幅度的下滑，资本投资总体呈现动态无效率。

2.三大地区

1998—2008 年中国的三大地区效率一直大于零，资本投资为有效率阶段，而到了 2008 年之后，由于国际和国家经济环境的下降，东部地区、西部地区、中部地区的资本动态效率出现了大幅下降，中部地区和西部地区出现动态无效率，东部地区尽管出现下降，不过下降幅度较小，仍然处于有效率阶段。

第九章　经济周期统计分析

经济周期波动是经济波动的最主要表现形式，也是经济运行中的普遍现象。在现实中，绝大多数人虽然并不充分了解经济周期波动的内涵、理论和作用机制等，但还是能够时时刻刻感受到其影响。当经济运行速度放慢时，产品市场需求萎缩，企业开工不足，待岗、失业人数增加，人们收入增长速度放慢甚至出现负增长，生活水平和生活质量下降；当经济运行速度加快时，产品市场需求兴旺，企业生产能力得到充分利用并开始扩张，人们收入增长速度加快，生活水平和生活质量大幅提高。类似的这些现象都与经济周期波动密切相关。

本章立足于多指标角度来讲述经济周期波动综合统计分析。首先介绍经济周期波动概念、特点、分类和成因等基本理论，然后论述经济周期波动景气监测、预警分析和典型化事实分析三种基本统计分析方法，最后给出三种基本统计分析方法在中国的应用实例。

第一节　经济周期统计分析理论

一、经济周期波动的概念及特点

经济周期波动是经济波动的最主要表现形式。大多数经济波动都可以分为扩张、收缩、衰退、复苏四个阶段，四个阶段交替出现，使经济运行过程呈现周期性（Burns and Mitchell，1946）。这种周期性的波动模式是超越体制和发展阶段的普遍现象、它通过国内生产总值、工业生产、就业人数、物价水平等综合性经济指标表现出来、通常用经济周期波动来定义。很多学者都曾经提出各种不同的经济周期波动定义，归纳起来，这些定义可分为两大类。

一类是从逻辑和理论分析的角度，把经济周期波动定义为经济运行偏离均衡状态的反复出现。如熊彼特在1933年出版的著作《经济周期》中指出，经济周期是创新活动引起的原有均衡的破坏和向新的均衡的过渡。哈耶克（Hayek）认为，经济波动是对均衡状态的偏离，而经济周期波动就是指这种偏离状态的反复出现。这一类定义的缺点就是，过于理论化，不易量化，难以进行实证分析。

另一类是从统计描述和分析的角度进行定义，这类定义可分为两种：第一种把经济周期波动定义为累积性扩张和收缩的反复出现；第二种把经济周期波动定义为宏观经济活动对经济增长的一般趋势或长期趋势的偏离。如《现代经济学词典》对经济周期波动的定义是："经济活动水平的一种波动（通常以国民收入来代表），它形成一种规律性模式，即先是经济活动的扩张，随后是收缩，接着是进一步扩张。这类周期波动随着产量的长期趋势进程而出现。"

经济周期波动的经典定义是由美国国民经济研究局（National Bureauo Economic Re-search，NBER）从统计描述和分析角度给出的。这个定义最初由1927年Mitchell提出，然后由Burns和Mitchell共同修改后在1946年出版的《衡量经济周期》一书中予以表述的："经济周期是以商业为主的国家中总体经济活动的一种波动行为。一个周期由在许多经济活动领域几乎同时发生的扩张（Expansion），随后是同样普遍的衰退（Recession）、收缩（Contraction）以及与下一个周期扩张连接的复苏（Revival）构成；这种变动顺序重复出现但不定期；经济周期的持续期从1年多到10年或12年不等；这些周期不能再被分为振幅与其相近、性质相似的更短周期。"简要地说，经济周期波动就是总体经济活动水平有规律扩张和收缩的交替过程或模式。

Burns和Mitchell的定义受到欧美经济学界的公认，并被NBER等权威机构作为统计分析的依据。确切地说，这个定义本身并非经济周期波动的一个理论，更不是一个精确的模型，它只是对经济周期波动这一现象的描述，是一种分析的工具。

尽管对经济周期波动的定义表述存在着差异，但西方经济学界都认为经济周期波动具有以下几个特点。第一，经济周期波动是市场经济的必然产物和基本特征之一。这就是说，当经济由市场自发调节时，经济周期波动就不可避免。第二，经济周期波动是总体经济的波动。这就是说，这种波动不是局部的波动，不是发生在一个或几个经济部门，而是几乎覆盖所有的经济部门。其中心是产出的波动，并由此而引起就业、物价水平、利率和对外贸易等方面的波动。第三，经济周期波动的若干阶段在经济中反复出现，时间长短不一，具有随机性，在很大程度上难以预测。

二、经济周期波动的分类

1.按经济周期波动持续时间的长短分类

在研究经济周期波动时，学者首先根据长期统计资料来探讨经济周期性波动的规律，并根据波动时间长短的不同划分周期波动类型。依据不同的统计资料和划分标准，不同学者得到的经济周期波动类型各不相同。

（1）基钦周期

基钦周期（Kitchin Cycle）也称短周期或存货周期，因英国经济与统计学家约瑟夫·基钦（Joseph Kitchin）提出而得名。基钦在 1923 年发表的《经济因素中的周期与趋势》中，研究了 1890—1922 年英国与美国的物价、银行结算、利率等指标，发现经济中存在平均 3.5 年（42 个月）的经济周期，这就是熊彼特（J.A.Schumpeter）所说的短周期，或称基钦周期。熊彼特把基钦周期与朱格拉周期联系起来，认为三个基钦周期组成了一个朱格拉周期，并用存货投资的变动和经济生活中的小创新，以及生产周期较短的设备的变动来解释基钦周期的形成。一般认为，基钦周期主要是由于企业库存投资的循环而产生的，因此，又可以称为库存循环。

（2）朱格拉周期

朱格拉周期（Jugar Cycle），又称中周期或投资周期，因法国经济与统计学家克莱蒙特·朱格拉（Juglar）提出而得名。朱格拉在 1860 年出版的《论法国、英国和美国的商业危机及其发生周期》一书中首次提出"经济事件有其周期性"的思想。他研究三国统计资料后发现，经济存在平均持续时间为 9~10 年的周期，而且这种周期似乎与投资品生命期相对应，固定资本的大规模更新会引起国民生产总值物价和就业的波动。后来，由于资本折旧加快，西方国家中这种周期的持续时间有所缩短，大约为 7~11 年。经过西方众多经济学家研究分析，认为朱格拉周期的产生是由于失业、物价随设备投资的波动而发生变化，从而导致 10 年左右的周期波动，朱格拉周期也被称为设备投资循环。

（3）康德拉季耶夫周期

康德拉季耶夫周期（Kondratieff Cycle）也称长周期或长波，因苏联经济学家尼可来·康德拉季耶夫（Nikolai D.Kondratief）提出而得名。康德拉季耶夫在 1925 年发表的《经济生活中的长期波动》中提出了著名的"长波理论"，指出资本主义经济中存在着平均长约 54 年左右一次的长周期。熊彼特还以三次重大的创新来解释三个与康德拉季耶夫划分相近的长周期。

（4）库兹涅茨周期

除了长周期、中周期和短周期外，还有一种较长的库兹涅茨周期（Kuznets Cycle），也称建筑业周期，因美国经济学家西蒙·库兹涅茨（Simon Kuznets）提出而得名。库兹涅茨在 1930 年出版的《生产和价格的长期变动》中指出，经济中存在着为期 15~25 年不等的长期波动，平均长度大约为 20 年。由于这种波动在美国的许多经济活动中，尤其是建筑业中特别明显，所以又称建筑业周期。

上述四个周期之间存在一定的联系。如果把康德拉季耶夫周期的平均长度定为 54 年，库兹涅茨周期为 18 年，朱格拉周期为 9 年，基钦周期为 4.5 年，那么四个周期之间的联系为

1个康德拉季耶夫周期=3个库兹涅茨周期=6个朱格拉周期=12个基钦周期

2.按照经济周期波动的特点和性质分类

按照特点和性质的不同，经济周期波动可分为古典周期波动、增长周期波动和增长率周期波动三种。

（1）古典周期波动

古典周期波动，是指总体经济活动的绝对水平有规律性地出现上升与下降的交替和循环。在周期波动的扩张阶段，经济总量表现为正增长；在收缩阶段，经济总量会出现绝对量下降，表现为负增长。

（2）增长周期波动

增长周期波动，是指总体经济活动的相对水平有规律地出现上升与下降的交替和循环；即使在经济的收缩阶段，总产出指标也很少出现绝对量的下降，仅仅发生增长率的减慢。由于增长周期波动已经被不少经济学家运用统计资料加以验证，因而在实践中已经得到较为广泛的使用。

（3）增长率周期波动

国际上还有一些国家采用增长率周期波动的概念研究经济周期波动。增长率周期波动也称为增长率循环，如果经济时间序列增长率上下波动具有某种规律性，则认为存在着增长率周期波动。增长率周期波动仅仅是经济活动增长率的周期性上升和下降。增长率周期波动的概念并不是意味着增长率必须是高低相间，而是意味着增长率变化是从周期性的谷底到周期性的顶峰，然后再回到谷底。在中国，由于大多数宏观经济指标在绝对量上都是增长的，且增长率波动较大，因此为了方便，很多政府部门和研究机构都按照增长率周期波动的定义来分析和测度周期波动。

三、经济周期波动的成因分析

经济周期波动理论是经济学中著述最为丰富、发展最快的理论之一。真正意义上对经济周期波动问题的理论研究是19世纪70年代威廉·杰文斯（W.S.Jevons）开始的。从19世纪中期到如今，经济周期波动方面的著作很多，经济周期波动理论有近百种之多。以凯恩斯主义宏观经济学的建立为界限，经济周期波动理论可以分为之前的传统经济周期波动理论和之后的现代经济周期波动理论。

1.传统经济周期波动理论

传统的经济周期波动理论的提出时间在19世纪70年代到20世纪30年代之间，按提出先后大致可以分为以下几种。

（1）农业收成论，又称太阳黑子论。这种理论的主要代表人物有威廉·杰文斯（W.S.Jevons）和赫伯特·杰文斯（H.S.Jevons）以及美国的穆尔（H.L.Moore）等。农业收成论通过一连串的因果关系链条分析，最终把经济周期波动的初始原因归结到宇宙天体的变动。当今，农业收成论已毫无影响。

（2）近代消费不足论。在西斯蒙第和马尔萨斯的消费不足论基础上，近代从经济的周期性波动角度提出消费不足理论的经济学家有英国的霍布森（J.A.Hobson）、美国的福斯特（W.T.Foster）和卡钦斯（W.Catchings）、美籍德国学者莱德勒（E，Lederer）等。其中，又以霍布森为典型。近代消费不足论中的代表性理论是储蓄过度论，其认为发生危机和萧条，并不是人们没有充分的购买力，而是在现时收入中储蓄的比重过大，正是储蓄以及过度储蓄打乱了生产与销售之间的平衡。由于不能独立地解释经济周期波动的整个过程，近代的消费不足论在周期波动理论中并不占重要的位置。

（3）心理论。从心理变化角度解释经济周期波动的主要代表有英国的庇古（Pigou）、拉文顿（Lavington）、罗伯逊（Robertson）和凯恩斯（Keynes），美国的米歇尔（Mitchell）等，其中又以庇古和凯恩斯为典型。心理论强调了心理上的预期对经济行为的影响。由于预期是一种心理现象，具有不确定性的特征，因此心理因素不能作为最主要的经济周期波动形成的原因和因素，但心理论可以与其他传统经济周期波动理论共同解释经济周期波动。

（4）纯货币论。英国的霍特里（Hawtrey）是经济周期波动纯货币论的最突出代表。这一理论认为，经济周期波动是一种纯货币现象，即货币流动是经济周期波动发生的唯一的具有充分理由的原因。纯货币理论在描述货币因素渗入周期波动的扩张、收缩累积过程方面相当成功，贡献很大。然而，这种理论由于把经济周期波动完全看作一种货币现象而受到很多学者质疑。

（5）非货币投资过度论。这种理论的主要代表人物有德国的斯皮托夫（Spiethoff）、瑞典的卡塞尔（Cassel）等。这种理论认为，经济周期波动是一种生产的严重结构失调状态，是资本品生产与消费品生产相比相对过度的结果。非货币投资过度论以内生的投资因素与外生的技术革新、新发明等技术因素相结合来说明经济周期波动。非货币投资过度论从内生因素和外生因素方面揭示了经济周期波动，但并未对经济周期波动的成因给以充分说明。

2.现代经济周期波动理论

20世纪30年代之后，经济周期波动理论研究进入所谓的现代阶段。正如Arnold（2002）所指出的，现代经济周期波动理论可划分为凯恩斯经济周期波动理论、货币主义经济周期波动理论、新古典经济周期波动理论、实际经济周期波动理论以及新凯恩斯经济周期波动理论。

（1）凯恩斯经济周期波动论。凯恩斯认为，通常情况下的均衡就业水平往往是小于充分就业的均衡。要达到充分就业的均衡，就要有足够的有效需求，但通常有效需求对于充分就业的水平是不充分的。有效需求不足的原因主要有三个：一是心理上的消费倾向；二是心理上的灵活偏好；三是心理上对资产未来收益的预期（资本边际效率）。

站在有效需求不足论和前人理论的基础上，凯恩斯表述了自己的经济周期波动论。其主要论点可以概括如下。第一，承认经济周期波动存在的事实，从经济体制内部寻找危机的根源。第二，认为宏观经济波动主要是由有效需求变动引起的。第三，认为经济向上和向下运行具有相当明显的规律性，经济周期波动的持续时间与固定资本的寿命和存货保管费用有关。第四，经济从向上趋势变为向下趋势时非常突然，从向下趋势变为向上趋势时并无尖锐的转折点。在政策主张方面，由于自由放任的经济无法避免产量和就业的剧烈波动，凯恩斯强调政府应担负起调节有效需求的职责，强调政府干预尤其是财政手段的巨大作用。

（2）货币主义经济周期波动理论。其主要代表人物是美国著名经济学家、1976 年诺贝尔经济学奖获得者弗里德曼（Friedman）。该学派也通过把形成经济周期波动的原因归于外生的货币扰动来证明其中心命题。该学派把经济周期波动的成因归于外生的政府政策的冲击。他们认为，在价格调整和工资调整滞后的情况下，由政府政策产生的货币供给增长偏离其趋势的时高时低的交替运动导致了产出与就业偏离其趋势的波动。

（3）新古典经济周期波动理论。20 世纪 70 年代宏观经济学研究中兴起了理性预期学派（也称新古典宏观经济学派）。理性预期学派将经济周期理论与经济均衡分析的基本理论协调起来提出均衡经济周期理论，其主要代表人物是美国经济学家、1995 年诺贝尔经济学奖获得者卢卡斯（Lucas）以及萨金特（Sargent）、巴罗（Barro）等。在理性预期、短暂替代等假设基础上，该理论认为，应该从经济周期波动发生前价格和货币总量的波动中去寻找其形成原因。而政治经济周期理论的代表人物诺德豪斯（Nordhaus）、艾莱斯那（Alesina）和希布斯（Hibbs）认为，政府的干预作为外在冲击，导致了经济周期波动。其基础观念是：政府行为不是逆周期的，而应使其重新获选的机会最大。因此，经济周期大体上与政策制定者的执政期相同。

（4）实际经济周期波动理论。其主要代表人物有美国的基德兰德（Kydland）、普雷斯科特（Prescott）、金（King）、雷贝洛（Rebelo）和普洛瑟（Plosser）等。该学派关于经济周期波动的理论观点就是实际经济周期理论（Real Business Cycle Theory，简称 RBC 理论）。RBC 理论在拉姆齐（Ramsey）模型的基础上，引入意外的技术冲击，构建了一个以典型微观主体为基本分析单位的动态一般均衡模型，并且据此对经济周期中各个变量之间的关系做出了较好的解释。RBC 理论认定经济周期是均衡现象，经济波动主要受实际因素的冲击驱动（既包括来自需求方面的冲击，更重要的是来自供给方面的冲击）。经济周期波动在很大程度上表现为经济基本趋势本身的波动，而不是经济围绕基本趋势的波动，即周期波动不是对均衡的偏离，而是均衡本身暂时的波动。既然是均衡状态，便具有帕累托效率，因而不存在市场失灵，政府也没有必要去干预经济。从发展趋势看，RBC理论已经成为当今西方宏观经济学理论体系的一大支柱和不可或缺的组成部分。

（5）新凯恩斯经济周期波动理论。其主要代表人物有美国的斯蒂格里茨（Stiglitz）、曼昆（Mankiw）、罗默（Romer）、鲍尔（Ball）、格林沃德（Greenwald）等。新凯恩斯主义经济周期波动理论认为，经济波动在很大程度上是无规则的，不可预测的，波动的根源主要是外生的，起因于需求冲击和供给冲击。但是经济结构中的内生因素会使外生冲击引起的波动加剧和持续化。新凯恩斯主义经济周期波动理论的关键在于工资和价格黏性前提。

第二节　经济周期统计分析

从统计分析的角度考量，Burns和Mitchell（1946）的经济周期波动经典定义的表述是不完整的：一是没有给出如何测量总体经济活动，二是没有给出如何刻画经济周期波动的模式。实践中，经济周期性信息更多地借助多指标统计分析得到。具体方法有两类：一类是景气监测和预警及其中的景气指数法、预警信号法，另一类是典型化事实方法。

一、经济景气监测与景气指数法

（一）经济景气监测

经济景气监测预警体系，是利用一系列经济指标建立起来的宏观经济"晴雨表"或"报警器"。它之所以能像"晴雨表"或"报警器"那样发挥监测和预警的作用，一是因为经济本身在客观上存在着周期波动；二是因为在经济波动过程中，经济运行中的一些问题可以通过一些指标率先暴露或反映出来。

为了满足宏观经济管理的需要，探求经济周期波动规律，西方经济统计学家们早在一个世纪以前就开始了经济景气监测预警的研究工作。19世纪末到20世纪70年代，经过半个多世纪的不懈努力，经济景气监测预警体系得以不断充实和完善，并为世界各国所熟悉。中国在20世纪80年代末也开始了这方面的研究与应用。

1.哈佛指数的兴起与衰亡

经济景气监测的多指标分析法最早始于美国。1909年，美国统计学家巴布森（Babson）设立了世界上最早的景气预测机构——巴布森统计公司，并定期发布反映美国宏观经济状况的巴布森景气指数（Babson Index of Business Activity）和巴布森图表（Babson Chart）。

巴布森指数是由经过季节波动调整、工作日调整、趋势处理等得到的商业、货币、投资三类共计 12 个指标组成的。1911 年，美国布鲁克迈尔经济研究所，编制并发布了涉及股票市场、一般商品市场和货币市场等方面的景气指标。但这一时期对后世影响最大的还是美国哈佛大学发布的哈佛指数。

1917 年，哈佛大学为研究景气监测，专门设立了经济研究委员会，由著名统计学家珀森斯（Persons）主持。该委员会广泛搜集了美国 1875—1913 年的经济统计资料，利用新的景气指数编制方法编制出反映美国一般商情的哈佛指数，并于 1919 年 1 月开始在《经济统计评论》定期发布。哈佛指数，也称哈佛晴雨计或哈佛 ABC 曲线，是从大量的统计指标中选取在时间上与经济周期波动有明确对应关系的经济指标，寻找其中的相对规律的领先滞后关系。哈佛指数由 13 个指标组成，分为三组，分别合成三个指数曲线。第一组是反映预期的具有投机色彩的 4 个指标，合成 A 曲线；第二组是反映生产和价格的 5 个商情指标，合成 B 曲线；第三组是反映纽约金融市场状况的 4 个金融指标，合成 C 曲线。1921—1924 年，哈佛指数准确地预测到美国经济周期波动状况，使其名声大振。

哈佛指数的出现对景气指数的发展产生了重大影响，其构造思想和方法为许多国家所效仿。1920 年，英国由伦敦大学、剑桥大学、中央经济情报会议和英国实业联合会等组织创立了"伦敦与剑桥经济研究所"。该组织与哈佛经济委员会合作，采用哈佛指数方法编制了反映英国经济景气状况的指示器——英国商业循环指数。1922 年，在《瑞典经济评论》上出现了瑞典经济统计学家以哈佛指数方法编制的瑞典商情指数。1925 年，德国也成立了景气研究所，并于次年发布了德国一般商情指数。此外，还有许多国家如法国、意大利、奥地利、比利时、波兰和日本等都相继开展了景气监测研究，采用类似哈佛指数的方法编制本国经济"晴雨表"。但是，哈佛指数却未能正确预告震撼资本主义世界的 1929 年大危机的来临。当席卷西方世界的风暴即将到来的时候，哈佛指数却指示经济将继续扩张，从而遭到沉重的失败。后来虽几经修订，终因效果不佳而不得不放弃。哈佛指数的失败及类似景气指数的衰落标志着多指标分析法应用于经济周期波动监测的早期阶段的结束。

2.NBER 的完善与发展

哈佛指数失败后，美国经济周期波动研究的重心转移到美国的 NBER。NBER 正式成立于 1920 年，它是一个"私人的、非营利的、非党派的"民间研究组织，其宗旨是对经济事实做经验分析和数量分析，一概不做政策建议。在 Mitchell 和 Burns 的组织下，NBER 做了很多经济周期波动的监测、分析与预测的研究。1937 年，应美国财政部的要求，NBER 开始了判断衰退结束、经济复苏的转折时间的研究。他们首先按照一定的可信标准从 487 个月度和季度指标中初选出 71 个与总体经济周期波动复苏较为同步的指标，然后再挑选出 20 个最能可靠地反映经济周期波动的指标，构成监测系统，利用其中的先行指标指数对经济周期波动进程进行预测。这些指标的预测结果在后来的现实经济周期波动中得到证实。在此基础上，Burns 和 Mitchell 于 1946 年出版了《衡量经济周期》一书。在这部著作中，Burns 和 Mitchell 系统详尽地讨论了一系列经济周期波动监测问题，提供了大量用于比较和评估经济周期波动与周期波动阶段的概括性统计计量方法，包括周期波动的监测分离、趋势调整、平滑技术的运用等方面。此外，作者还指出，经济周期波动是一个在宏观经济各部门逐步扩散的过程，这个扩散在时间上存在一定的差异性。

这些都为"二战"后经济周期波动监测研究的发展奠定了基础。

由于战争的影响，宏观经济波动景气监测预警系统的重大进展实际上是在二战后的 20 世纪 50 年代取得的。1950 年，在 C.H.Moore 的主持下，在 20 世纪 30 年代监测指标体系基础上，将 Mitchell 和 Burns 对复苏阶段的研究扩展到了同时包括复苏和衰退的阶段，构建了新的景气监测系统。Moore 从近千个统计指标的时间序列中选择了具有代表性的 21 个指标，并把它们分为先行、同步、滞后三类，构成了一个新的监测系统。在监测系统的构造上，改变了哈佛指数的平均数方法，开发出扩散指数。1960 年，Moore 又对监测系统的指标构成作了修订，扩大到 26 个指标。1961 年，美国商务部开始正式在其刊物《商情摘要》(Business Conditions Digest，BCD) 上发布。后来，在商务部首席经济统计学家 J.Shiskin 的主持下，又开发出新的景气指数——合成指数，并于 1968 年 11 月开始在 BCD 上同时公布扩散指数和合成指数。至此，多指标分析法基本体系的构建工作基本完成。

自 20 世纪 70 年代初以来，利用景气指数监测经济周期波动的研究开始出现国际化的趋势。表现在：一方面，国际性景气监测预警系统—国际经济指标系统 (IEI) 的出现；另一方面，开始由工业化国家向发展中国家扩展。1995 年，美国会议委员会 (The Conference Board，CB) 承担了以前由美国商务部完成的合成指数的责任。会议委员会计算并发布美国、澳大利亚、法国、德国、韩国、日本、墨西哥、西班牙和英国等国家的合成指数。

目前，国际经济周期波动研究的重心仍在 NBER，其下设有经济周期波动基准日期定期委员会，专门负责确定美国经济周期波动的基准日期。美国是指标分析技术较为成熟的国家。除美国之外，日本、德国、法国等也都使用指标分析技术分析经济周期波动。日本景气指数以前是由经济企划厅发布，如今改为内阁府经济社会综合研究所发布。加拿大和英国是由统计局发布经济周期波动的基准日期和景气指数。澳大利亚是由国立景气研究所 (ISCO) 发布基准日期和景气指数。中国是在 20 世纪 80 年代中期开始经济周期波动监测研究的，积极倡导者是吉林大学的董文泉教授、高铁梅教授等，后来国家统计局、国家信息中心等政府机构也开始了这方面的研究，并于 90 年代初正式投入应用。

（二）景气指数法

NBER 的多指标分析法，也叫景气指数法，是利用一系列经济指标建立起来的总体经济活动"晴雨表"或"报警器"。它之所以能发挥经济周期波动监测和预警的作用，原因在于：总体经济活动是一个具有多个侧面、多个过程的经济活动的综合体，总体经济活动的复杂性又决定了总体经济活动的各个部分的表现形式和各个宏观经济指标常常不一致。经济周期波动是通过一系列经济活动、历经多个经济过程来传递和扩散的，任何一个经济变量本身的波动过程都不足以代表总体经济活动的波动过程。我们很难用单个宏观经济指标来全面地说明总体经济活动，必须利用一系列指标构建景气指数（主要是扩散指数和合成指数）来综合反映。理想的做法是：首先选择一组主要的宏观经济指标，这组指标通常要反映总体经济活动的不同侧面，且与经济周期波动大体一致。然后根据这些宏观经济指标转折点的一致性，推断总体经济活动的周期波动模式。

编制景气指数的最主要的目的就是预测经济周期波动的转折点，如果超前指数走出谷底出现回升，预示着同步指数在若干个月后也会回升，也就是总体经济将出现复苏，而滞后指标则是对同步指数的确认，也就是再过几个月以后滞后指标也会出现回升。从各国成熟景气指数的实践应用看，运用景气指数法进行经济周期波动监测预警需要以下几个实施阶段。

1.景气指数周期性指标的选取

运用景气指数法进行经济周期波动监测预警的首要工作就是从为数众多的宏观经济指标中找出能够反映经济周期波动状态的指标。一般地，选择周期性指标要全面谨慎地考虑多方面的因素。这些因素不是固定的，而是随着研究者研究重点的不同而发生变化。很多研究都提出过周期性指标的选择标准。其中比较权威的是 NBER 给出的标准，它由以下六个准则构成。

（1）经济重要性（Economic Significance）。经济重要性主要是指从经济意义上看指标在经济周期波动中是否具有重要的作用。评价指标的经济重要性可以从两个方面来反映。一是从经济过程或变量的重要性来判断。二是序列所代表经济活动范围的深度。经济过程可以分为九类，分别是就业和失业，产出和收入，消费、储蓄和分配，固定资产投资，库存和库存投资，价格、成本和利润，货币和信贷，对外贸易和支付，政府活动。每一类别都包括若干个指标，经济过程重要性的比较主要是基于类别而不是单个指标，从指标的反映范围上考察经济上的重要性，单个类别中的指标可分为由强到弱的三个层次。第一层次是总产出和总投入的实际和名义指标。这些指标恰当地界定了总体经济活动，在经济决策中十分重要。第二层次是上述总量指标的主要分量指标以及其他一些引致经济周期波动发生的指标，如投资、利润等。第三层次是反映经济周期波动主要特征的指标。经济上的重要性准则将指标分析与反映周期波动的本质、起因和影响的经济理论联系起来，增加了指标分析的科学性。

（2）统计充分性（Statistical Adequacy）。统计充分性是指经济指标从统计上是否能够充分反映经济周期波动过程和特征。这一特性可以从八个方面考察：一是统计报告制度质量，主要指有无稳定健全、可靠的统计报告制度；二是统计调查过程范围，主要有普查、抽样调查、其他典型调查等三种情形；三是统计时间期限范围，主要有全月或全季的统计数，每周一次或每月一次的统计数或更少等情形；四是抽样误差、汇报误差等调查误差的可估计性；五是统计结果修订的频率，是从不修订，还是定期修订；六是指标序列长度；七是跨时可比性；八是其他考虑，如主观判断分析等。在具体评判时，可以先对上述八个方面的情况分别计算，然后再进行综合评判。

（3）时间匹配性（Timing）。时间匹配性是指单项经济指标周期波动的具体周期波动转折点与基准周期波动转折点在时间上的匹配情况。要反映这一特性需经过四个步骤。第一步是识别和确定经济指标的具体周期波动转折点，常用的方法是1975年NBER的Bry和Boschan（1971）提出的BB法。第二步是确定总体经济活动的基准周期波动转折点，这里可以使用官方公布的时点来替代。第三步是对比前两步的结果，计算指标的顶峰和波谷与基准周期波动的顶峰和波谷匹配的概率以及指标领先与滞后其平均水平的离散程度。第四步是根据顶峰时间匹配的概率、顶峰的离散程度、波谷时间匹配的概率、波谷的离散程度等四个方面结果，评价指标总体上的时间匹配性。

（4）一致性（Conformity）。一致性是指单项经济指标与总体经济波动在方向上的一致情况。如果一个经济指标在总体经济活动的扩张阶段上升，在收缩阶段下降，那么这个指标与经济周期波动正向一致；反之，这个指标与经济周期波动反向一致。指标的一致性可以通过三个方面来衡量。一是指标具体周期波动中与经济周期波动相一致的阶段所占的比重。二是指标具体周期波动中反常的周期波动数。所谓的反常周期波动是指那些波动与经济周期波动的扩张与收缩不一致的、容易引起错误信号的周期波动。三是经济指标波动幅度上的一致性。

（5）平滑性（Smoothness）。平滑性是指经济时间序列的平滑程度。如果一个经济指标序列的一致性和时间匹配性表现都非常好，但由于频繁的不规则波动使其不够平滑，则这个指标不能有效反映经济周期波动。事实上，很多经济指标序列都不够平滑。因此，需要对经济指标进行移动平均等统计变换，使其平滑性得以提高。反映序列平滑性一个主要指标是MCD（Months for Cyclical Dominance）值。MCD值是指从绝对平均值上看，序列中趋势周期成分变化率大于不规则成分变化率的最短月（季）数。MCD值越小，则序列越平滑。

（6）及时性（Currency）。及时性是经济指标数据是否能够及时获取并及时更新。判断指标数据的及时性主要考虑两个方面：一是指标数据汇编的周期波动；二是汇编数据发布的滞后时间。与季度数据和年度数据相比，月度数据统计的及时性较好，如果能够及时获取经济指标的数据，对及时监测经济周期波动非常必要。

上述六项准则要求是对景气指数分析中周期性指标的理想要求，而现实指标并不完全满足这六项准则。因此，实际分析中首先，需要对众多可供选择的指标各项要求的满足情况进行评分。然后，再按照各项要求的权重，通过加权平均的办法得到一个综合评分值。最后，按照各个指标综合评分的高低，参考各项指标之间的互补和替代关系，最终选择出一组能够测度经济周期波动的指标。

2.景气指数周期性指标的统计处理

周期性指标的统计处理包括以下两项工作。

（1）转折点的确定。对周期性指标统计处理的首要工作是识别和确定指标序列的转折点—顶峰和波谷，然后确定周期的扩张阶段和收缩阶段，进而确定具体周期波动。这一工作有时可以通过肉眼观察完成，但更科学的是根据一些经验法则和程序化操作来确定。常用的方法是 Bry 和 Boschan（1971）基于月度数据提出的 BB 法。BB 法分三个步骤。第一步，确定指标序列中一些潜在可能的转折点—顶峰和波谷，一般把指标序列中反向变化至少在 5 个月以上的时点作为潜在的转折点。第二步，剔除掉一些连续的顶峰和波谷，确保这些转折点中的顶峰和波谷排列相间。如果同时存在几个连续的顶峰（波谷），选择相对较大（小）的；如果几个连续的相等，选择最后的。第三步，根据一些审查规则剔除转折点，确保余下转折点满足持续期和波幅要求。这些审查规则是：相邻两个转折点间持续时间必在 6 个月以上；完整周期的持续时间必须在 15 个月以上；周期幅度必须在一定标准以上（一般为一个标准差以上）。

（2）先行指标同步指标和滞后指标的归类。在确定周期性指标及其具体周期的基础上，依据指标同基准指标周期的关系，可分为先行指标、同步指标和滞后指标三类。先行指标、同步指标和滞后指标的选择和确定没有明确的经济理论基础作为支持，其过程更多的是基于经验和定量分析结果的判断。通常使用的方法有两类。

一类是主观经验判断法，代表性的方法是峰谷对应法（也叫图示法）。峰谷对应法通过比较周期性指标时间序列具体周期的统计图与经济基准周期的统计图来确定。

另一类方法是数理分析法，主要有时差相关分析法、K–L 信息量法、HDI 法、聚类分析法、马场法等。其中，比较常用的是时差相关分析法和 K–L 信息量法。

3.景气指数的编制

对周期性指标进行过统计处理后，便进入编制景气指数阶段。编制景气指数的方法有扩散指数和合成指数两种。

扩散指数（Diffusion Index，DI）的基本思想是把保持上升（或下降）的指标占上风的动向，看作是经济周期波动波及、渗透的过程，综合这些指标的情况用来把握整个经济周期波动。简单地说，扩散指数定义是在一组周期性指标的范围内，扩张状态的指标数占全部指标数的百分比。

中国 PMI 指数计算采用国际通行的方法，即单个指数采用扩散指数编制方法，综合指数采用加权综合指数计算方法。具体来看，单个指数的计算涉及生产量、产品订货、出口订货、现有订货、产成品库存、采购量、进口、购进价格、主要原材料库存、生产经营人员、供应商配送时间 11 个问题。得到企业调查数据后，首先需要对调查数据进行汇总计算，即计算各选项所占百分比。若采用加权方法进行汇总，则以每个企业上年营业收入作为权重，加权计算各企业选择增加、基本持平或减少分别占被调查企业总数的百分比；相对的，若采用不加权的方法进行汇总，则直接计算使用选择增加、持平或减少的企业数占比。计算各选项百分比时要注意从总体中剔除！

二、经济景气监测预警与预警信号法

（一）经济景气监测预警

1.经济景气监测预警的概念

监测最初是指对事物及时地连续追踪，以时间为单位进行测量。预警有警告的意思，事先警告、提醒被告人的注意和警惕。所谓预警就是指对某一警素的现状和未来进行测度，预报不正常状态的时空范围和危害程度，以及提出防范措施。把监测和预警的概念应用到经济周期波动领域就是经济景气监测预警。

经济景气监测预警是为满足宏观经济管理的需要，依据经济周期波动的规律性，利用一系列经济指标和分析方法对经济周期波动轨迹和状态的测量、分析、评价和警度预报。经济景气监测预警包括经济景气监测和经济景气预警两个方面内容。前者侧重于经济周期波动轨迹和过程的分析，旨在揭示经济周期波动轨迹和过程中各种因素的关系和变化的内在规律，是现实经济周期波动运行轨迹的实证展现；后者则侧重于经济周期波动过程和发展方向的险情预报，旨在预报经济周期波动过程中的各种不正常现象，是未来发展趋势的科学推断。二者的区别表现在以下几点。

（1）从对象上看，经济景气监测的对象是一定时空范围内的经济周期波动轨迹和状态；而经济景气预警的对象是经济周期波动的某一警素即经济周期波动已有或即将出现的问题。

（2）从方法上看，经济景气监测的方法则是对经济周期波动的状态进行量测和分析；而经济景气预警的方法是对某一警素的现状和未来进行测度，即对经济周期波动的现状和未来做出评价。

（3）从结果上看，经济景气监测的结果是经济周期波动运行轨迹和运行规律；而经济景气预警的结果是预报不正常状态的范围和危害程度即警度，以及提出防范措施即排除警患。

（4）从研究重点上看，经济景气监测的研究重点是如何改进经济周期波动测度方法和手段以提高精度和降低费用；而经济景气预警的研究重点是如何确定预警指标的阈值区间，并判断景气处在什么状态。

2.经济景气监测预警的作用和意义

经济景气监测预警作为国民经济统计分析的有效方法，其作用和意义主要表现在以下几个方面。

（1）准确把握和正确评价宏观经济运行中的周期波动状态。宏观经济运行是一个多层次、多方面、错综复杂而又十分庞大的动态系统。对整个宏观经济运行状态给出综合性测度，说明经济运行所处的冷热状态和周期波动阶段以及相应的特点。这是经济景气监测预警的基本任务。

（2）准确预测未来经济周期波动的发展趋势。根据经济周期波动的运行轨迹和先行特征，对宏观经济运行的未来趋势做出提前判断，在经济运行发生重大的转折之前，及时发出信息，提供早期预警信号，起到预警作用。这是经济景气监测预警的重点。

（3）及时反映宏观经济调控政策的效果。如何正确识别经济周期波动的幅度和频率，并采取适时和适度的调控措施和经济政策，以熨平经济周期波动的幅度，降低经济周期波动的频率，避免波动的大起大落对经济造成的损害，取得经济长期稳定、协调、健康的增长，是宏观经济调控的一项重要任务。经济景气监测预警通过对经济周期波动轨迹和过程的刻画，可以判断宏观经济调控政策的实施效果，可以为宏观经济管理部门决定政策存续区间提供决策信息。宏观经济政策从实施到产生影响存在时滞、这种时滞的存在不仅影响宏观经济政策发挥作用的时间，而且在特殊情况下会使政策逆向调节产生负面效果。

（二）预警信号法

通过景气指数仅仅掌握经济周期波动轨迹和过程方面的信息，难以满足宏观经济管理的需要。为了提高宏观经济调控的有效性，在监测预警经济周期波动时引入评价指标，对经济周期波动的不同状态做出评价，编制具有评价功能的预警信号指数，不失为经济景气监测预警的一种新的思路。

预警信号法是根据宏观经济周期波动的状态性质，采用类似交通管制信号的方法，来反映宏观经济运行的综合变化状况与变化趋势。其方法原理就是对一组反映经济发展状况的敏感性指标，运用有关的数据处理方法将一组指标合并为一个综合性的指标，然后通过用一组类似交通管制的红灯、黄灯、绿灯、浅蓝灯、蓝灯的信号标识系统给这组指标和综合指标所代表的经济周期波动状况发出预警信号，通过观察信号灯的变化情况来判断未来经济发展的趋势。

预警信号法通过单个综合性指标作为判断宏观经济景气状况的依据，可以减少仅靠单项指标进行决策的风险。同时，景气状况的判断和宏观决策取向融合在一起。综合景气状况分为五种状态，每种状态既表示当前的景气状况，又表示针对这种状况应采取的宏观政策取向。其中，红灯表示经济景气过热，此时政府及财政金融机构应采取紧缩措施，使经济恢复正常状况。黄灯表示经济景气尚稳，经济增长稍热，在短期内有转热和趋稳的可能，由红灯转为黄灯时，不宜继续紧缩；由绿灯转为黄灯时，在绿灯时期所采取的措施虽可继续维持，但不宜进一步采取促进经济增长的措施，并且应关注今后景气的变化，以便及时采取调控措施避免经济过热。绿灯表示当时的经济发展很稳定，政府可在稳定中采取促进经济增长的调控措施。浅蓝灯表示经济短期内有转稳和萎缩的可能，由浅蓝灯转为绿灯时，表示经济发展速度趋稳，可继续采取促进经济增长的措施；由绿灯转为浅蓝灯时，表示经济增长率下降，此时应关注今后景气的动向，适当采取调控措施，以使经济趋稳。蓝灯表示经济景气衰退，处于过冷状态，若信号由浅蓝灯转为蓝灯时，表示经济增长率开始跌入谷底，此时政府应采取强有力的措施来刺激经济增长。

预警信号法实施是通过预警信号系统来实现的，从各个国家的应用实践看，预警信号系统的编制过程包括以下几个步骤。

第一步，确定预警信号指标体系。确定预警信号指标体系是建立预警信号系统的重要组成部分。预警信号指标体系应是一系列反映国民经济运行状况的敏感性指标。在选择预警信号指标时，要考虑的原则是：灵敏性原则，即所选指标应能够灵敏反映经济运行的主要方面；超前性原则，即所选指标的变化应超前于实际经济周期波动；稳定性原则，即对所选指标变化幅度进行不同状态划分后，划分的标准能够保持相对的稳定。

第二步，确定单个指标的预警界限。建立预警信号系统的最关键的技术工作是预警信号界限值的确定，包括单个指标景气状态界限值的确定和经济运行综合景气状态界限值的确定两个方面。界限值是判断各监测指标以及综合景气状态落在不同景气状态区域的数量标准。单个指标四个界限值的确定是景气预警信号系统建立的重要环节，是一件很复杂、很细致的工作。确定界限值的方法一般有两种：一种是依据经济数学方法来确定；一种是传统方法，即依据监测和预警者的经验，通过分析历史资料，制定出各指标的变动率数值。当然，不能把界限值简单理解为一个固定不变的数值，而是一个随着本身的制约因素变化而变化的数值。

第三步，计算确定各个指标得分和灯色信号。将各项警告指标的动态指数同所确定的该项指标各个区间的界限值进行比较，落入哪个区间就记上相应的得分，判断各指标的灯号显示。这里需要对各色灯号分别赋予不同的分数，便于计算汇总。

第四步，汇总确定景气预警总分数与灯色信号。确定全部指标的预警界限，并将各个指标得分加总得到经济景气预警总分数，判断综合灯号的显示状况。若全部 N 个指标都打 5 分时的总分为 $5N$，则可按比例确定全部指标的预警界限。比如，以满分的 85% 为红灯区与黄灯区的界线值，满分的 73% 为绿灯区与黄灯区的界线值，满分的 50% 为浅蓝灯区与绿灯区之间的界线值，满分的 36% 为浅蓝灯区与蓝灯区的界线值。

三、经济周期波动典型化事实分析

（一）经济周期波动典型化事实分析的内涵和意义

在现代宏观经济学中，经济理论与模型主要致力于解释现实经济运行中的一些重要现象，因此需要对大多数经济中存在的一些具有规律性的经济事实进行分析和归纳。所谓经济运行的典型化事实，即经济运行中经过大量统计验证后确认普遍存在的能够反映经济运行的真实和基本特征的具有代表性的关键性事实。一般地，经济运行的典型化事实是根据宏观经济变量的时间序列性质得出，主要与短期经济波动和长期经济增长有关。其中与短期波动中周期性波动相联系的事实就是经济周期波动的典型化事实。

经济周期波动的典型化事实是在宏观时间序列经验特征的基础上，通过统计分析、推断和检验而确认的经济周期波动中普遍存在的事实。概括经济周期波动的典型化事实是对宏观经济学研究的一项挑战。正如 Burns 和 Mitchell（1946）所指出的，任何经济周期波动都不是以前周期波动的简单重复，在振幅、范围和持续期等方面往往会表现出一定差别。然而，从差别的表象中抽象出内在一致的规律，这种一般化努力恰恰是经济学研究最重要的课题之一。正因为如此，关于经济周期波动典型化事实的研究始终属于宏观经济学进展的一部分。目前被广泛认同的经济周期波动的典型化事实一般包括波动性、协动性、持久性和非对称性四个方面。

经济周期波动的典型化事实通常可以概括为四大方面：（1）波动性，即包括总产量（出）在内的各宏观经济变量的波动大小；（2）协动性，即各宏观经济变量与总产量（出）之间的协动关系；（3）持久性，即包括总产量（出）在内的各宏观经济变量周期性波动的持久程度；（4）非对称性，即包括总产量（出）在内的各宏观经济变量波动在持续时间、转换速度以及发展深度方面所表现出的明显差异性。

经济周期波动典型化事实分析具有十分重要的意义。

首先，它为理解经济周期波动提供了一个事实视角和总体描述，任何关于中国经济周期波动的分析和探讨都应该以这些事实为基础。换句话说，通过总结经济周期波动的典型化事实，可以为相关理论、观点和模型的检验提供一个参照标准。现代宏观经济学的发展越来越强调这种理论与经验的互动。现在，评价一个周期波动理论是否成功，关键在于该理论能够在多大程度上解释这些典型化事实；同时，理论的扩展和推进也往往致力于同尽可能多的事实相一致，而这正是国内以前的很多研究所欠缺的。

其次，它为判断宏观经济形势提供了参考依据。例如，通过对宏观经济变量之间复杂的协动关系进行分析，确认其领先、同步或滞后关系，可以为监测和预警宏观经济运行提供帮助。对于政府执行宏观调控、稳定经济运行，也是必要的。

最后，它也是对 Lucas（1977）命题的一个检验。Lucas 断言："虽然绝对无法从理论上预见到经济周期波动，我们还是能够根据序列间协动运动的定性行为得出以下结论：所有经济周期波动都是类似的。这对于具有理论倾向的经济学家来说是具有吸引力和挑战力的，因为它意味着可能根据指导市场经济的一般法则对经济周期波动做出一致的解释，而无须依赖于特定国家或时期的政治、制度特征。"大量经验研究在很大程度上证实了 Lucas 的判断。

（二）经济周期波动典型化事实分析的基本方法

由于波动性、持久性和非对称性等宏观时间序列经验特征的统计分析方法前面已作介绍，因此，这里重点介绍协动性经验特征的统计分析方法。

协动性（Co-movement）是指经济周期波动中各主要宏观经济变量随着周期波动阶段变化而呈现出的几乎同步的上下起伏运动特征。或者说，经济周期波动中各主要宏观经济变量与总体经济活动几乎同步的运动特征。NBER 创始人 Burns 和 Mitchell（1946）给出经济周期波动的经典定义强调了经济周期波动中一个经验性规律就是宏观经济变量的协动性，即各种经济活动会一起上升或下降，表现在宏观统计数据中的产出、投资、消费、就业等经济变量的同步变动。

事实上，对协同运动序列之间在时间上可能的先行与滞后关系的考察，是 Burns 和 Mitchell 方法论的核心。在分析中，Burns 和 Mitchell 考虑了成百上千个序列间的历史一致性（Concordance），这些序列包括产出、收入、价格、利率、银行交易、交通服务等。他们使用这些序列转折点的聚集性来确定经济周期波动的基准日期。同时，还分析了经济周期波动中不同序列协同运动的一致模式，直接导致了先行指标、同步指标和滞后指标合成指数的诞生。

从协动性的表现看，经济周期波动中单个宏观经济变量的波动方向与总体经济波动方向之间的关系存在三种情形：一是顺周期（Procyclical），如果一个经济变量的变动与总体经济活动的变动方向一致，即二者表现为较大的正的截面相关关系，则称其是顺周期的；二是反周期（Countereyelical），如果一个经济变量的变动与总体经济活动的变动方向相反，即二者表现为较大的负的截面相关关系，则称其是反周期的；三是非周期（Acyclical），如果一个经济变量的变动与总体经济活动的变动方向没有相关关系，即二者表现为截面不相关关系，则称其是非周期的。

从西方国家经济周期波动的典型化事实看，大多数宏观经济变量，如总产出、就业、消费、投资等，都是顺周期的；个别宏观经济变量如失业率，是反周期的；少数宏观经济变量如实际利率、政府支出、资本存量等，是非周期的。

从现有文献看，协动性的测度方法主要有以下几种：

1.相关系数法；

2.一致指数法；

3.一致统计量法。

（三）一个有代表性的经济周期波动典型化事实研究

获取经济周期波动的典型化事实，必须对宏观经济变量进行趋势分离，把剩余成分作为周期波动来探求经济周期波动的规律性。其中典型的做法是 Zarnowitz（1992）对美国的研究。在相关论著中，Zarnowitz 从工资和价格，产出、投资、存货和就业，消费，货币变量，金融变量等五个领域来分析经济周期波动的典型化事实。

1.从工资和价格领域看，与总需求变动相比，名义工资总体水平和价格总体水平的敏感度较小，而且随着美国经济中生产服务业成分的增加，这种敏感程度还在降低，当然，这种降低还和美国经济中工资的黏性变化有关。产成品的价格变动要小于单位生产成本（主要是工资成本）；劳动生产率沿着长期增长趋势顺周期波动，一般也领先于整个周期波动；复苏阶段的货币工资的增长常常慢于物价的上涨，而扩张阶段又超过物价的增幅；劳动生产率的特性与货币工资的黏性变化一起又使单位生产成本滞后于总体经济周期波动。在这种情况下，总利润指标领先于整个周期波动，而且这种领先时间要少于单位生产成本的滞后时间。与完全竞争不同，不完全竞争意味着加成定价，这种加成定价是顺周期的，而且领先总体经济活动时间较长。

与零售物价和工资相比，工业品价格水平对经济周期波动更加敏感，工业品价格水平的波动大于零售物价和工资的波动。

2.从产出、投资、存货和就业领域看，私人投资支出占 GDP 的比重要远小于私人消费支出，但其波动性要比私人消费支出大得多。总产量的波动一般大于总销售额的波动，意味着存货投资是顺周期的。耐用品的生产在很大程度上受订单左右，因订单具有较大的波动性而波动较大。合同投资下降很久以后，实际投资仍在增长，这种增长是由于订单的累积性积压造成的。整体经济开始收缩后一段时间，新企业的扩张支出才达到顶点。存货投资对持续期较短的或较为温和的经济周期波动有重要影响；固定投资波动则对萧条或衰退阶段持续时间较长的或深度较大的经济周期波动产生影响。企业存货变动是顺周期的，且变动更剧烈、更频繁。制造业和商业存货的总体水平存在一个趋势，且滞后于周期波动。

3.从消费领域看，分期付款的消费信贷和抵押贷款余额是顺周期的，并且领先于周期波动。银行贷款的净变动也是顺周期的，只不过领先时间相对较短。

4.从金融变量领域看，利润率是高度顺周期的，而且领先时间较长；与工资、红利、净利息和租金相比，利润的波动幅度更大。在总利润下降前很久，单位销售利润（由于存在存货，这里的单位并非产成品单位）开始下降；总利润的下降也发生在总销售额下降之前，但领先时间较短。

5.从货币变量领域看，短期利率与周期波动同向变动，并在其平均水平上下做大幅变动。如果利率水平较低，则用基点表示的短期利率对周期波动的敏感反应较小。长期利率与周期波动高度同向变动，但在平均水平附近小幅波动。在周期波动的顶峰附近，短期债券利率趋向于或超过长期利率；在周期波动的谷底附近，它大大低于长期利率。债券价格下降领先于股票价格下降，而股票价格下降又领先于总销售额下降。货币的流通速度是顺周期的。在温和的衰退阶段，货币总量的增长速度放缓，而在严重的衰退阶段，则停止增长。

第三节　中国经济周期机制分析

一、经济周期理论

（一）经济周期的概念及分类

经济周期波动是经济增长的表现形式，任何经济增长都是在经济波动中实现的，直线式的经济增长从来就未曾有过。经济周期一般是用来描述经济总体水平上升和下降交替的波动过程，并依次分为四个阶段：收缩、萧条、扩张和繁荣。收缩阶段是指经济总体水平的下降阶段；萧条阶段是指经济总体水平降到最低点的状态；扩张阶段是经济总体水平的由萧条转向不断上升阶段；繁荣阶段是经济总体水平上升的终点。繁荣和萧条是经济活动过程转向衰退和转向复苏的转折点，国民经济活动整体上的从繁荣到繁荣，或从萧条到萧条的扩张与收缩过程的交替变化称为经济周期。

从国外经济周期的历史上看，自第二次世界大战后，表现出与战前不同的一些特征，国外的经济学家根据周期波动的不同性质区别了两种不同的经济周期：将国民经济总体水平的绝对量变动过程称为"古典周期"，而将国民经济活动的相对水平，即经济增长率的扩张和收缩过程的交替变化称为"增长周期"。

经济活动的性质决定了周期持续的长短，根据经济周期的持续时间将经济周期按长度划分为五类。（1）农业经济周期，也称为蛛网周期，这种周期的长度取决于生产新一轮庄稼和家畜所需的时间。（2）存货周期，也称为基钦周期，一般长度为平均 3~4 年一次。（3）固定投资周期，也称为朱拉格周期，战前一般长度平均为 7~11 年一次，战后这种类型周期的日期确定和定义有很大的差别，长度为 4~10 年。（4）建筑周期，也称为库兹涅茨周期，既是一个长期现象，又是一个短期现象，短期波动与信贷市场相联系，而长期波动是人口变动的函数，为 15~25 年。（5）康德拉季耶夫周期，是持续 50 年左右的长周期。所有这些周期都是由其发现者命名的，其中基钦周期、朱拉格周期和康德拉季耶夫周期是由熊彼特提出来的。

（二）我国经济周期研究状况

长期以来，我国理论界对资本主义的经济周期问题进行过很多研究，但对社会主义的经济周期问题一直讳莫如深，尽管在 1961 年有学者对社会主义的波浪式增长进行过探讨，但一直未受到重视，但在 20 世纪 80 年代中期之前，基本上还没有人对其进行认真的研究。1985 年，乌家培和刘树成在《经济研究》（1985 第 6 期）上发表了《经济数量关系三十年》一文，提出了对社会主义经济增长规律问题的研究，社会主义经济增长有没有周期问题，怎样把握和利用社会主义经济增长规律问题，开创了我国经济周期研究的先河，此后学术界对经济周期研究的文章逐渐增多，对我国经济周期理论和分析作了一系列的实证研究，研究的内容主要集中在以下几个方面。

1.对社会主义经济周期波动现象的态度和看法

改革开放之后，我国经济结构发生了重大变化，一些新经济现象的出现，促使了经济周期理论的解禁，但理论界对社会主义经济周期波动众说纷纭，分歧很大，主要有三种不同的态度。

（1）彻底否定的态度。持这种态度的人多是引经据典，从马克思主义的传统教科书和经典著作中的某些论述出发，把社会主义理想化和教条化，认为经济周期是资本主义固有的特征，社会主义与资本主义不可同日而语，不存在经济周期，即不承认社会主义社会存在经济的周期波动的现象。这种观点在改革前是居于统治地位的观点，改革开放后有所减少，但仍有相当的市场。

（2）承认经济波动，否定其周期性的态度。这种观点向经济周期波动理论迈进了一步，是从我国经济发展实践的角度出发，承认社会主义经济发展的波动，认为"波浪式前进，螺旋形上升，是我国国民经济必然经历的一个过程，也是扩大再生产的一个重要特征"。这种观点虽不是经济周期理论和观点，仅从哲学意义上讨论波动问题，而不是从经济理论的研究和分析的角度，对我国经济发展规律的认识也是片面的，但它为我国经济周期理论提供了一种新的研究思路，对经济周期理论的向前发展提供了基础。

（3）承认社会主义经济周期波动的观点。这种观点主要是从 20 世纪 80 年代开始出现并不断发展起来的，以统计资料为依据，在尊重客观事实的基础上，对经济周期现象进行了研究，认为我国社会主义经济增长中广泛存在着周期性波动现象，这是不以人们的意志为转移的客观存在，并着手建立了一套宏观经济预警系统，为我国经济建设和改革开放提供了有效的参考意见。

与人们对社会主义经济周期波动的态度一样，人们对经济周期波动的看法也不尽相同。有的认为社会主义经济周期波动与资本主义周期性经济危机一样，是社会化大生产相对过剩的危机；有的认为经济的周期波动，类似经济状况的再现，在时间间隔上可以是不完全相同的；有的认为经济周期是指国民经济总量增长呈现周而复始变化的状况；有的认为经济周期是各种经济现象的综合表现，指整个因国民经济的景气循环。综上所述，对承认社会主义经济波动的学者来说，从不同的角度对经济周期进行了解释，强调经济波动和周期的客观性，差异在于周期的判定，而非经济波动本身。

2.对我国经济周期波动的实证分析

（1）我国经济周期的基本数量分析

对经济周期的研究，必涉及经济周期的长度和分类方法、周期的阶段和各阶段的特征等问题。对我国经济周期的分类问题，一种观点认为，可以参考国外经济周期的分类方法，即从经济波动的性质和周期持续的时间长度来划分；另一种观点认为，我国经济周期的长度特征并不一定符合国外的规律，形成的机制不相同，不能照搬国外的分类方法，具体可划分为长波、中波和短波三类；也有的学者以我国经济体制改革为分界点，分为改革前期和改革后期两种不同的波动。对我国经济周期的阶段问题，一种观点认为，可以分为收缩、萧条、复苏和扩张四个阶段；另一种观点认为，可以从固定资产投资分析投资与生产的关系来划分，分为回升阶段、高峰阶段、持续阶段和低谷阶段；还有一种观点认为经济运行中客观上存在过热、热、适度、冷和过冷五种状态。对于我国经济周期波动的特征，有的从经济周期中的变量之间的关系入手，认为经济增长和投资增长、外贸进口及通货膨胀的变化趋势一致；有的从国民经济生产部门来看，对五大部门的波动强度进行考察，认为建筑业是波动强度最大的，而农业是波动强度最小的；有的从经济周期的本质特征入手，认为与商业循环不同，是供给短缺型的周期，是封闭型的波动，与世界经济波动是独立的。

（2）经济周期的比较研究

我国经济周期出现的比较晚，是随着社会主义经济制度的建立而产生的，按经济体制粗略的可分为改革前和改革后两个阶段，改革前我国的经济体制和经济活动机制与苏联和东欧社会主义国家比较接近，而改革后我国实行了社会主义市场经济体制，借鉴发达国家的经济建设的一些成功做法，因此可以将我国的学者对经济周期的比较研究按这两个方面进行总结。在 20 世纪 60 年代之前，我国作为一个社会主义国家，与苏联和东欧社会主义国家的联系比较紧密，一些学者对我国与苏联和东欧社会主义国家的经济周期进行了对比，主要从经济周期波动的特征、性质、原因和机制等方面进行了研究，对我国经济周期波动与苏联和东欧社会主义国家的经济周期波动的变动趋势和对策等方面进行了对比分析。对于西方发达资本主义国家的经济运行来说，也可分为两个阶段，20 世纪 30 年代之前的自由主义经济体制和 20 世纪 30 年代之后的国家干预的经济体制阶段，由于西方发达国家的经济周期的历史比较长，在周期的长度、周期的阶段和特征、周期的性质和原因等方面都与我国的经济周期波动不同，对反经济周期调控的对策也不同，即学者对二者的对比也是从上述几个方面进行。

3.对经济周期波动原因和机制的分析

影响经济周期波动的原因很多，在各个不同的阶段，占主导地位的因素也不尽相同，对经济周期波动原因的研究，只能从某个侧面来进行，归纳起来我国的学者主要提出了社会主义社会基本矛盾说、社会总供给和总需求矛盾论、利益配置和资源配置矛盾论和宏观经济决策失误说等观点。对于我国经济周期波动的机制，多数人将投资波动和经济周期联系起来，认为固定资产投资和更新是我国经济周期波动的物质技术机制，也有部分学者认为我国经济增长中的扩张、滑落和复苏机制决定了我国的经济周期，还有学者认为经济运动内在的收缩机制和扩张机制制约我国的经济周期。总之，对于我国经济周期波动的原因和机制，我国理论界提出了各种看法，共同之处在于把我国经济周期波动的原因和机制区别于发达资本主义国家，认为投资为主的总需求波动和总供给的约束，以及体制上的特征和弊端是我国经济周期波动的重要因素，相关的机制受此影响而发生作用。

4.经济周期波动的监测和预警研究

准确测定宏观经济周期波动的状态，分析经济运行中的各种问题，提出经济运行调控的政策和措施是经济周期波动监测和预警的目的。对宏观经济景气波动进行监测和预警的方法很多，目前我国许多机构采用的方法主要有三个。（1）景气调查法，是通过对经营者和消费者的调查，能较为直观地反映微观经济主体的态度和意愿，是目前市场经济国家普遍采用的方法。（2）经济景气分析和预警法，即编制景气指数反映经济波动的状态和方向，在国际上应用比较广泛，可比性较强。（3）预警灯信号系统，即采用比较醒目的红灯、黄灯、绿灯、浅蓝灯、蓝灯，直观形象地反映经济运行的状态。

二、我国经济周期波动机制的实证研究

（一）经济周期波动的影响因素及分类

经济的周期波动是由各种因素相互交织形成的，而不是任何一种单独的因素，在每次

经济周期波动中，也并非所有因素都在起作用，而往往是有一组重要的因素在起作用，每次的因素组合有可能不同，各个因素的重要程度也不尽相同，把各种可能影响经济周期的因素都找出来，从不同的视角出发来进行分类，可以有以下几种不同的分类法。

1.从各种因素自身的学科属性和社会属性来划分，可分为经济因素和非经济因素两大类。经济因素包括基本的经济因素、资源供给因素、发展因素和体制因素等，非经济因素包括政策因素、政治因素、心理因素、技术因素和人口因素等。

2.从各种因素的变动原因来看，可分为内生因素和外生因素。内生因素是指这些因素的变动是由经济体系本身的内在原因产生的，而外生因素是指这些因素的变动，是由经济体系以外的原因产生的。

3.从各种因素的变动的性质来看，可分为确定性因素和随机因素。确定性因素是指这些因素是可预料的，在经济周期波动时是明确的，而随机因素是指一些不可预料的因素，如战争、自然灾害等因素。

4.从各种因素之间的相互作用关系来看，它们在形成经济周期中所处的地位是不同的，有的是影响经济周期的重要因素，有的是次要因素，为此可划分为主导因素和非主导因素。

5.从各种因素所起作用的时效来看，有的因素是在一个较长的时期内起作用，而有的因素只是对经济产生短暂的冲击，所以可划分为长期因素和短期因素。

经济周期机制分析就是从国民经济活动的有机整体的动态过程出发，系统考察影响和决定国民经济周期波动的因素，分析因素之间的经济联系和作用方式。我国经济周期波动机制的研究应在不忽略经济周期的引致因素时，向着各种因素的相互作用方向展开研究，可以按内生因素和外生因素的分类方法进行研究。内生因素是形成经济周期的内在传导机制和内在结构的基础，而外生因素是形成经济周期波动的外在冲击或外在条件，外生因素通过内生因素起作用，任何的经济周期波动都是内生因素和外生因素共同作用的结果。

20世纪80年代中期以来，我国经济学界开始研究中国的经济周期问题，但有的仅仅把经济周期归因于政策失误，或是传统的计划经济体制造成的，有的强调货币因素、强调供给或需求行为对经济周期波动的作用，这种强调起源动力而忽略系统响应，强调冲击因素而忽略传导机制的观点，是不利于正确理解中国经济周期波动的，因此必须从内在传导机制和外在冲击两方面进行分析，外在冲击是经济周期波动的初始起因，内在传导则是系统内部对冲击的自我响应和自我调整：外在冲击机制主要强调时间序列变量的变化，而内在传导机制则主要强调经济系统结构对这类事件序列变量变化的滞后响应。内在传导机制，即经济体系的结构和参数，决定着经济波动的周期性和经济周期的持续性，决定着经济周期的波幅、波峰、波谷、波位、波长、波动性质等基本形态，而外在冲击机制并不能决定波动的周期性和持续性，只是通过内在传导机制对其产生叠加影响，使基本波发生变形。

本文认为，中国经济的周期波动是经济内在的传导机制和通过传导而作用于经济活动的外在冲击共同发生作用的结果，可以遵循内在传导机制和外在冲击机制的分析框架，来研究我国经济周期的波动机制。

（二）我国经济周期的内在传导机制

内在传导机制主要强调经济系统的结构效应，经济周期波动的内在传导机制很多，主要包括基本的经济因素、经济体制、经济结构和经济规模等，内在传导机制是指经济系统内部结构特征所导致的经济变量之间的必然联系和对外在冲击的反应，它是一种内部缓冲机制或自我调节机制，在数学上表现为分布滞后关系，这种滞后关系反映了经济波动的自我推动。具体的来看，经济波动的主要内在传导机制有以下几点。

1.乘数—加速数模型，它反映构成总需求的投资和消费之间的作用和反作用过程，以及对总产出的影响。

2.产业关联机制，它反映国民经济各产业之间前向、后向"连续反应"。有的产业（如农业和基础产业）主要有前向关联效应，需要超前发展，否则就会对经济发展产生阻尼效应；有的产业（如加工工业）则主要具有后向关联效应，需要与具有前向关联效应的产业协调发展。

3.经济增长的制约机制，经济扩张不可能是无限制的，存在对经济扩张的上限约束；经济收缩也不可能是无限的，存在对经济收缩的下限约束。

改革开放以来，我国经济运行机制发生了深刻的变化，引起短期经济波动的原因也发生了重大的变化，来自市场经济本身特有的规律、相应的经济环境和宏观经济政策是经济波动的主要原因，而非经济因素的作用和影响正在逐步减小，为此研究我国改革开放后二十多年的经济周期运行机制，就显得十分必要，以改革开放后的实际数据为样本来研究我国经济周期的运行机制。改革开放后我国经济运行大致经历了四次周期性经济波动，在这四次经济周期中，前三次周期的总长度为14年，即从改革开放后到1990年结束，第四次经济周期横跨整个20世纪90年代，是新中国成立以来延续时间最长的一次周期波动。与前三次经济周期相比，第四次经济周期表现出的一个显著特点就是"长尾现象"。表明在经济转轨期间，经济体制因素、政策因素以及经济发展模式都发生了重大变化，这些变化必导致经济系统参数发生变化，将前三次经济周期（1978—1990）和第四次经济周期（1990—2002）分离考察就显得十分必要。

（三）我国经济周期的外在冲击机制

外在冲击机制是指系统外的冲击通过系统内部传导而发生的经济活动，来源于外生变量的自发性变化，可以是随机的或是周期的。外在冲击是经济周期波动的初始起因，主要强调时间序列变量的变化，内在传导则是系统内部对冲击的自我响应和自我调整。

我国经济的外在冲击主要包括以下几点。

1.货币供给性冲击。

2.以投资和消费、财政和货币需求性的实际需求冲击，货币需求性冲击是指金融制度变化所导致的资产组合选择，或货币需求的变动，包括利率、存款准备金率、资产负债表等金融指标的波动。实际上，货币供给性冲击和实际需求冲击主要表现为不规则性财政政策、货币政策和投资政策的冲击。

3.由于农业重大自然灾害或石油供应等导致的实际供给冲击。

4.体制变动冲击、国际政治和经济冲击等。对我国经济周期波动形成机制进行实证分析可以发现，我国经济的强幅波动在相当程度上是由于不规则性财政税收、货币金融、投资政策的冲击造成的。

现代经济周期理论分析表明，经济周期产生根源在于经济系统内在结构的缓冲机制与自我推动机制，系统的外在冲击无疑会对系统产生影响，但如果这种外在冲击力不能达到改变系统结构的关键参数时，经济系统仍然会沿着它固有的路径运行，外在冲击的作用就表现在经济波动的程度上。考虑到我国经济体制的现实状况，作为研究经济周期波动的冲击效应首先受到重视的是宏观经济调控政策，其中包括财政政策和货币政策，考虑到我国国有经济的地位和作用，投资波动在我国经济周期波动中扮演重要的角色，随着我国经济和世界经济联系的日益密切，世界经济的变化无疑对我国经济产生影响，因此，这里我们集中考察货币政策、财政政策、投资政策的冲击和国际经济波动对我国经济波动的影响和作用。

三、应对经济周期波动的对策

发展阶段不同，经济体制基础、经济运行机制和宏观调控手段不同，与其相适应的企业制度和经济增长模式不同，经济周期的内在传导机制不会相同，起主要作用的外在冲击及其机制也不会相同。我国自20世纪80年代进入新的发展阶段以来，客观上决定了我国经济增长的加速趋势，从供需模式分析，经济增长是通过增加与供给能力不断扩大的连锁式相互作用而实现的。我国的宏观经济总需求水平的提高，是以国际贸易作为经济发展的引擎并伴随着重要生产资料短缺的基本消除、"瓶颈"约束对经济发展的制约作用弱化而逐渐形成的；而总需求转变为投资、消费的双重约束，市场需求开始成为制约经济增长的硬约束，出口需求也开始制约我国经济的稳定增长，国际经济波动也成为我国经济周期波动的一个重要冲击源。与此相适应，我国经济周期波动的内在传导机制也发生了实质性的变化，如农业作为我国国民经济的基础地位得到加强，起到对经济周期波动的"托底"作用；由于投资结构的改善，能源、电力、交通运输等"瓶颈"约束得到极大缓解，有利于增强经济的供给面，支撑国民经济的持续增长，利用外资明显提高，缓解了资金、资源对经济发展的制约。与此同时，我国经济发展由主要依赖于投资需求推动转变为投资和需求共同推动，从而有助于我国经济周期波动的振幅收缩。

（一）我国宏观经济调控的政策选择

1.进一步建立健全对我国宏观经济波动的监测和预警。

2.建立行之有效的基本宏观经济政策调控体系。

3.制定切实可行的经济发展政策，逐步缓解结构失调的矛盾。

4.建立防止和调节世界经济波动的机制。

（二）经济周期波动下的企业对策

1.重视政策及政策趋势研究。

2.加强对宏观经济景气及行业经济景气的调查。

3.企业内部经济预警。

结　语

何谓管理？管理者的任务是建立与维持内在环境，使组合中各分子，能共同发挥工作效用和效能，为达到组合各项目的而迈进。换句话说，管理者有责任采取各项行动，使各从业人员在为达成组合目标，提倡最佳贡献之可能。管理是科学，亦是艺术。不可否认，管理并不是一成不变的，常须引用有系统知识的科学作为执行的基础，再按照实际情况，收到切实的结果。为做到这一点，实际作业中必须采用一种行得通的方式以求成果。如果完全照着书本上叙述的方式，只靠背熟了的管理原则去经营，就忽略了事实的需要。我们应明了，除有系统地研讨纯科学之外，艺术是为人类创新最多的技能，了解集体工作如何能发挥效用与效力，是在任何社会组织中都十分重要的一节。许多单位已逐渐重视管理技术，但仍不注重管理观念。这需要教育来配合，培养更多国家需要的管理人员，如此才能带动整个社会的繁荣与进步。

在社会主义市场经济完善发展过程中，宏观经济统计分析的发展对我国政府统计发展具有重要的作用。然而，如何科学发展宏观经济统计分析，特别是在信息社会和大数据时代，这个问题变得尤为重要。以统计学为核心知识体系的宏观经济统计分析发展历史依据、科学思想和有关内容表明目前是宏观经济统计分析自主发展的重要机遇期，将对统计学科建设发展和提高统计的社会贡献、社会影响非常重要。

因此，将管理与宏观经济统计统一起来研究意义重大，希望此书可以对这方面的研究有所帮助。

参考文献

[1]刘欣.工商管理专业本科《管理学》课程教学改革探讨[J].老字号品牌营销,2021(02):129-130.

[2]宋蕊妤.互联网背景下工商管理模式的创新发展研究策略[J].中小企业管理与科技(中旬刊),2021(02):63-64.

[3]刘冰凌.新经济形势下我国工商管理的现状分析及思考研究[J].今日财富,2021(04):19-20.

[4]刘念孜.探析工商管理信息化发展中的应对策略研究[J].今日财富,2021(04):92-93.

[5]崔明娟.统计分析方法在基层经济统计工作中的应用探讨[J].今日财富,2021(04):213-214.

[6]董常凯.工商管理对于企业科技创新发展的重要作用研究[J].今日财富(中国知识产权),2021(02):68-69.

[7]王南.工商管理在网络经济中的影响和落实对策[J].山西农经,2021(02):100-101.

[8]孙琳琳.互联网背景下工商管理模式的创新发展研究[J].中小企业管理与科技(下旬刊),2021(01):56-57.

[9]翟茹洁.市场经济背景下我国企业工商管理的发展策略研究[J].中国商论,2020(12):14-15.

[10]丁武东.企业工商管理现状分析及发展方向探讨[J].中外企业家,2019(31):22-23.

[11]张晨.宏观经济统计分析发展的基本问题[J].环渤海经济瞭望,2019(03):170.

[12]章良容.浅析宏观经济统计分析发展的基本问题[J].农村经济与科技,2019(04):88-89.

[13]王涛.区域社会经济统计分析[J].统计与咨询,2019(01):36-37.

[14]欧丽慧.整合式工商管理专业硕士(MBA)案例教学模式研究[D].上海:华东师范大学,2018.

[15]杨学成,隋越.探索工商管理研究创新之路——中国工商管理研究年度高端论坛(2017)综述[J].经济管理,2017(07):199-208.

[16]周舟."互联网+"背景下工商管理专业跨界培养对策与建议[J].江淮论坛,2017(03):74-77.

[17]吕一博,刘泉山,马晓蕾,胡芬,王淑娟.工商管理案例开发现状及撰写规范性研究[J].管理案例研究与评论,2017(02):209-224.

[18]杜军,商雨鹤.工商管理专业实践教学改革研究——基于大学生创新创业能力培养[J].现代商贸工业,2017(08):155-158.

[19]王凤莲,谢荣见,王邦伦,徐斌秀."互联网+"背景下工商管理专业创新创业能力培养模式[J].绍兴文理学院学报(教育版),2017(01):32-37.

[20]孙美,苏在荣.宏观经济统计分析在国民经济核算体系中的作用[J].中外企业家,2017(05):12.

[21]翟玉芬.宏观经济统计分析的问题研究[J].市场研究,2016(01):48-50.

[22]赵宏强.宏观经济统计分析在国民经济核算体系中的应用[J].企业改革与管理,2015(20):119-120.

[23]杨锐.以统计学为核心知识体系的我国宏观经济统计分析发展研究[J].中国集体经济,2015(21):25-26.

[24]杨足膺,佟金萍,朱陈松,张宏如.基于动态过程的工商管理人才培养模式探索[J].实验室研究与探索,2015(03):266-268+283.

[25]邓新明,左可榕,孙源婧.工商管理专业案例教学质量学生满意度探讨——基于一项案例教学实践调查[J].中国大学教学,2015(01):82-87.

[26]邓颖洁.宏观经济统计分析的发展问题及对我国政府统计发展的作用研究[J].现代经济信息,2014(17):9.

[27]杨永旭.宏观经济统计分析发展的基本问题研究[J].现代经济信息,2014(09):21-23.

[28]侯福忠.宏观经济统计分析在国民经济核算体系中的作用[J].现代商业,2013(15):78.

[29]赵彦云.宏观经济统计分析发展的基本问题[J].经济理论与经济管理,2013(05):23-34.

[30]姚晖.本科院校工商管理类专业人才培养模式研究[D].太原：山西财经大学,2013.

[31]向蓉美.宏观经济统计分析与国民经济核算体系关系辨析——再学习 SNA 有感[J].统计与信息论坛,2004(01):17-20.

[32]傅广军,马学锋.国民经济与股市相关关系的统计分析[J].现代财经（天津财经学院学报）,2001(09):48-51.